MINISTÈRE DE LA GUERRE

DÉCRET

DU 20 OCTOBRE 1892

PORTANT RÈGLEMENT

SUR LE

SERVICE INTÉRIEUR

DES

TROUPES D'INFANTERIE

Édition mise à jour des textes en vigueur

JUSQU'AU 1er SEPTEMBRE 1898

PARIS

LIBRAIRIE MILITAIRE DE L. BAUDOIN

IMPRIMEUR-ÉDITEUR

30, Rue et Passage Dauphine, 30

1898

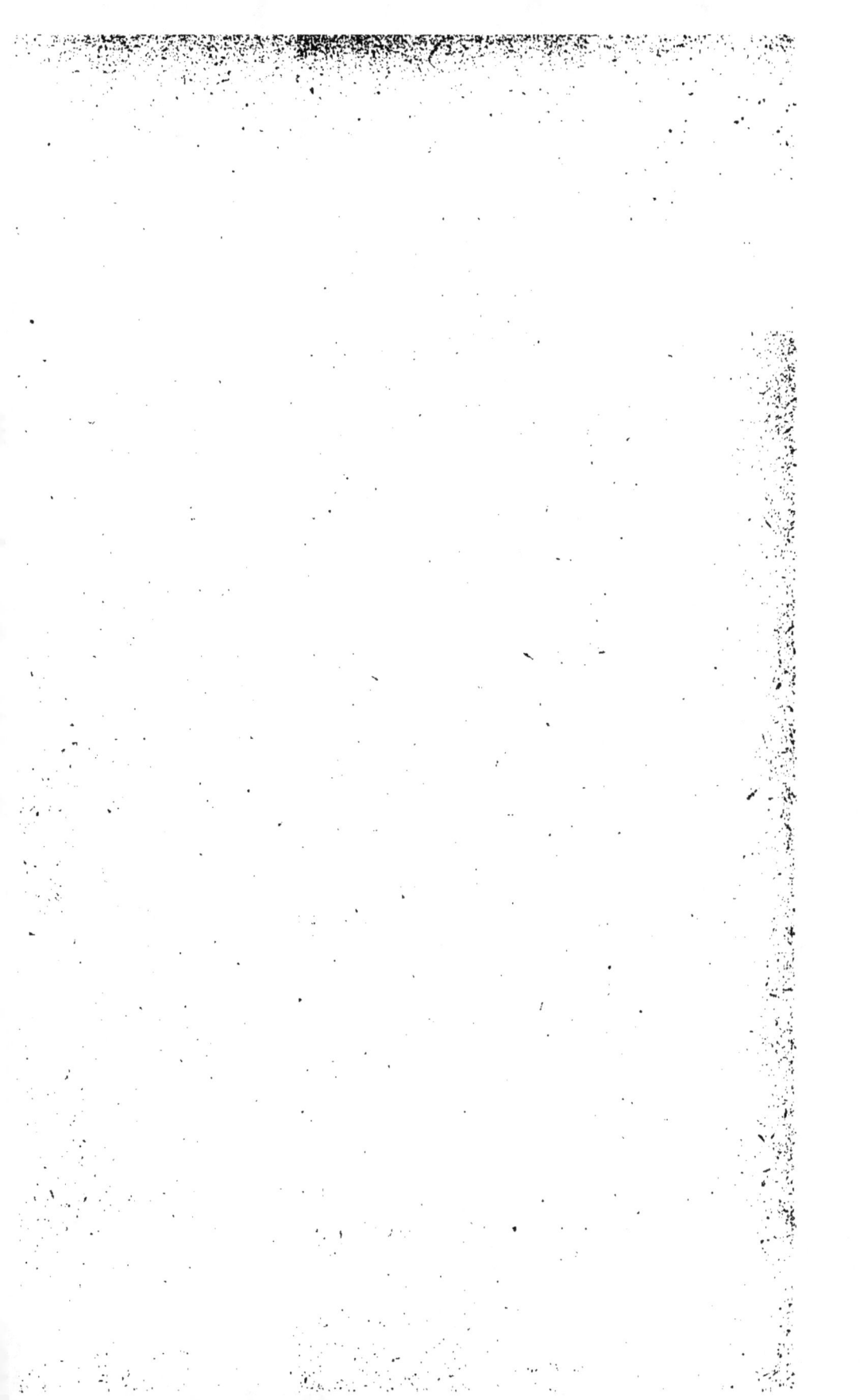

MINISTÈRE DE LA GUERRE

DÉCRET
DU 20 OCTOBRE 1892
PORTANT RÈGLEMENT
SUR LE
SERVICE INTÉRIEUR
DES
TROUPES D'INFANTERIE

Édition mise à jour des textes en vigueur

JUSQU'AU 1er AOUT 1898

PARIS

LIBRAIRIE MILITAIRE DE L. BAUDOIN
IMPRIMEUR-ÉDITEUR
30, Rue et Passage Dauphine, 30

1898

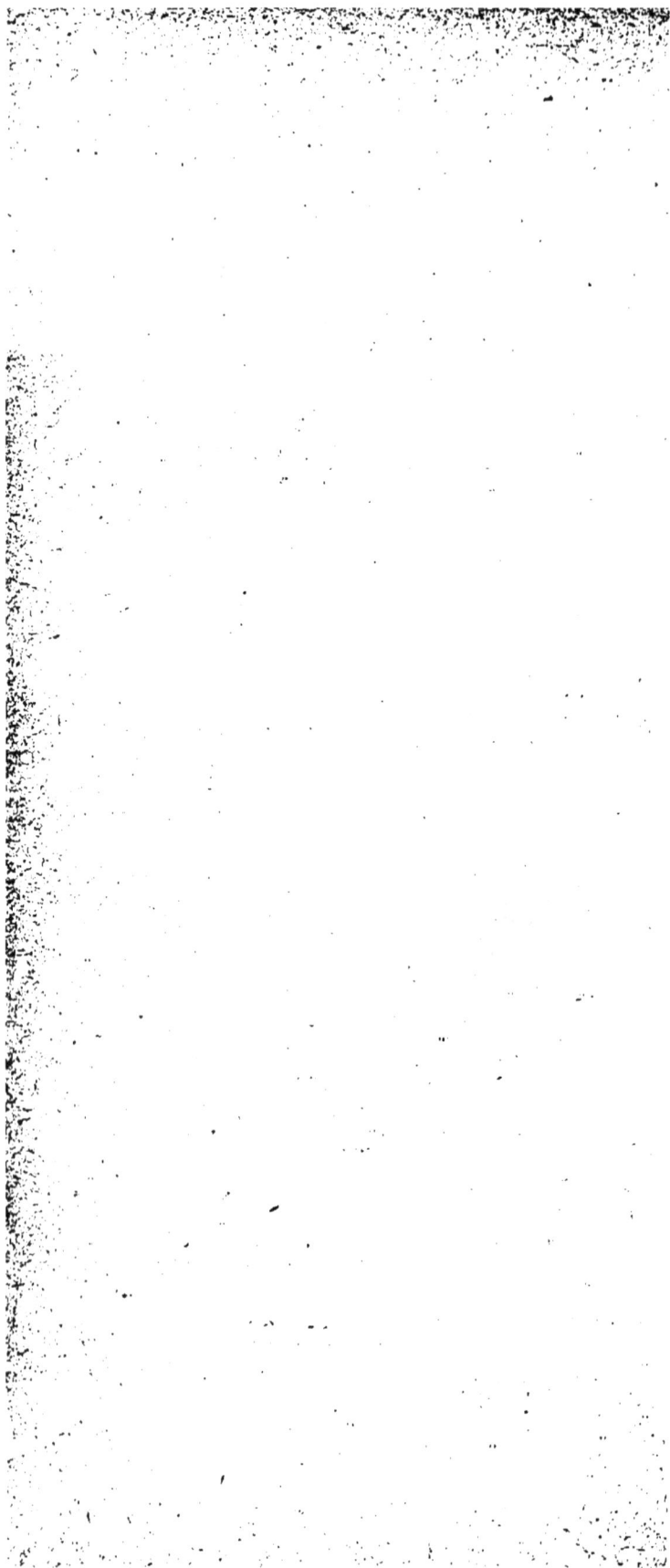

RAPPORT

AU PRÉSIDENT DE LA RÉPUBLIQUE FRANÇAISE

Paris, le 20 octobre 1892.

Monsieur le Président,

Les décrets du 28 décembre 1883, portant règlement sur le service intérieur des troupes, n'étant plus en harmonie avec les nouveaux règlements sur l'instruction et l'administration des corps, il m'a paru indispensable de préparer une revision de ces décrets.

Toutefois, il n'a pas été nécessaire de procéder à un remaniement complet du texte; une simple mise en concordance a suffi.

Aussi, les trois nouveaux décrets (infanterie, cavalerie, artillerie et équipages militaires) que j'ai l'honneur de soumettre à votre haute approbation conservent l'ordonnance générale de ceux qu'ils sont appelés à remplacer.

Veuillez agréer, Monsieur le Président, l'hommage de mon respectueux dévouement.

Le Ministre de la guerre,

Signé : C. DE FREYCINET.

DÉCRET

DU 20 OCTOBRE 1892

PORTANT RÈGLEMENT

SUR LE

SERVICE INTÉRIEUR

DES

TROUPES D'INFANTERIE

LE PRÉSIDENT DE LA RÉPUBLIQUE FRANÇAISE,

Vu le décret du 28 décembre 1883 sur le service intérieur des troupes d'infanterie ;

Considérant les changements apportés depuis l'époque où a été rendu ce décret dans l'instruction et l'administration des corps de troupe ;

Sur le rapport du Ministre de la Guerre,

DÉCRÈTE :

PRINCIPES GÉNÉRAUX DE LA SUBORDINATION

La discipline faisant la force principale des armées, il importe que tout supérieur obtienne de ses subordonnés une obéissance entière et une soumission de tous les instants ; que les ordres soient exécutés littéralement, sans hésitation ni murmure ; l'autorité qui les donne en est responsable, et la réclamation n'est permise à l'inférieur que lorsqu'il a obéi.

Si l'intérêt du service demande que la discipline soit ferme, il veut en même temps qu'elle soit paternelle. Toute rigueur qui n'est pas de nécessité, toute punition qui n'est pas déterminée par le règlement ou que ferait prononcer un sentiment autre que celui du devoir; tout acte, tout geste, tout propos outrageant d'un supérieur envers son subordonné sont sévèrement interdits. Les membres de la hiérarchie militaire, à quelque degré qu'ils y soient placés, doivent traiter leurs inférieurs avec bonté, être pour eux des guides bienveillants, leur porter tout l'intérêt et avoir envers eux tous les égards dus à des hommes dont la valeur et le dévouement procurent leurs succès et préparent leur gloire.

La subordination doit avoir lieu rigoureusement de grade à grade; l'exacte observation des règles qui la garantissent, en écartant l'arbitraire, doit maintenir chacun dans ses droits comme dans ses devoirs.

Le soldat doit obéir au caporal;

Le caporal au caporal fourrier, au sergent fourrier et au sergent;

Le caporal fourrier au sergent fourrier et au sergent;

Le sergent fourrier et le sergent au sergent-major;

Le sergent-major à l'adjudant;

L'adjudant au sous-lieutenant;

Le sous-lieutenant au lieutenant;

Le lieutenant au capitaine;

Le capitaine au major et au chef de bataillon;

Le major et le chef de bataillon au lieutenant-colonel;

Le lieutenant-colonel au colonel ;
Le colonel au général de brigade ;
Le général de brigade au général de division ;
Le général de division au général commandant le corps d'armée et au maréchal de France.

Le Ministre de la guerre est le chef de l'armée.

Indépendamment de cette subordination, la discipline exige, à grade égal, la subordination à l'ancienneté, en tout ce qui concerne le service général et l'ordre public. Ainsi, plusieurs militaires du même grade, de service ensemble, qu'ils soient ou non du même corps ou de la même arme, doivent obéissance au plus ancien d'entre eux, comme s'il leur était supérieur en grade; à égalité d'ancienneté de grade, le droit au commandement est déterminé par l'ancienneté dans le grade immédiatement inférieur ; à égalité d'ancienneté dans le grade immédiatement inférieur, par l'ancienneté dans le grade précédent ; et ainsi de suite jusqu'au grade de caporal.

Entre soldats, le commandement est exercé par le plus ancien soldat de 1re classe ou, à défaut de soldat de 1re classe, par le plus ancien soldat de 2e classe.

La subordination existe encore, à grade égal, à l'égard des officiers généraux pourvus de lettres de commandement spécial et des sous-officiers pourvus d'un emploi leur conférant autorité.

A grade égal, les officiers, fonctionnaires et agents de l'armée active ont le commandement sur les officiers, fonctionnaires et agents de réserve et sur ceux de l'armée territoriale. Toutefois, l'officier retraité, classé avec son grade dans la réserve, a le commandement sur les officiers du même grade de l'armée active promus à une date postérieure à celle de sa nomination à ce grade.

L'officier retraité classé dans l'armée territoriale conserve les mêmes droits au commandement, mais à l'égard des officiers de l'armée territoriale seulement.

Les officiers démissionnaires, à qui il est tenu compte du temps qu'ils ont passé comme officiers dans l'armée active, ne conservent pas les droits au commandement que leur conférait leur ancienneté au moment où ils ont quitté l'armée.

Les officiers de l'armée active ont le commandement sur les officiers de réserve du même grade provenant des officiers retraités, plus anciens qu'eux, mais qui sont arrivés à ce grade par avancement dans la réserve.

Les anciens officiers de l'armée active, revêtus dans la réserve du grade qu'ils possédaient dans l'armée active, ont, à égalité de grade, le commandement sur les autres officiers même plus anciens, qui n'ont pas servi dans l'armée active avec ce grade.

Les officiers de réserve et les officiers de l'armée territoriale qui n'ont pas servi dans l'armée active ne peuvent, dans aucun cas, exercer les fonctions, soit de chef de corps ou de service, soit de commandant de dépôt.

Tout militaire exerçant provisoirement les fonctions d'un grade supérieur au sien se trouve investi, à l'égard de la troupe près laquelle il les exerce, de tous les droits et de toute la responsabilité du titulaire, sauf les restrictions indiquées par le présent règlement.

Même hors du service, les supérieurs ont droit à la déférence et au respect de leurs subordonnés.

TITRE PREMIER.

FONCTIONS INHÉRENTES A CHAQUE GRADE OU EMPLOI.

ÉTAT-MAJOR.

CHAPITRE PREMIER.

COLONEL (1).

Attributions générales.

1. Les devoirs et l'autorité du colonel s'étendent à toutes les parties du service; il est responsable de la discipline, de l'éducation et de l'instruction militaires, de la police, de l'hygiène et de la tenue du régiment dont le commandement lui est confié ; il en dirige l'administration, assisté d'un conseil d'administration qu'il préside.

Il embrasse l'ensemble des services, donne les ordres et laisse à ses subordonnés le soin d'arrêter les détails d'exécution.

Il veille à ce que les différents gradés exercent réellement la part d'autorité et d'initiative qui leur est attribuée, afin que chacun obtienne l'in-

(1) D'une manière générale et sauf indication contraire, l'expression « colonel » correspond à celle de « chef de corps » et celle de « régiment » à « corps de troupe ».

fluence et la considération qui lui sont indispensables, et trouve dans l'accomplissement de ses obligations et dans la jouissance de ses droits un moyen constant d'instruction et d'émulation.

L'autorité du colonel doit se faire sentir bien plus par une impulsion régulatrice que par une action immédiate; elle doit être le recours et l'appui de tous.

Le colonel exécute et fait exécuter tout ce qui est prescrit par les lois, les décrets et les règlements, ou ordonné par les officiers généraux sous le commandement desquels le régiment est placé. Il lui est interdit d'y apporter des changements, si ce n'est dans des cas urgents et imprévus, et alors il doit en rendre compte immédiatement au général de brigade, auquel il soumet ses motifs. Dans tous les cas, ces changements doivent cesser avec les circonstances qui les ont nécessités.

La préparation à la guerre fait l'objet des préoccupations journalières du colonel; elle l'inspire dans toutes ses décisions et constitue en particulier le but immédiat de l'instruction du régiment.

Le colonel ne perd jamais de vue l'éventualité d'une mobilisation subite; il veille constamment à sa préparation et ne néglige rien pour assurer l'ordre et la rapidité dans les opérations. Il exige que les officiers connaissent tous les détails de leurs fonctions pour cette circonstance, et il s'assure fréquemment de l'existence et de l'état de conservation du matériel dont le corps a la charge.

Le colonel porte une attention particulière à l'état moral de ses subordonnés, et s'applique à développer chez eux les sentiments du devoir, de l'honneur et du dévouement à la Patrie.

En ce qui concerne les feuilles de notes d'inspection générale, il se conforme aux prescriptions du chapitre XIV *bis*.

Le colonel doit au général de brigade un rapport journalier (modèle I).

Dans une ville de garnison, comme dans une place de guerre, le colonel reçoit les ordres du commandant d'armes pour tout ce qui a trait au service et à la police générale de la garnison ou de la place. Quant à la police dans l'intérieur des casernes, elle n'est exercée que par le colonel, suivant les prescriptions du présent règlement.

Nominations faites par le colonel. Demandes soumises aux généraux.

2. Le colonel prononce le passage des soldats à la 1re classe et nomme, conformément aux lois et aux décrets, aux grades de caporal et de sous-officier, aux différents emplois dans ces grades, ainsi qu'aux emplois de musicien, de tambour et clairon.

Il fait passer un sous-officier, un caporal ou un soldat d'une compagnie dans une autre, si le bien du service l'exige. Il ne doit détacher un officier d'une compagnie dans une autre, pour y faire momentanément le service, qu'en cas de nécessité absolue.

Lorsqu'un emploi d'officier devient vacant, le colonel en informe aussitôt le Ministre de la guerre par la voie hiérarchique, au moyen d'un bulletin (modèle II). En outre, il avise le Ministre, par télégramme, de tout décès ou événement grave survenu dans le personnel d'officiers. Enfin il l'informe, dès qu'elle se produit, de toute mutation entraînant l'annulation d'une proposition faite au

Ministre en faveur d'un officier, d'un sous-officier, d'un caporal ou d'un soldat.

Il adresse, par la voie hiérarchique, au commandant de corps d'armée les demandes relatives aux changements de fonctions, nominations aux emplois spéciaux et mutations que cet officier général doit prononcer parmi les capitaines, lieutenants et sous-lieutenants.

Lorsque le colonel est absent, le lieutenant-colonel prend ses ordres pour les nominations aux grades de caporal et de sous-officier et aux différents emplois ; il prononce l'admission des soldats à la 1re classe et le passage d'une compagnie dans une autre.

Les demandes qui doivent être soumises aux généraux en faveur des officiers, des sous-officiers, des caporaux et des soldats sont faites par le colonel lorsqu'il est présent, et, en son absence, par l'officier supérieur commandant le régiment, qui en rend compte au colonel.

En campagne ou hors du territoire, toutes ces nominations, propositions ou demandes sont faites par l'officier supérieur commandant le régiment. Dans un bataillon détaché d'un corps d'armée dont le régiment fait partie, le commandant de ce bataillon nomme au grade de caporal et de sous-officier et aux différents emplois, prononce l'admission des soldats à la 1re classe et le passage d'une compagnie dans une autre. L'officier commandant le dépôt a les mêmes droits à l'égard des fractions du régiment qui s'y trouvent. Ces officiers rendent compte au colonel.

En tout temps, lorsque le colonel est avec une partie du régiment hors de France, les nominations aux grades de caporal et de sous-officier et aux différents emplois sont faites, et l'admission des soldats à la 1re classe est prononcée, dans la partie du régiment restée en France, par l'officier supérieur qui la commande. Dans le cas où cette partie du régiment est commandée par un officier d'un grade inférieur, cet officier ne peut faire ces nominations qu'après avoir obtenu l'assentiment du général de brigade. Il est rendu compte au colonel de toutes ces nominations.

Tableau du service journalier.

3. Le colonel établit un tableau du service journalier ; ce tableau est transcrit sur les registres d'ordres ; une copie est affichée dans la salle de rapport et une autre au corps de garde.

Ce tableau, qui doit offrir une sage répartition de travail et de repos, ne contient, en ce qui concerne l'instruction, que les indications relatives au nombre et à la durée des exercices de chaque semaine. Il est renouvelé aux époques où des modifications dans les heures de l'instruction deviennent nécessaires par suite des changements de saison ou de circonstances particulières. Le colonel en adresse deux exemplaires au général de brigade, qui en transmet un au général de division.

Ce tableau est établi dans tout détachement par son chef et soumis à l'approbation du colonel.

Réunion du corps d'officiers.

4. Toutes les fois que le corps d'officiers s'assemble, les officiers sont groupés et rangés par bataillon dans l'ordre en ligne, l'état-major à la droite, les officiers du cadre complémentaire, puis ceux du dépôt et enfin ceux à la suite, s'il

en existe, à la gauche; un intervalle de deux pas sépare chaque groupe; les rangs sont à un pas de distance.

État-major.

1er *rang :* Capitaine trésorier, officier d'habillement, médecin-major de 2e classe, chef de musique, ou lieutenant chargé des équipages;

2e *rang :* Adjoint au trésorier, porte-drapeau, médecin aide-major.

Bataillons.

1er *rang :* Capitaines dans l'ordre en ligne de leur compagnie, l'adjudant-major à la droite des capitaines;

2e, 3e et, au besoin, 4e *rang :* Lieutenants et sous-lieutenants placés derrière leur capitaine, par rang de grade et d'ancienneté;

4e ou 5e *rang :* Sous-lieutenants de réserve derrière les officiers de leur compagnie;

Les chefs de bataillon, à deux pas en avant du centre des officiers de leur bataillon;

Le major à deux pas en avant du centre des officiers du dépôt, s'il en existe, ou sinon devant le centre de l'état-major, à la droite du médecin-major de 1re classe;

Le médecin-major de 1re classe, à deux pas en avant de la file des médecins;

Le colonel, au centre, à quatre pas en avant des chefs de bataillon et du major; le lieutenant-colonel, à sa hauteur et à sa gauche, à deux pas.

Dans un bataillon détaché, les officiers se placent comme ci-dessus, et le médecin se place dans ce cas à la gauche des officiers auxquels il correspond par son grade.

Dans un bataillon formant corps, les officiers de compagnie et l'adjudant-major se conforment aux prescriptions données ci-dessus pour un bataillon; les officiers de l'état-major se placent :

1er *rang :* Capitaine-major, médecin-major de 2e classe;

2e *rang :* Lieutenant trésorier, médecin aide-major;

3e *rang :* Officier d'habillement.

Le chef de bataillon se place au centre, à deux pas en avant des officiers du bataillon.

Dans une compagnie isolée, les officiers se placent sur un seul rang.

Ordres donnés par l'intermédiaire du lieutenant-colonel.

5. Le colonel fait, autant que possible, passer par le lieutenant-colonel tous les ordres relatifs au service, à la discipline, à l'instruction et à l'administration.

Lorsqu'il donne des ordres directement, ceux qui les reçoivent en informent leur chef hiérarchique.

Droits et obligations du colonel en matière d'administration.

6. Le colonel doit s'abstenir de donner de son

autorité privée, en matière d'administration, des ordres qui peuvent engager la responsabilité des membres du conseil.

Il peut suspendre l'effet d'une délibération qui lui paraît contraire aux lois, aux décrets, aux règlements en vigueur ou aux intérêts du régiment; mais il est tenu d'en saisir le général de brigade et d'en informer le sous-intendant militaire en leur adressant immédiatement un extrait textuel de la délibération.

Il se fait rendre compte fréquemment des détails de l'administration, afin de s'assurer si les intérêts de l'Etat et ceux du soldat sont l'objet d'une surveillance constante et éclairée.

Hygiène des hommes.

7. Le colonel apporte toute sa sollicitude à la conservation et à la santé des hommes.

Tenant compte des indications du médecin chef de service et, s'il y a lieu, des renseignements fournis par le régiment qui l'a précédé dans la localité, il arrête les prescriptions hygiéniques particulières qui lui paraissent nécessaires.

Le même devoir incombe à tout chef de détachement.

Hygiène des chevaux.

8. Le colonel est responsable de la conservation, de la santé et de la condition des chevaux du régiment.

Tenant compte des indications du vétérinaire et, s'il y a lieu, des renseignements fournis par le régiment qui l'a précédé dans la localité, il arrête les prescriptions hygiéniques particulières qui lui paraissent nécessaires.

Il soumet au général de brigade les demandes qu'il croit devoir faire au sujet de la répartition de la ration d'avoine.

Les mêmes devoirs incombent à tout chef de détachement.

Ordinaires.

9. Le colonel a la haute surveillance des ordinaires du régiment; il détermine le mode de gestion à suivre, d'après les instructions du commandement et suivant les circonstances locales; il provoque la concurrence entre les fournisseurs; il recourt à l'intervention des autorités municipales, du sous-préfet et du préfet, lorsque le régiment éprouve des difficultés provenant de coalitions ou de collusions.

Il fixe le versement à faire à l'ordinaire par homme et par jour, demande des ordres au général de brigade au sujet du taux du boni, veille à la formation judicieuse des fonds d'économie et s'assure que la somme qui dépasse le maximum fixé est déposée dans la caisse du trésorier (article 90); il en autorise la reprise totale ou partielle.

Il nomme les membres de la commission des ordinaires et approuve les marchés.

Fractionnement du régiment.

10. Le colonel conserve le commandement de son régiment, lors même que la portion principale vient à être séparée de la portion centrale et que les deux fractions ne sont pas placées sous les ordres du même commandant de corps d'armée.

Il le conserve aussi quand il remplit les fonctions de général de brigade sans quitter la garnison.

Quand un bataillon est détaché comme bataillon de forteresse, les droits du colonel, en ce qui concerne la discipline, l'éducation et l'instruction militaires, la police, la tenue, le service journalier, l'hygiène des hommes et des chevaux, la surveillance des ordinaires, les permissions d'absence et les diverses punitions disciplinaires sont dévolus au chef de groupe de bataillons de forteresse. Pour les rétrogradations, les cassations, la réprimande et le renvoi des soldats de la 1re classe à la 2e classe, il en est référé au colonel du régiment par le chef de bataillon et par l'intermédiaire du lieutenant-colonel chef de groupe.

Congés et permissions.

11. Le colonel et le lieutenant-colonel ne peuvent pas être simultanément en congé; mais ils peuvent, dans des circonstances exceptionnelles, obtenir en même temps des permissions de courte durée.

Cas d'absence.

12. En cas d'absence, le colonel est remplacé par le lieutenant-colonel, si le régiment est réuni.

Si le régiment est fractionné et que le lieutenant-colonel se trouve à la portion centrale, le lieutenant-colonel prend nominalement seulement le commandement si l'absence du colonel ne doit pas durer plus de trente jours; dans le cas contraire, il quitte momentanément la portion centrale pour prendre le commandement de la portion principale.

Attributions des chefs de bataillon chefs de corps.

13. Tous les devoirs et les droits du colonel sont attribués au chef d'un bataillon formant corps. S'il est absent, le commandement est exercé, par intérim, par le capitaine le plus ancien, qui prend les ordres du chef de bataillon pour les nominations aux grades de sous-officier et de caporal et pour l'admission des soldats à la 1re classe. Les nominations ne peuvent être faites directement par le capitaine commandant qu'en cas de vacance du commandement et avec l'approbation du général commandant la subdivision de région, ou du général commandant la brigade, si le corps est embrigadé.

CHAPITRE II.

LIEUTENANT-COLONEL.

Attributions générales.

14. Le lieutenant-colonel est l'intermédiaire habituel du colonel dans toutes les parties du service.

Il remplace le colonel absent.

Il transmet les ordres qu'il en reçoit et veille à leur stricte exécution. Lorsqu'il rédige lui-même les ordres, il exprime que ce sont ceux du colonel, afin qu'il n'y ait dans le service qu'une seule impulsion.

Les officiers de l'état-major lui adressent toutes

les demandes qu'ils forment ; les officiers chargés de la direction d'un service spécial lui adressent de même celles qu'ils forment à l'occasion de ce service.

Le lieutenant-colonel surveille la marche de l'instruction et des écoles régimentaires.

Le samedi de chaque semaine, il répartit entre les bataillons pour la semaine suivante les terrains de manœuvre, gymnase, salle d'escrime, etc.

Il a la haute surveillance de l'infirmerie et du service des écuries.

Lorsque le lieutenant-colonel commande la portion centrale, il préside le conseil d'administration central et veille particulièrement à tous les détails de la préparation à la mobilisation.

Rapports au colonel absent.

15. Lorsque le colonel est absent, le lieutenant-colonel lui adresse, toutes les semaines, sur le service et la discipline du régiment, un rapport général qui est le sommaire des rapports journaliers ; il lui rend aussi un compte succinct de la marche de l'instruction, des ordres reçus et des dispositions prises en conséquence. Il envoie en même temps au colonel l'analyse des rapports que le major lui a remis sur l'administration.

Ces rapports hebdomadaires ne dispensent pas le lieutenant-colonel d'écrire immédiatement au colonel sur tout objet urgent.

Le lieutenant-colonel fait exécuter les ordres que le colonel a laissés et ceux qu'il reçoit de lui pendant son absence ; si un motif puissant s'oppose à leur exécution, il en réfère au général de brigade et, selon le cas, en informe le sous-intendant ; il en rend compte au colonel.

Registres tenus ou surveillés par le lieutenant-colonel.

16. Le lieutenant-colonel tient :

1° Le registre d'ordres du régiment;

2° Le double du tableau d'avancement des sujets propres au grade de caporal et de sous-officier ;

3° Le journal des marches et opérations ;

4° Le registre des conférences régimentaires faites aux officiers ;

5° Les feuillets du personnel des officiers.

Sur le registre d'ordres du régiment, il vise chaque ordre pour copie conforme.

Il exige que, dans chaque bataillon, le registre d'ordres de l'état-major et ceux des compagnies soient tenus avec régularité, qu'ils soient exactement communiqués aux officiers et signés par eux, et que chaque officier, après une absence, prenne connaissance de tout ce qui a été inscrit sur le registre depuis son départ. Chaque ordre a, en marge, un sommaire qui sert à former la table analytique, et un numéro d'ordre dont la série se renouvelle tous les ans au 1er janvier.

Les registres d'ordres sont établis pour une année. Tous les ans, on transcrit d'abord sur les nouveaux registres les ordres laissés par les généraux à la suite de leurs inspections et ceux que le colonel juge utile de reproduire. Les registres d'ordres sont conservés jusqu'à la fin de l'année suivante ; ils sont alors brûlés en présence du lieutenant-colonel, à l'exception de celui qui est tenu par cet officier supérieur : ce registre est conservé aux archives du corps.

Le lieutenant-colonel se conforme, pour la

tenue des feuillets du personnel des officiers, aux prescriptions du chapitre XIV *bis*.

Contrôle pour le service.

17. Le lieutenant-colonel cote et parafe le registre contenant les contrôles pour commander les services individuels des officiers, les services des fractions constituées et le contrôle des tours de détachement dans le régiment. Il surveille la tenue de ce registre.

Rassemblement du régiment.

18. Lorsque le régiment prend les armes, le lieutenant-colonel se rend au quartier pour le rassembler ; il le conduit sur le terrain et le ramène au quartier.

Lorsque le lieutenant-colonel est absent, le plus ancien chef de bataillon réunit le régiment et le ramène au quartier.

Logement des officiers.

19. A l'arrivée dans une garnison, le lieutenant-colonel fait remettre au colonel l'état des logements des officiers.

Cet état est affiché dans la salle de rapport et au corps de garde de police.

Le lieutenant-colonel veille, dans l'intérêt du service, à ce qu'aucun officier n'occupe un logement qui soit trop éloigné du quartier où sa troupe est casernée ; il s'assure aussi que les logements sont en rapport avec la dignité professionnelle.

Tout officier qui change de logement en fait rendre compte sur la situation-rapport.

Le lieutenant-colonel veille à ce que les chefs de bataillon et les capitaines tiennent la main à l'exécution des mêmes prescriptions en ce qui concerne les sous-officiers autorisés à loger en ville.

Officiers malades.

20. Il est toujours fait rapport au lieutenant-colonel des officiers qui ne peuvent pas faire leur service ; le lieutenant-colonel charge le médecin chef de service de les voir et de lui rendre compte de leur état. Il en informe le colonel au rapport journalier, et plus tôt s'il y a lieu.

Fractionnement du régiment.

21. Quand la fraction du corps détachée auprès des magasins est composée d'un bataillon, le lieutenant-colonel s'y trouve d'une manière permanente et la commande.

Il doit, en outre, prendre le commandement de cette fraction, alors même qu'elle ne serait composée que d'une compagnie, toutes les fois que son effectif le rend utile pendant les convocations des réservistes.

Dans tous les autres cas, le lieutenant-colonel réside auprès du chef de corps.

Cas d'absence.

22. Lorsque le lieutenant-colonel est détaché, absent ou indisponible, il est remplacé, dans les détails du service journalier, par le chef de bataillon de semaine. Les officiers supérieurs soumettent alors directement au colonel les demandes

et les rapports qui doivent ordinairement lui parvenir par l'intermédiaire du lieutenant-colonel.

Le colonel prend alors la haute surveillance de l'infirmerie régimentaire.

Bataillon ou compagnie formant corps.

23. Dans un bataillon ou dans une compagnie formant corps, le commandant ajoute à ses attributions toutes celles du lieutenant-colonel. Il tient lui-même les feuillets et les feuilles du personnel des officiers. Lorsqu'il s'absente, il remet au commandant d'armes le portefeuille, fermé et cacheté, et l'enveloppe cachetée contenant les feuilles du personnel des officiers en campagne.

CHAPITRE III.

CHEFS DE BATAILLON.

Attributions générales.

24. Le chef de bataillon est responsable envers le colonel de l'instruction théorique et pratique des officiers, sous-officiers, des caporaux et des soldats de son bataillon. Il s'abstient d'entrer dans les détails et, tout en guidant au besoin ses capitaines, il leur laisse toute la liberté et l'initiative que comporte la part de responsabilité qui leur incombe.

Il surveille dans son bataillon la discipline, le service, la tenue, l'entretien des armes, des munitions, du matériel des compagnies et des effets de toute nature, la tenue des chambres, les ordinaires ; il s'assure que les prescriptions relatives à la mobilisation sont toujours observées et que chacun est au courant des obligations qui lui sont imposées à ce sujet.

L'instruction technique des officiers est l'objet de tous ses soins ; il doit chercher à l'étendre et à la perfectionner par la direction qu'il donne à leurs études militaires ; il s'assure fréquemment des progrès successivement réalisés par chacun d'eux.

Il est responsable de la tenue du registre d'ordres de l'état-major de son bataillon.

Un chef de bataillon préside la commission des ordinaires.

Le service de semaine est sous la direction et la responsabilité des chefs de bataillon à tour de rôle (article 30).

Les chefs de bataillon roulent entre eux pour les services individuels.

Rassemblement du bataillon.

25. Le chef de bataillon, quand son bataillon ou plusieurs compagnies de son bataillon se réunissent pour l'instruction ou pour le service, préside à sa réunion.

Détachements.

26. Le chef de bataillon inspecte, avant leur départ, les détachements fournis en entier par son bataillon et commandés par des officiers.

Habillement. — Revues.

27. Le chef de bataillon exerce dans les compagnies placées sous ses ordres une surveillance sur l'exécution des mesures ordonnées par le chef de corps pour le fonctionnement du service de

l'habillement; il le renseigne sur ce point et lui propose toutes les mesures qu'il juge utiles.

Le chef de bataillon passe chaque trimestre une revue de détail des compagnies sous ses ordres pour constater l'état du matériel et des effets de toute nature, la manière dont sont faites les réparations. Il adresse au lieutenant-colonel un rapport de cette revue; il indique la quantité d'effets nécessaires dans chaque compagnie pour porter les collections au minimum fixé par le chef de corps.

Il procède en même temps aux recensements et à la vérification prescrits par le règlement sur le service de l'habillement; il agit de même chaque fois que le chef de corps lui en donne l'ordre.

Il peut, en tout temps, passer dans son bataillon toutes les revues qu'il juge utiles pour s'assurer que les militaires sous ses ordres sont pourvus de tous les effets réglementaires et constamment prêts à marcher. Il prévient de ses revues le lieutenant-colonel et lui rend compte de leur résultat; le lieutenant-colonel en informe le colonel.

Il vérifie fréquemment si les punitions sont portées avec exactitude sur les registres des punitions et sur les livrets matricules; il surveille aussi la tenue des registres d'ordres et les inscriptions sur les livrets concernant l'instruction.

Dans les détachements, ou lorsque le major est absent, le chef de bataillon le remplace dans la surveillance à exercer sur la tenue des livrets et des registres de comptabilité.

Ordinaires. — Cantines.

28. Indépendamment des devoirs qui incombent au président de la commission des ordinaires, chaque chef de bataillon a la surveillance

des ordinaires des compagnies de son bataillon ; il visite fréquemment les cuisines et s'assure que le matériel de toute nature est au complet et en bon état, que la nourriture est bonne, que les quantités réglementaires sont données et que les commandants de compagnie apportent, dans la direction de ce service, la prévoyance et la sollicitude qu'il exige.

Il vérifie les livrets d'ordinaire, au moins deux fois par mois, s'assure qu'ils sont tenus régulièrement et avec soin, que les dépenses réglementaires y sont seules inscrites, et que mention y est faite du dépôt chez le trésorier de l'excédent, ainsi que du retrait du boni quand le colonel l'a autorisé.

Les chefs de bataillon visitent souvent les cantines de leur bataillon, ainsi que les mess, et portent une attention particulière sur la manière dont sont nourris les sous-officiers.

Cas d'absence.

29. En cas d'absence ou s'il commande le régiment, le chef de bataillon est remplacé dans le commandement de son bataillon par le chef de bataillon du cadre complémentaire (art. 114) ou, à défaut, par le plus ancien capitaine de ce bataillon, y compris l'adjudant-major.

Dans les manœuvres, il peut être remplacé par le major.

Service de semaine.

Dispositions générales.

30. Il est commandé pour le service de semaine :

Un chef de bataillon, un adjudant-major, un adjudant de bataillon, tous trois du même bataillon, pour tout le régiment ;

Un fourrier par bataillon ;

Un lieutenant ou un sous-lieutenant, l'adjudant de compagnie comme auxiliaire de l'officier de semaine, un sergent et un caporal par compagnie.

Au petit état-major, le service de semaine est assuré par le caporal-sapeur et des soldats-musiciens (art. 201 et 202) ; à la section hors rang, par le fourrier et les caporaux chefs d'escouade de la section (article 197).

Il est commandé, en outre, dans le régiment, deux capitaines de compagnie : l'un appelé capitaine de distributions, pour les distributions autres que celles de l'ordinaire; l'autre appelé capitaine d'ordinaire pour les distributions du service des ordinaires. Le même capitaine peut être chargé des deux services.

Le service de semaine commence pour tous les gradés le samedi après la garde montante.

Les chefs de bataillon alternent pour le service de semaine ; ils en ont la direction.

Dans un bataillon formant corps, dans un bataillon détaché et dans tout détachement, son chef a la direction constante de ce service.

Un capitaine commandant un bataillon concourt avec les chefs de bataillon pour le service de semaine. Il est exempt du service de semaine de capitaine et du service de place; il ne marche que lorsque sa compagnie est appelée à un service extérieur.

Prise du service.

31. En prenant la semaine, le chef de bataillon reçoit de celui qu'il relève :

1° L'état de semaine comprenant les noms des officiers, des sous-officiers et des caporaux qui entrent en semaine avec lui, ainsi que les noms du capitaine de distributions et du capitaine d'ordinaire ;

2° L'état numérique, par compagnie, des militaires de tous grades disponibles pour les services individuels, établi d'après des situations fournies par les commandants de compagnie le samedi au rapport, et présentant nominativement les indisponibles et les causes d'indisponibilité ;

3° L'indication des consignes et des ordres dont l'exécution a besoin d'être particulièrement surveillée ; des jours et des heures des diverses distributions, du service à fournir, etc., etc. ;

4° Le registre contenant les contrôles pour commander les services individuels des officiers et les services des fractions constituées.

Les trois premiers états sont signés par le chef de bataillon quittant la semaine et par celui qui la prend ; celui-ci les remet, ainsi que les contrôles, à l'adjudant-major de semaine.

Copie de l'état n° 1 est faite pour le colonel, le lieutenant-colonel et le chef de bataillon de semaine ; les états sont conservés pour la vérification des observations et pour les réclamations.

Appels.

32. Il se fait rendre compte des appels par l'adjudant-major de semaine. Il ordonne des contre-appels après l'appel du soir, quand il le croit utile.

Garde montante.

33. Il se trouve fréquemment à la garde mon-

tante; il en passe l'inspection ainsi que du piquet.

Rassemblements.

34. Il a la surveillance du rassemblement du régiment, de plusieurs bataillons ou de compagnies de différents bataillons pour un service commun.

Détachements.

35. Il inspecte, avant leur départ, les détachements commandés par des officiers, lorsqu'ils sont, par exception, composés de fractions appartenant à plusieurs bataillons. Il les inspecte aussi, à leur retour, lorsque leur absence a duré plus de vingt-quatre heures.

Visites au quartier.

36. Il visite fréquemment les cours, les corridors, les escaliers, les cuisines, les salles de discipline, les écuries, et généralement les locaux d'un usage commun à plusieurs compagnies. Il s'assure que toutes les prescriptions réglementaires et que les consignes particulières données par le colonel sont exécutées.

CHAPITRE IV.

MAJOR.

Attributions générales.

37. Le major est membre et rapporteur du conseil d'administration; il veille, sous l'autorité du président, à l'exécution des délibérations; il

exerce une surveillance permanente sur tous les détails d'administration et de comptabilité dont les officiers comptables et autres agents du conseil, ainsi que les commandants de compagnie, sont respectivement chargés et signale au conseil les abus ou irrégularités qu'il reconnaît.

Il est disciplinairement responsable, dans les cas prévus par les règlements, des erreurs ou irrégularités qui pourraient être commises dans les services dont il a la surveillance.

Il soumet au conseil et au chef de corps les mesures qui lui paraissent devoir être prises pour la bonne exécution du service de l'habillement dans l'ensemble du corps.

Les dépêches et les décisions concernant l'administration lui sont remises par le président du conseil. Le major donne aux officiers comptables les ordres et les instructions nécessaires pour assurer l'exécution des prescriptions qu'elles renferment.

Il veille à la rédaction des délibérations, lettres et rapports et généralement de toutes les pièces qui doivent être signées soit par le conseil, soit par son président seulement.

Il soumet au président les affaires sur lesquelles le conseil peut avoir à délibérer. Il fait le rapport de toutes celles que le président met en délibération ; il donne les éclaircissements et produit les documents dont le conseil ou chaque membre peut avoir besoin.

Il donne lecture au conseil des dépêches relatives à l'administration reçues dans l'intervalle des séances ; il rend compte des dispositions qu'elles ont nécessitées, ou propose celles qu'elles paraissent devoir exiger.

Il tient le répertoire des permissionnaires, celui des absents pour toute autre cause que celle de permission et les répertoires des hommes de la disponibilité, de la réserve et d'autres catégories. Il assure l'exécution de toutes les prescriptions administratives relatives à la mobilisation.

Il vérifie et vise le registre du vaguemestre (modèle XI) dont le service est spécialement placé sous sa surveillance (art. 203).

Il a les attributions du chef de bataillon envers les officiers comptables ainsi qu'envers le petit état-major, la section hors rang et les compagnies de dépôt, s'il y a lieu.

Il est exempt du service de place.

Mutations.

38. Le major transmet chaque jour au trésorier les situations administratives des compagnies après avoir vérifié l'exactitude des mutations.

Il informe les commandants de compagnie des mutations des militaires absents et de ceux de la disponibilité, de la réserve ou d'autres catégories, s'il y a lieu. Il informe aussi le médecin chef de service des mutations qui intéressent l'établissement de la statistique médicale.

Approbation et visa des pièces. — Vérifications relatives à l'administration et à la comptabilité.

39. Le major se conforme aux règlements spéciaux pour l'approbation et le visa des pièces.

Il veille à ce que le trésorier touche et inscrive exactement les sommes dont la recette doit être effectuée sur ses quittances. Il s'assure que ce comptable acquitte les dépenses pour lesquelles des fonds lui ont été remis par le conseil.

Il vérifie la situation matérielle de la caisse du trésorier inopinément et, en outre, chaque fois qu'il doit être délibéré sur une remise de fonds à faire à ce comptable.

Il surveille l'exécution des ordres donnés par le chef de corps pour les distributions et réintégrations en magasins. Il s'assure au moins une fois par trimestre, par des recensements partiels, de l'état et de l'existence du matériel. Il consigne sur ses registres les résultats de ses opérations.

Il veille à l'exécution des délibérations prises par le conseil d'administration au sujet du service de l'habillement.

Il procède, sans attendre les époques fixées par les règlements, à toutes les vérifications qu'il croit utiles concernant la comptabilité du corps.

Il rend compte par écrit des revues qu'il a passées.

Recrutement. — Déserteurs. — État civil.

40. Le major est chargé de la correspondance relative au recrutement, à la tenue des répertoires de la réserve, aux poursuites contre les déserteurs et à la recherche des hommes aux hôpitaux externes ou absents depuis plus de six mois.

Il a la surveillance des actes de l'état civil.

Casernement et couchage.

41. Il dirige l'officier chargé du casernement dans l'exécution des dispositions relatives aux services du casernement et du couchage.

Commandement du régiment ou de la portion centrale. — Instruction.

42. Le major concourt avec les chefs de bataillon pour le commandement du régiment d'après son rang d'ancienneté.

Il peut être appelé à prendre part aux exercices et aux manœuvres du régiment.

Lorsque le régiment est fractionné, le major est toujours avec la portion du corps détachée auprès des magasins. Si un chef de bataillon se trouve également à cette portion avec son bataillon, le commandement appartient, en l'absence du lieutenant-colonel, au plus ancien de ces deux officiers supérieurs, qui préside alors le conseil d'administration.

Cas d'absence.

43. Lorsque le major est absent, il est remplacé, en ce qui n'est pas contraire aux dispositions des articles 27 et 97, par un capitaine désigné par l'inspecteur général sur la proposition du colonel et choisi de préférence parmi les officiers du cadre complémentaire ou les adjudants-majors.

Il ne peut, dans aucun cas, être remplacé ni par le trésorier, ni par l'officier d'habillement.

Quand les fonctions de major sont remplies par un capitaine, celui-ci n'a aucune surveillance à exercer sur les registres des unités administratives.

Bataillons formant corps.

44. Dans un bataillon formant corps, le capitaine-major remplit toutes les fonctions attribuées

au major d'un régiment, mais il n'a aucune surveillance à exercer sur les registres de compagnie. Ce soin est laissé au chef de corps.

Il concourt avec les autres capitaines pour le commandement du bataillon d'après son ancienneté de grade.

Quand il est absent, ou lorsqu'un conseil éventuel est constitué, il est remplacé par un capitaine désigné par l'inspecteur général sur la proposition du chef de corps.

CHAPITRE V.

ADJUDANT-MAJOR.

Attributions générales.

45. L'adjudant-major est à la disposition de son chef de bataillon pour assurer les détails du service de son bataillon; il remplit les fonctions attribuées à l'adjudant-major de semaine lors des rassemblements présidés par son chef de bataillon (article 25).

Les adjudants-majors sont à la disposition du colonel pour tous les services spéciaux, tels que tirs, écoles, fonctions de major, etc.

Il reste étranger à la police intérieure et à l'administration des compagnies.

Il surveille dans son bataillon les tables des sous-officiers et la cantine.

Un adjudant-major est chargé de la surveillance de l'instruction des tambours, clairons et des élèves (article 193).

Cas d'absence.

46. Un adjudant-major absent est remplacé

par un capitaine du cadre complémentaire, ou, à défaut, par un capitaine de compagnie qui est exempt de tout autre service, mais conserve le commandement de sa compagnie.

En cas de nécessité, les fonctions d'adjudant-major peuvent être remplies par un lieutenant.

Service de semaine.

Devoirs généraux.

47. Les adjudants-majors roulent entre eux pour le service de semaine.

L'adjudant-major de semaine a pour supérieur immédiat le chef de bataillon de semaine ; il dirige et surveille le service des lieutenants moins anciens que lui, s'il est lieutenant, des sous-lieutenants, des sous-officiers et des caporaux de semaine.

Les appels, les rassemblements généraux de plusieurs bataillons ou de compagnies de différents bataillons, la réunion des gardes, le service de la garde de police; la police des salles de discipline, des cantines, des mess de sous-officiers, des écuries ; la propreté des locaux communs à diverses compagnies ; celle des cours et des abords extérieurs du quartier ; la sûreté du quartier de jour et de nuit concernent directement l'adjudant-major de semaine.

L'adjudant-major se rend dans les chambres lorsque, en l'absence d'un officier, ou à l'infirmerie régimentaire, lorsque, en l'absence des médecins, son intervention y est nécessitée par un fait intéressant la police générale ou la sûreté du quartier.

Il assiste aux distributions de fourrages.

Il tient les contrôles pour commander les services individuels des officiers et les services des fractions constituées.

En entrant en semaine, il reçoit du chef de bataillon de semaine les pièces énumérées à l'article 31.

Il reçoit de l'adjudant-major sortant de semaine les contrôles pour commander les services individuels des sous-officiers et des caporaux et le registre des punis (modèle XVII) ; il les remet, après vérification, à son adjudant de semaine, avec l'état de semaine et la répartition des services entre les fourriers de semaine (article 168).

L'adjudant-major de semaine couche au quartier quand l'ordre en est donné ; une chambre est disposée à cet effet.

Dans un bataillon formant corps ou dans un bataillon détaché, un capitaine de compagnie ou un lieutenant est désigné pour alterner avec l'adjudant-major titulaire pour le service de semaine. Il est exempt du service de place et des distributions.

Appels.

48. L'appel du matin a lieu immédiatement après le réveil, il est fait dans les chambres par les caporaux de chambrée en présence du sergent de semaine, qui le rend à l'adjudant de semaine et en informe son adjudant de compagnie.

L'appel du soir est fait dans les chambres par les caporaux de chambrée en présence de l'adjudant de compagnie ou du sergent-major et du sergent de semaine.

L'adjudant de compagnie signe le billet d'appel; ce billet porte au recto le nom des manquants et au verso le nom des sous-officiers, des caporaux et des soldats permissionnaires avec l'indication de l'heure à laquelle ils doivent rentrer.

L'adjudant de compagnie, accompagné du sergent de semaine, rend l'appel à l'adjudant-major de semaine dans la salle de rapport.

L'adjudant de semaine établit le billet d'appel général et le remet à l'adjudant-major de semaine.

Si le régiment occupe plusieurs quartiers, l'adjudant-major de semaine commande des officiers de semaine pour le suppléer dans les quartiers autres que celui où il reçoit l'appel.

Après l'appel du soir, il fait faire les contre-appels et les rondes qui sont ordonnés, ainsi que ceux qu'il juge nécessaires.

Rassemblements.

49. L'adjudant-major de semaine est chargé, sous la surveillance du chef de bataillon de semaine, des rassemblements du régiment, de plusieurs bataillons ou de compagnies de différents bataillons.

Pour ces divers rassemblements, l'adjudant de semaine fait rappeler à l'heure prescrite ; les compagnies s'assemblent par les soins des adjudants de compagnie, sous la surveillance des officiers de semaine; l'adjudant-major de semaine fait battre ou sonner l'appel. A ce signal, les adjudants de compagnie font porter les armes, aligner leur compagnie et ouvrir les rangs. L'adjudant-major de semaine fait ensuite donner un coup de langue ou de baguette pour que l'appel se fasse en même temps dans toutes les escouades. Les caporaux font l'appel et le rendent à l'adjudant de compagnie, qui passe devant le rang, s'assure de la présence des sous-officiers, fait reposer sur les armes et rend l'appel à l'officier de semaine.

L'appel terminé, les officiers de semaine, moins anciens ou moins élevés en grade que l'adjudant-major, si ce dernier est du grade de lieutenant ou, dans le cas contraire, les adjudants de compagnie, les sergents-majors, l'adjudant de semaine, le sous-chef de musique, le vaguemestre, le tambour et le caporal sapeur se réunissent au signal d'un autre coup de langue ou de baguette, autour de l'adjudant-major de semaine et se placent en cercle, dans l'ordre des unités qu'ils représentent, les sergents-majors derrière leurs officiers ou leurs adjudants de compagnie, selon le cas.

L'adjudant-major reçoit l'appel verbalement, s'il ne manque personne, et par écrit, s'il manque quelqu'un; il rend compte au chef de bataillon de semaine, communique les ordres s'il y a lieu, fait rompre le cercle et prévient l'officier qui doit prendre le commandement de la troupe.

Toutes les batteries et sonneries concernant le rassemblement du régiment sont faites par le tambour ou clairon de la garde de police ou, à son défaut, par un tambour ou clairon désigné.

Quand des fractions de différentes compagnies doivent être rassemblées pour un service commun, elles sont réunies par les adjudants de compagnie ou par les sergents de semaine, suivant le cas; l'adjudant-major de semaine fait faire l'appel.

Détachements.

50. Il inspecte, avant leur départ, les détachements commandés par des sous-officiers, lorsqu'ils sont, par exception, composés de fractions constituées appartenant à plusieurs compagnies; il les inspecte à leur retour, lorsque leur absence a duré plus de vingt-quatre heures.

En l'absence du chef de bataillon de semaine, il inspecte de même ceux qui sont commandés par des sous-lieutenants ou par des lieutenants moins anciens que lui, s'il est du grade de lieutenant.

Propreté du quartier. — Gardes. — Détenus. Cantines.

51. L'adjudant-major de semaine fait exécuter toutes les prescriptions hygiéniques et de propreté spécifiées à l'article 356 ou ordonnées par le chef de corps en ce qui concerne l'entretien des cours et des abords du quartier, les corps de garde, les salles de discipline, les latrines et autres locaux communs à différentes compagnies. La corvée de propreté est faite aux heures fixées par le colonel et, autant que possible, par les hommes punis.

L'adjudant-major de semaine réunit et forme les gardes. Il inspecte, quand il le juge nécessaire, la garde de police ainsi que les autres postes qui auraient été placés extraordinairement au quartier, à moins qu'ils ne soient commandés par des officiers plus élevés en grade ou plus anciens que lui; il les dirige et les fait surveiller par l'adjudant de semaine dans les détails de leur service.

A la fin de la semaine, il vérifie et arrête les registres du corps de garde.

L'adjudant-major de semaine visite tous les jours les salles de discipline; il veille à ce que toutes les prescriptions relatives aux détenus soient observées. Il reçoit les réclamations de ces hommes et, si elles sont fondées, il y fait droit ou les transmet selon le cas. S'il y en a parmi eux qui troublent l'ordre, il prend à leur égard les mesures nécessaires.

Tous les mess et cantines établis dans le quartier sont sous la surveillance de l'adjudant-major de semaine; il les fait fermer lorsque la tranquillité du quartier et le maintien de l'ordre le rendent nécessaire; dans ce cas, il en rend compte sur-le-champ au chef de bataillon de semaine.

Visites au quartier par des officiers supérieurs.

52. L'adjudant-major accompagne le colonel et le lieutenant-colonel quand l'un ou l'autre se trouve au quartier; il accompagne de même tout officier supérieur qui le demande.

Baignade.

53. Quand le régiment se rend à la baignade, il préside à sa réunion; les officiers de semaine sont présents; l'appel fait, l'adjudant-major de semaine prévient le capitaine chargé de ce service, qui prend le commandement du détachement.

Surveillance des écuries. — Distributions de fourrages.

54. L'adjudant-major de semaine assure l'exé-

cution des prescriptions du colonel, des consignes générales et du service journalier concernant les écuries (article 256).

Lorsque l'adjudant-major de semaine assiste aux distributions de fourrages, il remplit pour ce service les fonctions attribuées au capitaine de semaine chargé des distributions (art. 97) ; il en rend compte au major.

CHAPITRE VI.

CAPITAINE TRÉSORIER.

Fonctions et responsabilité.

55. Le capitaine trésorier est membre et secrétaire du conseil d'administration.

Il fait toutes les recettes en deniers et les verse immédiatement dans la caisse du conseil, à l'exception de celles qui doivent entrer directement dans sa caisse particulière ; il acquitte toutes les dépenses prévues par les règlements ou autorisées par le conseil d'administration. Il est responsable des fonds qu'il a reçus et dont il doit faire le versement dans la caisse du conseil, de ceux qu'il a reçus directement ou qui ont été mis à sa disposition pour acquitter les dépenses du corps ; il l'est aussi de la régularité des payements et de la tenue de ses écritures.

Il rédige, sous la direction du major, les lettres et les actes relatifs à ses fonctions, que le conseil ou son président doit signer.

Il fournit au médecin-major les renseignements nécessaires à l'établissement de la statistique médicale.

Il est archiviste du corps et détient les pièces

d'archives des officiers, conformément aux prescriptions du chapitre XIV *bis*.

Il prend part à l'instruction théorique et pratique des officiers dans les limites fixées par le colonel.

Il est exempt du service de place.

Mutations.

56. Tous les jours, il reçoit du major les situations administratives des compagnies, en vérifie les chiffres et les inscrit sur les feuilles de journées ouvertes par ses soins.

Il adresse ces situations au sous-intendant militaire au plus tard le surlendemain de leur établissement, en y joignant les pièces justificatives.

Prêts et subsistances.

57. Tous les cinq jours, à terme échu, sauf dans les cas d'exceptions prévus par les règlements, il paye le prêt à chaque commandant de compagnie, ou à son sergent-major autorisé à le remplacer, sur une feuille de prêt portant décompte, certifiée et quittancée par le capitaine, et dont il vérifie l'exactitude.

Il établit, signe et enregistre les bons de subsistances et de fourrage, d'après les situations particulières fournies à cet effet par les commandants de compagnie.

Toutes les opérations qui s'effectuent entre les compagnies et le trésorier ont lieu aux heures indiquées par le colonel.

Bataillons formant corps.

58. Dans un bataillon formant corps, le lieutenant trésorier remplit les mêmes fonctions et a

la même responsabilité que le capitaine trésorier dans un régiment.

LIEUTENANT ADJOINT AU TRÉSORIER.

Fonctions.

59. Dans les régiments, le trésorier a sous ses ordres un officier du grade de lieutenant, qui est chargé de l'aider dans son travail et de le remplacer lorsqu'il est malade ou absent.

En cas de fractionnement du régiment, cet officier remplit les fonctions de trésorier à la portion principale sous le titre d'officier payeur.

Il prend part à l'instruction théorique et pratique des officiers dans les limites fixées par le colonel.

Il est exempt du service de place.

Dans un bataillon formant corps, en cas de formation d'un conseil d'administration éventuel, les fonctions d'officier payeur à ce conseil sont remplies par un officier désigné par le chef de corps sur la présentation du conseil d'administration.

CHAPITRE VII.

OFFICIER D'HABILLEMENT.

Fonctions. — Responsabilité.

60. L'officier d'habillement est membre du conseil d'administration.

Il est chargé, sous la réserve des attributions des autres agents du conseil, du service du matériel appartenant à l'Etat et au corps et des écritures qui s'y rattachent. Ce service embrasse toutes les opérations relatives au matériel.

Il est responsable des étoffes, des matières et effets de toute nature existant dans le magasin du corps, de la régularité des distributions et de la tenue de ses écritures.

Il rédige les marchés et la correspondance relative à ses fonctions, que le conseil ou son président doit signer.

Il commande la section hors rang et le petit état-major ; il exerce à leur égard les fonctions de commandant de compagnie.

La musique n'est sous ses ordres que pour l'administration seulement. L'officier d'approvisionnement est sous son autorité en tout ce qui concerne ses fonctions spéciales.

L'officier d'habillement est chargé de la police des ateliers; le chef armurier et les caporaux premiers ouvriers ne reçoivent d'ordres pour le travail que de lui ou de son adjoint. Il propose au major le remplacement de tout ouvrier incapable ou de mauvaise conduite.

Il prend part à l'instruction théorique et pratique des officiers dans les limites fixées par le colonel.

Il est exempt du service de place.

Distributions. — Marques à apposer sur les effets.

61. Il ne distribue ni armes ni effets que sur des bons des commandants de compagnie.

Il ne peut exiger d'autres modifications à ces bons que celles qui auraient pour objet soit de rectifier une erreur matérielle, soit d'assurer l'écoulement d'effets de modèles anciens.

Les effets ne reçoivent par ses soins aucune autre marque que celle du numéro du corps.

Réparations.

62. L'officier d'habillement fait effectuer dans les ateliers du corps les réparations à l'armement ainsi qu'aux effets de toute sorte quand le conseil d'administration a prescrit l'exécution de ces dernières en dehors des compagnies.

Les réparations sont faites d'après les bons signés par le capitaine, qui spécifie au compte de quelle masse elles doivent être imputées.

Un fourrier ou un caporal, porteur du bon, accompagne au magasin d'habillement le soldat muni de l'effet à réparer. L'officier d'habillement vise le bon, après avoir reconnu que la réparation est exprimée comme elle doit l'être et imputable sur la masse désignée; s'il y a contestation, le différend est jugé par le major et, au besoin, par le conseil d'administration.

L'officier d'habillement, avant de rendre les effets, s'assure que la réparation a été bien faite.

Toutes les opérations qui s'effectuent entre les compagnies et le service de l'habillement ont lieu aux heures indiquées par le colonel.

Bataillons formant corps.

63. Dans un bataillon formant corps, le lieutenant officier d'habillement remplit les mêmes fonctions et a la même responsabilité que l'officier d'habillement dans un régiment.

OFFICIER D'ARMEMENT ADJOINT A L'OFFICIER D'HABILLEMENT.

Fonctions.

64. Dans les régiments, l'officier d'habillemen

a sous son autorité immédiate un lieutenant qui est chargé de l'aider dans son service et de le remplacer lorsqu'il est malade ou absent ou lorsqu'il préside le conseil.

Cet officier est chargé en particulier de tous les détails prescrits par les règlements sur l'armement ; il prend le titre de lieutenant d'armement.

Il est désigné par le colonel sur la présentation de l'officier d'habillement et d'après l'avis du major. Il est exempt du service de place ; il prend part à l'instruction théorique et pratique des officiers dans les limites fixées par le colonel. Il remplit à la section hors rang les fonctions attribuées au lieutenant et au sous-lieutenant dans les compagnies.

En cas de fractionnement du régiment, le lieutenant d'armement reste, en temps de paix, à la portion centrale. Les fonctions d'officier d'armement délégué pour l'habillement à la portion principale sont alors remplies par le porte-drapeau.

Lorsqu'il est formé plus d'un conseil d'administration éventuel, les officiers autres que le porte-drapeau qui doivent y remplir les fonctions d'officier d'armement, délégué pour l'habillement, sont désignés par le colonel sur l'avis du conseil d'administration centrale avant la séparation, ou sur celui des conseils éventuels si la séparation est déjà faite.

CHAPITRE VIII.

PORTE-DRAPEAU.

Fonctions.

65. Le porte-drapeau est chargé des détails du

service du casernement et du couchage ; il tient le registre du casernement et le registre d'ameublement de literie et du couchage, sous la direction et la surveillance du major. Ces dispositions ne sont pas applicables au matériel de couchage auxiliaire dont la gestion incombe à l'officier d'habillement comme celle de tous les autres effets ou objets de campement.

Il est chargé des détails relatifs à l'éclairage, au compte de la masse du harnachement et ferrage, des cours, des corridors, des escaliers, des écuries, de l'infirmerie et des autres locaux accessoires du casernement. Un ou plusieurs hommes sont mis à sa disposition à cet effet.

Dans les régiments fractionnés, il remplit, à la portion principale, les fonctions d'officier d'armement délégué pour l'habillement.

Il prend part à l'instruction théorique et pratique des officiers dans les limites fixées par le colonel.

Il est exempt du service de place.

CHAPITRE IX.

MÉDECINS.

Devoirs généraux.

66. Le médecin-major de 1re classe est chargé d'assurer le service sanitaire du régiment ; il est secondé par le médecin-major de 2e classe et le médecin aide-major de 1re classe. Il se conforme, pour l'exécution du service, aux prescriptions du règlement sur le service de santé à l'intérieur.

L'autorité du médecin-major de 1re classe s'exerce, en ce qui concerne le service, sous le contrôle du colonel, et spécialement en ce qui se rapporte à la partie technique, sous la surveillance et le contrôle du médecin inspecteur ou principal, directeur du service de santé du corps d'armée.

Il tient, sous l'autorité du conseil d'administration et la surveillance du major, les registres et toutes les écritures de détail déterminés par les règlements et instructions concernant la gestion des fonds et du matériel qui lui sont confiés.

Il est pécuniairement responsable de l'existence de ces fonds, ainsi que de l'existence et bon entretien de ce matériel.

Les registres sont cotés et paraphés par le major.

Sous la réserve de l'acceptation du colonel, le médecin-major de 1re classe a l'initiative des propositions pour l'avancement et pour la Légion d'honneur, concernant les médecins sous ses ordres. En ce qui le concerne personnellement, cette initiative appartient au colonel.

Il fait connaître au directeur, par un bulletin, les mutations des médecins sous ses ordres.

Toutes les communications du médecin-major de 1re classe avec le directeur du service de santé ont lieu par l'intermédiaire du colonel.

Le médecin-major règle le service de ses subordonnés.

Lorsque le régiment est réuni, le colonel affecte chaque médecin à un bataillon, pour leur place dans les formations constitutives et pour la communication des ordres.

Les médecins doivent leurs soins à tous les militaires du régiment et à leur famille.

Visites journalières au quartier.

67. Tous les matins, avant le rapport, à l'heure fixée par le colonel, le médecin-major de 1re classe fait sa visite au quartier.

Les sergents de semaine, porteurs du cahier de visite (modèle V), conduisent à la salle de visite les hommes malades et ceux qui doivent être présentés au médecin (article 71). Les hommes qui ne peuvent pas se lever sont visités dans leur chambre. Les sous-officiers autorisés à loger en ville et qui ne peuvent se rendre au quartier sont visités à domicile.

Le médecin inscrit de sa main sur le cahier de visite, en regard du nom des hommes, ceux qui doivent entrer à l'hôpital, à l'infirmerie ou à la salle des convalescents, ceux qui sont admis au régime spécial ou qui cessent d'y être soumis; ceux qui sont reconnus malades à la chambre et le nombre des jours d'exemption totale ou partielle de service qui leur sont accordés; enfin, ceux n'ont pas été reconnus malades. Ils y joignent les renseignements de nature à éclairer le capitaine. L'exemption ne peut être de plus de quatre jours; elle est renouvelée s'il y a lieu.

Quand il y a des malades aux salles de discipline, ceux qui peuvent marcher sont conduits à la salle de visite par le caporal de garde, et ceux qui ne peuvent pas marcher sont visités dans les salles de discipline par le médecin, que le sergent de semaine et le caporal de garde accompagnent.

Dans sa tournée, le médecin-major observe dans les diverses parties du quartier ce qui intéresse la salubrité et l'hygiène. Il surveille journellement le fonctionnement des filtres.

Il passe fréquemment dans les cuisines pour examiner la qualité des aliments. Il vérifie également la qualité des denrées et des liquides mis en vente dans les cantines ou dans les mess et les soumet, au besoin, à l'expertise. Il rend compte au chef de corps des résultats de son examen par le rapport journalier.

Lorsque le régiment occupe plusieurs quartiers, le médecin-major de 1re classe se réserve habituellement la visite du quartier principal; dans les autres, la visite est faite par les médecins qui lui sont subordonnés; ceux-ci lui rendent compte.

Les billets d'hôpital sont signés par le médecin-major de 1re classe, et, en cas d'urgence, par le médecin qui a passé la visite; celui-ci rend compte immédiatement à son chef de service.

Le médecin-major peut, avec l'autorisation du lieutenant-colonel, être exceptionnellement remplacé par un autre médecin du corps dans la visite journalière du quartier.

Lorsque les circonstances l'exigent, les médecins font alternativement, d'après l'ordre du colonel, un service de nuit. Il leur est, à cet effet, affecté une chambre au quartier.

Infirmerie. — Masse de l'infirmerie. — Salle des convalescents. — Matériel.

68. Le médecin-major de 1re classe a la direction de l'infirmerie et de la salle des convalescents. Il a, en ce qui concerne la police et la discipline, les droits que lui confère le présent Règlement; il surveille la conduite et la tenue des malades. Il propose au lieutenant-colonel les mesures nécessaires pour l'organisation, l'entre-

tien et la police de l'infirmerie, de la salle des convalescents et du local affecté aux bains et aux douches. Il reçoit les réclamations des malades; il y fait droit si elles sont dans ses attributions, dans le cas contraire, il les transmet à l'autorité compétente.

Le médecin-major ne doit traiter au régiment que les maladies dont la nomenclature est déterminée par les instructions ministérielles.

La salle des convalescents est destinée à recevoir pendant quelques jours les hommes sortant des hôpitaux et auxquels un changement brusque de régime serait nuisible. Ils y sont traités conformément aux instructions ministérielles.

Autant que possible, les hommes exempts de tout service sont réunis pendant le jour dans un local dépendant de l'infirmerie, où ils sont l'objet de la surveillance et des soins que réclame leur état.

Un caporal est chargé des détails de l'infirmerie et de la salle des convalescents.

Les hommes admis à l'infirmerie y apportent leurs effets d'habillement et de petit équipement. Tous les autres effets, les armes et munitions sont conservés à la compagnie.

Lorsqu'un homme est atteint d'une affection contagieuse, le médecin peut, lorsqu'il le juge utile, réclamer l'envoi à l'infirmerie de tous les effets du malade, pour qu'ils soient désinfectés.

La masse de l'infirmerie est constituée au moyen de versements faits par les compagnies entre les mains du médecin chef pour les journées pendant lesquelles les sous-officiers, caporaux et soldats ont été soumis au régime spécial.

Le versement à effectuer se compose : pour les caporaux et soldats, de la portion de la solde journalière qui est prélevée pour l'ordinaire; pour les sous-officiers, de celle qui est fixée par le chef de corps comme taux de leur pension à la cantine ou au mess.

Les divers suppléments et indemnités s'appliquant à la nourriture sont compris dans ce versement. Le pain et les autres prestations en nature, normales ou supplémentaires, sont remplacés par une indemnité représentative dont le taux est fixé par le Ministre et qui est versée à l'infirmerie.

Ces versements constituent la masse de l'infirmerie et sont inscrits régulièrement à la colonne de recettes du registre d'alimentation. Le médecin-major donne quittance des sommes qu'il reçoit sur le livret d'ordinaire des compagnies.

En cas d'insuffisance de la masse de l'infirmerie, le chef de corps, avec l'autorisation du général commandant la brigade, peut ordonner un prélèvement à son profit sur les bonis des ordinaires des compagnies.

En dehors de ces versements et prélèvements, il ne peut être fait aucune autre allocation soit en argent, soit en nature.

Le boni de la masse de l'infirmerie est déposé dans la caisse du corps.

Les corps tirent les médicaments et objets de pansement des hôpitaux militaires. Dans les garnisons où il n'existe pas d'hôpital militaire, les corps peuvent être autorisés par le directeur du service de santé à se procurer directement les objets de pansement et mobiliers ainsi que les médicaments.

Les substances vénéneuses doivent toujours être déposées dans une armoire dont le médecin-major conserve lui-même la clef.

Il fait afficher le placard concernant les prescriptions relatives aux poisons.

Il tient tous les registres prescrits par les instructions ministérielles. Ces registres sont cotés et parafés par le major.

Officiers malades.

69. Sur l'ordre du lieutenant-colonel (art. 20), le médecin-major de 1re classe doit visiter tout officier malade qui ne peut pas faire son service ; il rend compte au lieutenant-colonel, par un bulletin adressé sous pli cacheté, de la visite qu'il a faite.

Visites aux hôpitaux.

70. Le médecin-major de 1re classe visite deux fois par semaine au moins les malades du régiment qui sont dans les hôpitaux ; il rend compte de ses observations sur le rapport du lendemain.

Il accompagne le colonel et le lieutenant-colonel dans leurs visites aux hôpitaux ou à l'infirmerie régimentaire.

Quand ils en reçoivent l'ordre, les médecins font le service dans les hôpitaux militaires ou dans les hospices militarisés de la garnison. Ce service ne les dispense pas de leurs obligations envers le régiment.

Visite générale mensuelle. — Visite des hommes qui s'absentent, qui arrivent au corps ou qui le quittent.

71. Tous les mois, le médecin-major de 1re classe fait ou fait faire à la salle de visite, en présence des officiers de semaine, une visite individuelle des caporaux et des soldats pour recon-

naître les maladies contagieuses; il prend, à cet effet, les ordres du colonel.

Les hommes rentrant des hôpitaux, de congé ou de permission sont présentés à la visite du médecin, dès le lendemain de leur arrivée.

Le médecin-major de 1re classe constate l'aptitude des hommes qui se présentent pour servir au régiment comme engagés volontaires.

Il examine les hommes venus d'autres corps et se fait remettre l'extrait du registre médical d'incorporation établi par le corps d'origine.

Lorsqu'il arrive des hommes de recrue, le médecin-major de 1re classe vérifie s'ils sont aptes au service de l'arme, s'ils ont eu la variole ou s'ils ont été vaccinés ; il rend compte sur le rapport journalier du résultat de sa visite. Lorsqu'un homme nouvellement incorporé présente des infirmités ou des vices de conformation qui le rendent impropre au service, le médecin-major de 1re classe en fait un rapport spécial qu'il joint au rapport journalier.

Il établit des certificats de visite pour les militaires du régiment proposés au corps :

1° Pour la non-activité, pour infirmités temporaires ; 2° pour la réforme, pour infirmités incurables ; 3° pour la retraite, à titre de blessures ou d'infirmités contractées au service ; 4° pour les eaux minérales ; 5° pour un congé de convalescence, etc.

Il visite les hommes qui quittent le corps par réforme ou par retraite, afin que ceux qui seraient atteints de maladies contagieuses soient traités avant leur départ (1). Il visite, de même, avant

---

(1) Il examine, au point de vue de l'intégralité des or-

leur départ, les hommes allant en congé ou en permission et signale aux chefs de corps ceux qui présentent une affection, même légère, susceptible de s'aggraver ou de justifier une demande de prolongation de permission.

Visite de la literie de l'infirmerie.

72. Le médecin-major de 1re classe fait ou fait faire, au moins une fois par mois, une visite détaillée des effets de literie à l'usage des militaires traités à l'infirmerie, et il requiert le remplacement de ceux de ces effets qu'il juge ne pouvoir être maintenus en service; ces effets sont remplacés sur l'ordre du sous-intendant militaire.

Il fait parvenir au sous-intendant militaire, par voie hiérarchique, un bulletin constatant le résultat de chaque visite mensuelle.

Outre les remplacements ordonnés à la suite de ces visites, le médecin-major de 1re classe doit provoquer le remplacement et la désinfection de tout ou partie des effets composant les fournitures d'infirmerie qu'il reconnaît avoir besoin d'être assainis.

Infirmiers et brancardiers régimentaires.

73. Le médecin-major chef de service est responsable de l'instruction théorique et pratique des infirmiers et brancardiers régimentaires, qu'il dirige conformément au règlement sur le service de santé (notice n° 6). Il est secondé par

---

ganes de la respiration et de la circulation, les hommes proposés pour les emplois de clairon, trompette et musicien. (Règlement sur le service de santé.)

le personnel sous ses ordres (médecins, sous-officier ou caporal d'infirmerie et infirmiers titulaires).

Il y a deux catégories d'infirmiers régimentaires : les titulaires et les auxiliaires.

Les infirmiers titulaires sont chargés du service de l'infirmerie régimentaire ; ils remplissent les fonctions de porte-sac et sont employés comme moniteurs à l'instruction des infirmiers auxiliaires et des brancardiers.

Les infirmiers auxiliaires suppléent les titulaires. Ils sont désignés par le chef de corps sur la proposition du médecin-major chef de service et sont choisis parmi les hommes ayant déjà un an de présence sous les drapeaux et ayant encore deux années de service à faire. Ils font leur deuxième année comme infirmiers auxiliaires et leur troisième comme titulaires.

Le nombre et la répartition des infirmiers régimentaires sont déterminés par le règlement sur le service de santé (notice n° 6).

Les infirmiers titulaires roulent entre eux pour le service de l'infirmerie régimentaire. L'un d'eux est désigné chaque jour par le médecin-major chef de service pour être de garde ; il doit rester en permanence et coucher à l'infirmerie.

Les infirmiers auxiliaires concourent également entre eux pour les divers services dont ils peuvent être chargés ; mais, en principe, ils ne peuvent être de garde ou de service à l'infirmerie qu'en même temps qu'un infirmier titulaire.

Le colonel détermine, sur la proposition du médecin-major, le service extérieur des infirmiers.

Les infirmiers titulaires et auxiliaires sont exempts du service de place et des corvées.

Brancardiers régimentaires.

Les musiciens et les ouvriers tailleurs et cordonniers reçoivent l'instruction du brancardier militaire, conformément au règlement sur le service de santé (notice n° 6).

Marches, manœuvres, tir à la cible, baignade.

74. Un des médecins, pourvu des instruments et des objets de pansement contenus dans le sac d'ambulance, assiste aux marches, aux manœuvres d'ensemble, au tir à la cible et à la baignade.

Dans une place dont la garnison comprend plusieurs corps de troupe, il est institué une taxe de service extérieur, auquel prennent part tous les médecins en sous-ordre employés dans les corps et les aides-majors de l'hôpital. Ce service qui peut être commandé, suivant les circonstances, soit par jour, soit par semaine, a pour but d'assurer la présence d'un médecin militaire aux exercices à feu, aux baignades et, quand il y a lieu, aux manœuvres. (Règlement sur le service de santé, article 70.)

Logement. — Médecin de service.

75. L'indication du logement des médecins est affichée au corps de garde de police et à l'infirmerie.

Un des médecins, dit médecin de service, dont le nom est porté sur le rapport journalier de l'infirmerie et sur le registre des rentrées et sorties tenu à la garde de police (art. 216), ne doit s'éloigner ni du quartier, ni de son logement, sans faire connaître où il pourra être promptement retrouvé en cas d'accident, de jour ou de nuit.

Rapports du médecin-major de 1re classe.

76. Indépendamment des rapports qui peuvent être demandés pour des cas imprévus, le médecin-major de 1re classe doit fournir :

1° Un rapport journalier sur les mouvements de l'infirmerie et l'état sanitaire du régiment (modèle VI) ; ce rapport est déposé à la salle de rapport à l'heure indiquée ; 2° un compte rendu mensuel de l'état sanitaire ; 3° les états et rapports de la statistique médicale qu'il doit fournir au colonel.

En temps ordinaire, le médecin-major adresse au directeur du service de santé du corps d'armée, les 1er, 11, 21 de chaque mois, un état présentant le mouvement des malades pendant les dix jours précédents. En temps d'épidémie et sur l'ordre du général commandant le corps d'armée, cet état peut être fourni tous les cinq jours et même plus souvent.

Il adresse au directeur les rapports sur les vaccinations et revaccinations, etc.

Conférences.

77. Le médecin-major de 1re classe fait des conférences sur l'hygiène aux officiers; il charge les médecins en sous-ordre de faire aux sous-officiers quelques leçons d'hygiène.

Cas de fractionnement du régiment.

78. Lorsque le régiment est fractionné, le médecin-major de 1re classe est avec l'état-major ; le médecin le plus élevé en grade après lui avec la portion centrale, et le troisième médecin avec le médecin-major de 1re classe ; et dans ce cas,

si la portion principale avait à fournir un détachement comportant un médecin, c'est le médecin resté auprès du médecin-major de 1re classe qui serait détaché.

Quand le régiment est réuni et qu'il doit assurer le service de santé dans un détachement d'au moins quatre compagnies, le médecin le plus élevé en grade, après le médecin-major de 1re classe, est toujours affecté à ce détachement.

Dans tous les cas, tout médecin détaché rend compte au médecin-major de 1re classe, par l'intermédiaire du commandant de détachement, de tout ce qui intéresse le service de santé.

CHAPITRE X.

CHEF DE MUSIQUE.

Fonctions.

79. Le chef de musique a la direction exclusive du corps de musique, personnel et matériel; il est responsable de l'instruction, de la police, de la discipline et de la tenue des musiciens; il a sur eux les mêmes droits qu'un commandant de compagnie.

Pour le service spécial de la musique, il ne relève que du colonel; pour le service général militaire, il relève des officiers supérieurs, de l'adjudant-major de semaine et de l'officier d'habillement; pour la discipline, il relève de tous les officiers sous les ordres desquels il est placé dans un service commandé.

Pour l'administration, la section de musique est rattachée au petit état-major sous les ordres de l'officier d'habillement; mais le chef de musique est responsable du matériel de musique envers le conseil d'administration.

Le chef de musique, secondé par le sous-chef de musique et les caporaux clairons, est chargé de l'instruction des clairons et élèves clairons du régiment.

Il adresse ses demandes et rend compte de l'instruction à l'adjudant-major chargé de l'instruction.

Si le régiment est divisé, la musique est avec le colonel.

OFFICIERS DE COMPAGNIE.

CHAPITRE XI.

CAPITAINE.

Devoirs généraux.

80. Les premiers soins du capitaine doivent être d'inspirer aux militaires de sa compagnie du zèle et de l'amour pour le service, et de développer en eux les sentiments du devoir, de l'honneur et du dévouement à la Patrie. Il cherche à leur rendre facile la pratique de leurs devoirs par ses conseils, par l'usage équitable de son autorité et par une constante sollicitude pour leur bien-être. Il est l'intermédiaire indispensable de leurs demandes. Il doit s'attacher à connaître le caractère et l'intelligence de chacun d'eux pour les traiter, en toute circonstance, avec une justice éclairée. Il réprime au besoin la familiarité et la brusquerie de ses surbordonnés envers les soldats, qu'on ne doit jamais tutoyer, injurier ni maltraiter.

Il dirige et instruit avec le plus grand soin les officiers sous ses ordres dans l'accomplissement de leurs devoirs ; il leur accorde une juste part d'initiative et de responsabilité, de manière à rehausser leur prestige, à permettre à leurs aptitudes particulières de se développer et à les préparer au commandement d'une compagnie. Il leur donne connaissance des propositions faites en faveur des hommes de leur peloton.

Il visite chaque jour sa compagnie et voit souvent les malades à l'infirmerie et à l'hôpital.

Il dirige l'instruction primaire dans sa compagnie. Il tient lui-même pour sa compagnie un carnet conforme au modèle VIII.

Responsabilité et initiative.

81. Le capitaine est responsable de l'éducation militaire et de l'instruction théorique et pratique, de la discipline des officiers, des sous-officiers, des caporaux et des soldats de sa compagnie, de la réception, de la conservation, de l'entretien, de la réintégration et du remplacement de tout le matériel en service. Il dirige l'instruction de sa compagnie, hommes et cadres ; il établit lui-même sa progression, en se conformant aux prescriptions du règlement de manœuvres et des décisions spéciales relatives à la matière.

L'éducation morale de sa troupe est spécialement faite par ses soins et par ceux de ses officiers.

Il est également responsable de l'administration de sa compagnie ; cette responsabilité s'étend à tous les détails relatifs à la perception, à la distribution et à l'emploi des diverses prestations en argent et en nature.

Il assure, en ce qui le concerne, la préparation à la mobilisation de sa compagnie, et veille à ce que tous les militaires sous ses ordres soient pourvus des effets réglementaires et soient constamment prêts à marcher.

Dans l'accomplissement de ses devoirs, le capitaine jouit de toute initiative, dans les limites fixées par les règlements, mais il a l'obligation de satisfaire aux programmes d'instruction militaire déterminés par les règlements.

Il peut être appelé à faire partie du conseil d'administration.

Il fait établir tous les matins et signe la situation-rapport (modèle VII) et la situation administrative.

Formation de la compagnie.

82. Sur le pied de paix, chaque compagnie est divisée, pour les détails ainsi que pour le service journalier et intérieur, en deux pelotons; chaque peloton, en deux sections; chaque section, en deux escouades.

Le plus ancien lieutenant commande le premier peloton; l'autre lieutenant ou le sous-lieutenant, le deuxième; chaque sergent du cadre normal a le commandement d'une section, et chaque caporal, celui d'une escouade.

L'adjudant est placé pour ordre au deuxième peloton, le sergent-major au premier, le fourrier au deuxième.

Les sous-officiers et caporaux du cadre supplémentaire sont affectés pour ordre respectivement à une section ou escouade.

Le tambour fait partie de la première escouade et le clairon de la neuvième.

Les soldats de 1re classe sont répartis à raison de deux par escouade.

Dans les compagnies qui ont quatre officiers et dans celles qui ont cinq ou six sergents et douze caporaux du cadre normal, les dispositions qui précèdent sont modifiées d'après celles du règlement sur les manœuvres (art. 15, 20 et 21).

Le contrôle de la compagnie est établi dans cet ordre; il sert à la formation des chambrées, à celle des ordinaires, lorsqu'il y en a plusieurs; aux appels, à tous les rassemblements de la compagnie; il sert aussi pour commander le service des différentes fractions constituées, afin que les officiers, les sous-officiers et les caporaux aient les mêmes subordonnés à commander dans toutes les situations.

Cette formation et ce contrôle ne sont renouvelés qu'en cas de mobilisation.

Les sections et les escouades sont égalisées, autant que possible, au moyen des incorporations. Les sergents et les caporaux nouvellement promus prennent les sections et les escouades de ceux qu'ils remplacent, sans égard à l'ancienneté.

Dans les bataillons formant corps, chaque section est divisée en trois escouades.

Cette formation, exclusive pour le service intérieur, ne modifie pas les prescriptions du Règlement sur les manœuvres.

Prêt.

83. En principe et sauf le cas des allocations

spéciales aux sous-officiers rengagés ou commissionnés, la solde, les indemnités et les hautes payes des sous-officiers, caporaux et soldats sont payées, sur feuilles de prêt, les 1er, 6, 11, 16, 21 et 26 de chaque mois, pour le nombre de jours écoulés depuis la date précédente, c'est-à-dire à terme échu, excepté dans le cas où il n'est pas formé de commission des ordinaires et lorsque la compagnie est en route ; le prêt est alors payé d'avance. Dans l'un et l'autre cas, le chef de corps ou de détachement en donne l'ordre.

Le capitaine signe la feuille de prêt après l'avoir vérifiée et arrêtée en toutes lettres. A l'heure indiquée, il touche lui-même le montant du prêt ou le fait toucher, sous sa responsabilité, par le sergent-major, qui le lui remet immédiatement.

Le prêt se divise en deux parties : la première est destinée aux dépenses de l'ordinaire; la seconde est payée comme centimes de poche aux hommes qui vivent à l'ordinaire. Cette dernière, dans aucun cas, ne peut descendre au-dessous de cinq centimes.

Le premier jour du prêt, le capitaine remet au sergent-major, pour le prêt échu, la solde des sous-officiers, celle des hommes qui ne vivent pas à l'ordinaire, celle des hommes qui vivent au régime spécial de l'infirmerie, les centimes de poche et les hautes payes de ceux qui vivent à l'ordinaire. Le sergent-major effectue le payement à l'heure fixée par le capitaine. Le capitaine veille à ce qu'il ne soit pas fait sur les centimes de poche des caporaux et des soldats d'autres retenues que celle qui est prescrite pour les hommes punis de prison ou de cellule.

Les centimes de poche des caporaux et des

soldats irrégulièrement absents le dernier jour du prêt sont versés à l'ordinaire.

Le capitaine s'assure, tous les dimanches, que les militaires de sa compagnie ont régulièrement reçu l'argent qui leur a été envoyé par mandats ou lettres chargées pendant le courant de la semaine.

Hommes absents ou décédés.

84. Le capitaine signe les billets d'hôpital.

Il fait verser ou déposer au magasin du corps ou de la compagnie, suivant le cas et en se conformant à l'article 140, les effets des sous-officiers, des caporaux et des soldats décédés au corps ou à l'hôpital de la localité, de ceux rayés des contrôles, déserteurs ou s'absentant pour un certain temps. Il se fait présenter tous les hommes rentrant après une absence.

Ces hommes doivent être munis de leur livret.

Comptabilité.

85. Le sergent-major et le fourrier sont les agents du capitaine pour tout ce qui concerne l'administration et la comptabilité.

Le capitaine exige que les registres de la compagnie, les livrets matricules et individuels des hommes soient constamment tenus à jour. Il y fait faire les inscriptions prescrites par les règlements, et s'assure notamment que les punitions sont inscrites au livret matricule des hommes. Quand un homme quitte le corps, le capitaine totalise les punitions inscrites au livret et les certifie.

Les effets et les armes qui sont délivrés aux hommes sont inscrits aux livrets individuels, autant que possible en leur présence ; dans tous les cas, le capitaine doit mettre les hommes à même de constater l'exactitude de ces inscriptions.

Le livret individuel doit être laissé entre les mains de l'homme auquel il est délivré et qui l'emporte toujours en cas d'absence. Le capitaine ne le lui retire que momentanément, pour y faire les opérations que nécessite le passage de l'homme dans la disponibilité ou dans la réserve. Aussitôt ces opérations terminées, le livret est remis au titulaire, qui signe au procès-verbal de remise.

Quand le sergent-major est remplacé, le capitaine vérifie et arrête les comptes : il ne peut rendre responsable le successeur qu'autant que celui-ci a assisté à cette vérification, ou qu'il l'a faite lui-même en entrant en fonctions ; même dans ce cas, d'ailleurs, la responsabilité encourue n'est que disciplinaire.

Distributions d'effets.

86. Les effets d'armement sont distribués par le magasin du corps sur des bons signés par le capitaine et en sa présence.

Il est pourvu au moyen de l'approvisionnement de la compagnie à la distribution des effets nécessaires pour habiller et équiper l'effectif de paix. Il en est de même pour les effets nécessaires à l'habillement et à l'équipement des hommes appelés à faire une période d'instruction.

Le capitaine fait apposer sur les effets les marques réglementaires.

Les sous-officiers rengagés ou commissionnés mariés et autorisés à loger en ville peuvent avoir à leur domicile tous les effets et armes qui leur sont nécessaires pour sortir en ville. Les autres effets et armes ainsi que les munitions doivent être déposés à la caserne dans une chambre de sous-officier et entretenus sous la responsabilité des détenteurs.

Revues.

87. Le capitaine veille à ce que les sous-officiers, les caporaux et les soldats soient toujours pourvus de tous les effets prescrits par les règlements ; il exige que ces effets soient en parfait état d'entretien ; il s'en assure souvent.

Il veille à ce que les officiers de peloton passent une revue générale des effets. Ces officiers lui proposent les remplacements et les réparations.

Imputations. — Réparations des effets, armes, etc.

88. Le capitaine passe les marchés nécessaires pour les réparations à faire aux effets du service de l'habillement, à moins qu'un marché général pour l'ensemble du corps ne soit passé par le conseil d'administration.

Il fait exécuter ces réparations, suivant leur importance et les ordres donnés, par l'abonnataire qui a traité ou par les ouvriers de la compagnie.

Les réparations aux armes sont exécutées dans les ateliers du corps sur présentation de bons signés du capitaine.

Le capitaine certifie les bulletins nominatifs d'imputation relatifs à la perte ou à la moins-value, par la faute des hommes, des effets ou objets qui ne font pas partie de l'approvisionnement de la compagnie.

Il adresse d'urgence au conseil d'administration ou au chef de détachement le rapport destiné à l'établissement du procès-verbal pour les pertes ou détériorations par cas de force majeure que l'Etat doit supporter.

Hygiène.

89. Le capitaine est responsable de l'application, dans sa compagnie, de toutes les règles d'hygiène prescrites. Il se fait rendre compte de tout ce qui peut intéresser la santé des hommes de sa compagnie.

Ordinaire.

90. Le capitaine gère l'ordinaire ou les ordinaires formés dans la compagnie ; il les fait surveiller directement par le plus ancien lieutenant et désigne alternativement pour le service de l'ordinaire un des caporaux de la compagnie.

Lorsque la fourniture de toute les denrées de l'ordinaire est assurée par les soins d'une commission, le capitaine fixe chaque jour la quantité de denrées à prendre, pour la journée du lendemain, et signe la note indicative de ces denrées. Si, après les distributions, il a des observations à faire sur leur qualité, il s'adresse au président de la commission.

La veille du jour du prêt, il fait établir et signe, après vérification contradictoire, la note des dépenses de l'ordinaire de la compagnie et charge le sergent-major de la remettre au secrétaire de la commission à l'heure fixée, afin que la retenue du total des dépenses soit faite le lendemain par le trésorier sur le montant du prêt des cinq jours écoulés.

Lorsqu'il n'y a pas de commission des ordinaires, ou lorsque cette commission n'assure pas l'achat de la viande, le capitaine prend les mesures nécessaires pour approvisionner la compagnie de toutes les denrées ou de la viande seulement. Il provoque la concurrence entre les fournisseurs, passe des conventions ou, s'il le juge préférable, fait opérer de gré à gré par le caporal d'ordinaire; il profite de toutes les circonstances pour améliorer l'ordinaire, tout en ménageant les dépenses de manière à obtenir un excédent de recettes; la ration de viande est néanmoins de 300 grammes au minimum.

La ration de pain de soupe est habituellement de 250 grammes; toutefois, elle peut être abaissée à 100 grammes, au minimum, quand il est fait un rata, ragoût, rôti ou toute autre préparation n'impliquant pas de soupe trempée pour l'un des deux repas de la journée.

De même, la quotité de la ration de viande doit être réduite proportionnellement à l'importance des achats faits en denrées de substitution : poisson, lard salé, conserves, etc.

Il s'assure fréquemment de la bonne qualité des aliments, de leur préparation et de leur quantité, de l'entretien et de la propreté du matériel.

Il empêche par tous les moyens dont il dispose les abus qui pourraient s'introduire dans l'achat et l'emploi des denrées ; il vérifie le livret d'ordinaire, veille à ce que les recettes diverses, pour le nombre d'hommes vivant à l'ordinaire, soient portées et exclusivement employées aux dépenses réglementaires ; à ce que le sergent-major inscrive chaque jour les sommes qu'il reçoit pour être transmises au caporal d'ordinaire, quand des achats sont faits de gré à gré.

Le 1er du mois, il dépose, dans la caisse du trésorier, les fonds d'économie qui dépassent le maximum fixé ; il demande au colonel l'autorisation de retirer tout ou partie de ces fonds quand les circonstances l'exigent.

Perruquier.

91. Le perruquier est chargé de la coupe des cheveux des sous-officiers, des caporaux et des soldats de la compagnie ; il leur taille la barbe ou les rase sur leur demande.

Il ne lui est dû aucune indemnité. Tous les instruments et objets nécessaires à son service lui sont fournis et sont entretenus au compte de l'ordinaire.

Il reçoit à l'infirmerie régimentaire une instruction spéciale sur les soins et l'hygiène de la tête et de la barbe, et les moyens d'éviter la propagation des affections parasitaires. Ses instruments sont désinfectés lorsque le médecin-major le juge nécessaire.

Il est exempt du service de garde et des corvées ; il assiste aux prises d'armes de la compagnie et aux exercices prescrits pour les employés.

Répartition du service.

92. Le capitaine veille à ce que le service soit

également réparti entre les fractions constituées et entre les soldats de la compagnie ; il s'assure de la tenue régulière du contrôle qui sert à commander le service.

Rassemblement. — Rassemblement quotidien de la compagnie.

93. Le capitaine est responsable envers le chef de son bataillon du rassemblement de sa compagnie ou de fractions constituées de sa compagnie, aux heures fixées pour les différentes parties de l'instruction.

Chaque jour, le capitaine fixe une heure pour le rassemblement total de la compagnie dans les chambres ou à l'extérieur ; l'adjudant de compagnie y assiste toujours ; le capitaine peut aussi le faire présider par l'officier de semaine. Ce rassemblement a lieu généralement après le repas du matin : l'adjudant y fait donner par le sergent-major lecture des ordres, des décisions du rapport et des prescriptions de détail du commandant de la compagnie ; les ordres qui n'auraient pu être communiqués à ce moment le sont à la première prise d'armes.

L'adjudant de compagnie fait connaître les punitions infligées aux soldats de la compagnie ; il commande le service et fait commander les corvées.

Rapports au chef de bataillon.

94. Le capitaine fait immédiatement à son chef de bataillon le rapport des événements dont il importe que cet officier supérieur soit prévenu sans délai.

Cas de partage de la compagnie.

95. En cas de partage de la compagnie, le capitaine a toujours avec lui le sergent-major et le caporal adjoint au fourrier; l'adjudant et le fourrier sont avec le peloton détaché.

Cas d'absence.

96. En cas d'absence du capitaine, le plus ancien lieutenant commande la compagnie; s'il n'y a pas de lieutenant dans la compagnie et si l'absence du capitaine doit durer plus de quinze jours, le colonel peut désigner pour commander la compagnie un capitaine du cadre complémentaire, ou, à défaut, un lieutenant du régiment présent dans la garnison, ou en laisser le commandement au sous-lieutenant si les besoins du service l'exigent.

Service de semaine.

Dispositions générales.

97. Le service de semaine pour les capitaines de compagnie comprend les distributions, qui sont de deux sortes :

1° Celles qui ne dépendent pas de l'ordinaire; elles se font sous la direction et la surveillance du major; 2° celles afférentes à l'ordinaire; elles relèvent du président de la commission des ordinaires.

Pour le service des distributions ne concernant ni l'ordinaire ni les fourrages, les capitaines de compagnie sont commandés d'après le contrôle par rang d'ancienneté, et prévenus par les soins de l'adjudant-major de semaine.

En outre des distributions, le capitaine de semaine est chargé de la baignade.

Dans une compagnie détachée seule, ce service est fait par l'officier de semaine.

Les capitaines membres de la commission des ordinaires concourent entre eux pour le service des distributions afférentes à l'ordinaire ; ils sont, à cet effet, commandés d'après l'ordre d'ancienneté par le chef de bataillon président de la commission.

Le même capitaine peut être chargé de ces deux services.

Le capitaine de semaine rend compte au major des distributions qui ne concernent pas l'ordinaire. En l'absence du major, il rend compte au lieutenant-colonel.

Il reçoit du trésorier le détail de ce qui revient à chaque compagnie et les bons pour chaque espèce de distributions.

Il est secondé, s'il y a lieu, par les officiers commandés à cet effet par l'adjudant-major de semaine.

Si les diverses distributions ont lieu successivement, le capitaine de distribution y préside lui-même; dans le cas contraire, il se réserve celle du pain et charge les officiers à qui il a remis les bons de présider aux autres.

Le capitaine d'ordinaire assiste aux livraisons et s'assure de la qualité des denrées. Lorsqu'elles donnent lieu à des observations, il en informe le président de la commission et attend ses ordres.

CHAPITRE XII.

LIEUTENANT ET SOUS-LIEUTENANT.

Fonctions.

98. Les lieutenants et sous-lieutenants sont employés par le capitaine à tous les détails d'éducation et d'instruction militaires, de service, de police et d'administration de la compagnie. Ils reçoivent du capitaine tous les renseignements relatifs à la mobilisation de la compagnie et l'aident de tous leurs moyens dans l'accomplissement de sa tâche.

Leurs fonctions sont de deux sortes : celles d'officier de peloton et celles d'officier de semaine ; ils alternent entre eux dans la compagnie pour le service de semaine (article 30).

Les lieutenants et les sous-lieutenants roulent entre eux dans le régiment pour les services individuels.

Un lieutenant du cadre actif, désigné par le colonel, remplit les fonctions d'officier d'approvisionnement.

Sous aucun prétexte, les sous-lieutenants ne doivent être distraits du service de compagnie.

Officier de peloton.

Devoirs généraux.

99. L'officier de peloton s'applique à connaître complètement ses subordonnés et tout particulièrement les sous-officiers et les caporaux. Il les dirige et les surveille.

Il maintient un ordre invariable dans son peloton ; il y excite l'émulation, y entretient l'union, y développe le goût du service et prend toujours pour règles l'impartialité et la justice.

Il visite tous les jours son peloton ; il se fait rendre compte par le sergent de section des mutations, des punitions, des permissions, des distributions, etc.

Rassemblements.

100. L'officier de peloton est responsable envers le commandant de sa compagnie de la réunion de son peloton ou de fractions constituées de son peloton, aux heures fixées pour les différentes parties de l'instruction qu'il doit diriger isolément.

Carnet.

101. L'officier de peloton reçoit du sergent-major les renseignements relatifs à l'administration. Il tient lui-même pour son peloton un carnet conforme au modèle VIII qui est fourni et remplacé au compte de la masse d'habillement et d'entretien (1).

Ce carnet est fréquemment vérifié par le capitaine.

Détails de tenue et de propreté. Conservation des effets.

102. L'officier de peloton veille à l'exécution des prescriptions du présent Règlement relatives à la propreté corporelle des hommes, à celle de

---

(1) Dans les sections de commis et ouvriers militaires d'administration et d'infirmiers militaires, la tenue du carnet modèle n° VIII est confiée aux officiers d'administration qui remplissent les fonctions d'adjoints aux commandants de ces sections (Note minist. du 4 avril 1887).

leurs effets et à la tenue des chambres. Il s'assure que tous les effets d'habillement, d'armement, de grand et de petit équipement sont tenus constamment en bon état; il ne néglige aucun moyen d'en assurer la propreté et la conservation, notamment pour les armes.

Il se fait rendre compte des effets qui sont perdus ou dégradés, surtout au retour des exercices; il recherche les causes des pertes ou dégradations et en fait le rapport au capitaine. Souvent, et à l'improviste, il fait la visite des effets d'un homme qu'il soupçonne d'inconduite.

Le samedi, avant midi, il s'assure que les chambres ont été nettoyées à fond, que les soldats ont mis leurs effets dans le plus grand état de propreté; que les couvertures et les matelas ont été battus.

Revues.

103. L'officier de peloton passe fréquemment la revue de tous les effets des hommes de son peloton; il vérifie si les livrets sont à jour et tenus avec exactitude; il remet, après chaque revue, au capitaine, l'état des réparations qu'il a jugées nécessaires à l'habillement, à la coiffure et au grand équipement, ainsi que celui des remplacements à faire.

Il s'assure que les réparations sont exactement et consciencieusement exécutées.

Toutes les fois qu'une revue est ordonnée, il veille à ce que tout soit disposé pour l'inspection du capitaine.

Lorsqu'un homme rentre après une absence qui a duré quinze jours au plus, l'officier de peloton passe la revue de ses effets, surtout de ceux qu'il avait emportés.

Instruction théorique.

104. Il tient la main à ce que les hommes de son peloton soient instruits par les sergents et les caporaux de tous les détails de la discipline, du service, de la tenue, de l'entretien et de l'arrangement des effets de toute nature ; il les interroge souvent pour s'assurer si cette prescription est observée.

Il les fait également instruire de leurs devoirs comme réservistes et comme territoriaux ; il insiste sur les indications relatives à la gare, au jour de mobilisation, etc. ; il leur fait enseigner l'usage de la feuille spéciale et de l'ordre de route insérés dans le livret individuel.

Chaque mois, il fait faire en sa présence la lecture du Code pénal militaire et surtout les dispositions relatives à la désertion, en y ajoutant tous les éclaircissements nécessaires ; il la fait faire aux recrues aussitôt après leur arrivée.

Ordinaire.

105. Le plus ancien lieutenant a, sous la direction du capitaine, la surveillance directe de l'ordinaire lorsque la compagnie n'en forme qu'un seul ; en son absence, ou lorsqu'il commande la compagnie, cette surveillance est exercée par l'autre lieutenant ou par le sous-lieutenant ; lorsque la compagnie forme plusieurs ordinaires, chaque officier surveille celui ou ceux de son peloton.

Lorsqu'il n'y a point de commission, l'officier d'ordinaire veille pour sa compagnie à tous les détails d'achat, de réception et de distribution des denrées, d'après les ordres donnés par le capitaine.

L'officier chargé des ordinaires s'assure, en tout temps, que le sergent-major inscrit chaque jour sur le livret d'ordinaire les dépenses de la journée ; que les achats de la main à la main sont payés, s'il y a lieu, chaque jour par le caporal d'ordinaire, et que les fournisseurs en ont donné quittance sur le livret d'ordinaire.

Il vérifie et arrête le livret le premier jour de chaque prêt, s'assure, quand une commission des ordinaires opère, que le secrétaire de la commission a constaté par sa signature sur le livret les dépenses qui donnent lieu au payement des fournisseurs ; il fait porter au nouveau prêt l'excédent des recettes.

Il passe tous les jours dans les cuisines pour se rendre compte de la préparation des aliments et de l'état du matériel dont la compagnie est responsable. La propreté des ustensiles, le nettoyage des gamelles individuelles et du matériel de table, la tenue des cuisiniers, l'égale répartition des aliments entre les parties prenantes sont l'objet de son attention ; il fait connaître au capitaine les besoins des cuisiniers en ce qui concerne les effets de cuisine.

Cas d'absence.

106. Tout officier de peloton qui s'absente ou qui devient indisponible pour la compagnie remet son carnet à l'autre officier de peloton. S'il est seul à la compagnie et qu'il s'absente ou devienne indisponible, il remet les deux carnets au capitaine; la compagnie reste sans officier de peloton ; mais si son absence ou son indisponibilité doit durer plus de huit jours, le colonel désigne alors, pour faire le service d'officier de peloton, un lieutenant du cadre complémentaire ou, à défaut, un lieutenant ou sous-lieutenant du cadre normal, présent dans la garnison. Les carnets de peloton sont, dans ce cas, remis à l'officier ainsi désigné.

Service de semaine.

Dispositions générales.

107. Les lieutenants et les sous-lieutenants ont pour chef immédiat, dans le service de semaine, l'adjudant-major de semaine; ils dépendent de leur commandant de compagnie pour tout ce qui concerne l'intérieur des compagnies.

Ils ont pour auxiliaire immédiat et constant l'adjudant de compagnie. Les lieutenants et sous-lieutenants d'une compagnie alternent entre eux pour le service de semaine. Ils ne peuvent changer leur tour de semaine sans l'autorisation du commandant de la compagnie; ils en préviennent l'adjudant-major de semaine.

L'officier de semaine assure l'accomplissement des devoirs de l'adjudant de compagnie et des sergents et caporaux de semaine; il veille à l'exécution des ordres et des prescriptions donnés; il se fait rendre compte par l'adjudant de compagnie et le sergent de semaine des demandes, des mutations, des punitions, des permissions, des distributions et du résultat de la visite médicale.

L'officier de semaine absent, dispensé ou empêché, est remplacé dans le service de semaine par le troisième lieutenant ou sous-lieutenant, s'il en existe, ou par l'autre officier de peloton; s'il n'y en a pas dans la compagnie, il est suppléé par l'adjudant de compagnie, ou, à son défaut, par le sergent-major.

Rassemblements de la compagnie.

108. L'officier de semaine se trouve à tous les rassemblements de la compagnie et préside à sa formation ; l'adjudant l'informe de tout ce qui s'est passé depuis la réunion précédente.

Il n'assiste au rassemblement quotidien de la compagnie que s'il le juge utile ou s'il en a reçu l'ordre du capitaine.

Il fait faire l'appel conformément aux prescriptions de l'article 49, et, l'appel rendu, il passe l'inspection de la compagnie ; les sergents de section sont responsables envers lui de la bonne tenue de leur section.

A l'arrivée du commandant de la compagnie, l'officier de semaine lui rend compte du nombre d'hommes présents et de tous les détails concernant le service.

L'officier de semaine assiste à la baignade (article 53)

Mandats. — Lettres chargées. — Prêt.

109. L'officier de semaine reçoit du sergent-major les noms des sous-officiers, des caporaux et des soldats pour lesquels il est arrivé des mandats ou des lettres chargées ; il s'assure que la distribution leur en a été faite à l'heure prescrite ; le sergent de semaine est tenu de lui rendre compte à cet égard.

Il signe au registre du vaguemestre pour constater le payement des mandats aux hommes qui ne savent pas signer.

Le premier jour du prêt, il s'assure que le sergent-major a payé, à l'heure fixée par le capitaine, la solde, les indemnités et les hautes payes des sous-officiers, et qu'il a remis aux caporaux celle des hommes qui ne vivent pas à l'ordinaire de la compagnie ou au régime spécial de l'infirmerie, ainsi que les centimes de poche de ceux qui y vivent (art. 137). Il s'assure, en outre, que les caporaux d'escouade ont payé de suite les ayants droit.

Garde montante. — Service de place et piquet.

110. Quand les fractions constituées que fournit la compagnie excèdent 20 hommes, l'officier de semaine se trouve à leur rassemblement ; il se place au port du sabre, à la droite des hommes de service, et les présente à l'inspection du chef de bataillon ou de l'adjudant-major de semaine, à moins que ce dernier ne soit un lieutenant d'une ancienneté inférieure à la sienne ; il se retire, après la formation des postes ou détachements, sur l'ordre de l'adjudant-major.

Rapport au capitaine.

111. En cas d'urgence, il va sur-le-champ faire son rapport au capitaine ; s'il ne peut y aller lui-même, il envoie l'adjudant de compagnie ou le sergent de semaine.

Tenue des corridors et des escaliers.

112. Il veille à l'exécution des prescriptions du présent règlement relatives à la tenue des corridors et des escaliers de la compagnie. Le samedi avant midi, il s'assure qu'ils sont nettoyés à fond.

Officier d'approvisionnement.

Fonctions.

113. Indépendamment des obligations qui lui sont imposées par le service dans la compagnie, l'officier d'approvisionnement est chargé spécialement de la garde, de la surveillance et du lotissement des vivres de première ligne, lorsque ces vivres sont confiés au corps; des mesures à prendre pour assurer le renouvellement desdits vivres, lorsqu'ils sont arrivés à leur terme de conservation; et, sous l'autorité de l'officier d'habillement, de la surveillance et de l'entretien des voitures régimentaires dont le corps est dépositaire, ainsi que des harnais qui leur sont affectés.

En outre, cet officier doit se préparer aux fonctions qui lui incombent aux manœuvres et en campagne. A cet effet, après l'accomplissement d'un stage d'instruction, il est exercé à son service spécial pendant les manœuvres annuelles d'automne.

CHAPITRE XIII.

OFFICIERS DU CADRE COMPLÉMENTAIRE.
OFFICIERS A LA SUITE.

Fonctions.

114. Les officiers du cadre complémentaire concourent, d'après leur ancienneté, avec les autres officiers de leur grade pour les services généraux du régiment; ils sont chargés de préférence des emplois spéciaux, tels que le tir, les écoles régimentaires, l'instruction des disponibles ou réservistes, etc.

Le chef de bataillon de ce cadre peut remplacer un chef de bataillon absent ou indisponible pour une période d'une certaine durée.

Les capitaines de ce cadre ne sont appelés à commander des compagnies que lorsque les lieutenants de ces compagnies font défaut en même temps que leurs capitaines.

Les lieutenants de ce même cadre sont appelés à remplacer dans les compagnies les lieutenants ou sous-lieutenants absents ou indisponibles pour une période d'une certaine durée.

En principe, les officiers du cadre complémentaire sont avec la portion principale du corps; ils n'en sont distraits que dans les cas d'une nécessité absolue de service. Toutefois, le capitaine et le lieutenant les moins anciens sont placés à la portion centrale.

Les officiers à la suite suppléent les titulaires de leur grade absents ou employés à des fonctions spéciales. Ils concourent, d'après leur ancienneté, pour tous les services avec les officiers de leur grade.

CHAPITRE XIV.

OFFICIERS DE RÉSERVE.

Fonctions.

115. Les officiers de réserve remplissent, pendant le temps de leur présence au corps, les fonctions de leur grade. Ils concourent, pour tous les services, avec les officiers de leur grade de l'armée active.

CHAPITRE XIV *bis*.

DOSSIERS DU PERSONNEL DES OFFICIERS.

Composition des dossiers.

115 *a*. Le dossier général d'un officier se divise en trois parties :

1° Pièces d'archives;
2° Dossier du personnel;
3° Feuilles de notes d'inspection générale.

1re Partie. — **Pièces d'archives de l'officier** (conservées par le trésorier) :

Pièces de l'état civil;

Livret matricule de l'officier (à l'exception du livret de l'officier appartenant à une compagnie, qui est conservé par le commandant de la compagnie);

Certificats d'origine de blessure et de maladie, etc.

Les pièces d'archives d'un sous-officier promu officier sont envoyées à son nouveau chef de corps, qui, après avoir fait prendre les renseignements nécessaires pour l'établissement de la matricule du corps et du livret d'officier, adresse au ministère de la guerre le livret matricule du sous-officier, ainsi que le feuillet de punitions, et fait conserver les autres pièces (propositions de rengagement, pièces de mariage, etc.) dans les archives du corps.

2e Partie. — **Dossier du personnel de l'officier** (conservé par le lieutenant-colonel) :

Feuillets du personnel de l'officier;

Feuillets des notes données aux divers établissements ou écoles militaires où l'officier a passé;

Copie des lettres d'éloge ou de blâme;

Pièces dont l'insertion au dossier de l'officier sera prescrite par le Ministre.

3e Partie. — **Feuilles de notes d'inspection générale**
(conservées par le colonel) :

Minutes des feuilles de notes données par le chef de corps à l'occasion de l'inspection générale pendant les deux dernières années. Ces minutes doivent être signées par le général de brigade; celle de la dernière année doit être emportée en campagne. Tous les ans, après l'inspection générale, la minute la plus ancienne sera brûlée par le colonel, sous sa responsabilité, de manière que le colonel n'ait jamais que les minutes des deux dernières années. Il en sera de même de la minute concernant un officier (ou assimilé) décédé en campagne.

4e Partie. — *Pièces d'archives.*

115 *b*. Les pièces d'archives de chaque officier sont conservées par le trésorier dans une chemise-bordereau individuelle (modèle IV), tenue conformément au nota de sa première page.

Lorsqu'un officier change de corps ou de service, ses pièces d'archives sont envoyées, dans la chemise-bordereau qui les renferme, à son nouveau chef de corps ou de service, ou, s'il y a lieu, à son nouveau général de brigade, par les soins du colonel (du chef de service, ou du général de brigade), après que celui-ci a signé sur la quatrième page de la chemise-bordereau, en indiquant le nombre de pièces que celle-ci renferme.

Lorsque la mutation a lieu au moment de la mobilisation, le livret matricule est seul adressé au nouveau chef de corps ou de service, ou au nouveau général de brigade, s'il y a lieu; les autres pièces d'archives sont expédiées directement au commandant du dépôt, ou, à défaut, conservées, jusqu'à la fin de la campagne, dans les archives de l'ancien corps ou service. Si l'officier est affecté à un dépôt, toutes les pièces d'archives, sans exception, sont adressées au commandant du dépôt.

Le destinataire accuse réception.

2e Partie. — *Dossier du personnel.*

115 *c*. Le lieutenant-colonel est chargé de tenir le dossier du personnel des officiers, qui comprend les pièces énumérées plus haut.

Ces pièces sont renfermées dans des chemises-bordereaux individuelles (modèle IV *bis*), semblables, comme tracé, au modèle IV, mais qui en diffèrent par le nota et par le titre.

Le lieutenant-colonel conserve dans un portefeuille fermant à clef toutes ces chemises-bordereaux avec les pièces qu'elles renferment.

Parmi ces pièces figurent les feuillets du personnel (modèle III), sur lesquels le lieutenant-colonel inscrit, à mesure, les punitions infligées aux officiers et, au moins deux fois par an, en avril et en octobre, des notes sur leur conduite militaire et privée, leur instruction et leurs aptitudes au service.

Ces feuillets sont visés annuellement, avant l'inspection générale, par le colonel, qui y appose la mention : « Vu sans observations », s'il donne son assentiment aux notes du lieutenant-colonel, ou, dans le cas contraire, y consigne son opinion personnelle sur les officiers.

Les feuillets du personnel ne sont pas emportés en campagne, mais les notes données aux officiers en campagne y seront transcrites au retour, de manière que ces feuillets permettent de suivre chaque officier dans toutes les circonstances de sa carrière. En campagne, les officiers sont notés au moins deux fois par an, et, dans tous les cas, à la fin de chaque campagne ou expédition.

A la mobilisation, le portefeuille renfermant le dossier du personnel des officiers doit être laissé dans les archives du corps, et la clef du portefeuille adressée au général commandant la région territoriale.

Lorsqu'une portion du régiment est détachée sous les ordres du lieutenant-colonel, celui-ci garde le dossier du personnel (y compris les feuillets du personnel) des officiers sous ses ordres et remet ceux des autres officiers au colonel, qui tient leurs feuillets du personnel au courant.

Tous les ans, avant l'inspection générale, le lieutenant-colonel soumet au visa du colonel les feuillets du personnel des officiers de son détachement, comme il est prescrit plus haut.

Tout ce qui précède s'applique au cas d'un régiment ne possédant qu'un seul lieutenant-colonel.

Dans le cas où il y en a deux, réunis avec le colonel, le plus ancien lieutenant-colonel est chargé de la tenue des dossiers du personnel. Lorsqu'il s'absente, il est remplacé par le second lieutenant-colonel.

Si, le régiment étant divisé, les deux lieutenants-colonels se trouvent séparés, chacun d'eux tient le dossier du personnel des officiers qui sont sous ses ordres immédiats.

Quand une portion du régiment est détachée sous les ordres de tout autre officier que le lieutenant-colonel, le chef de détachement adresse au colonel, en avril et en octobre, le relevé des punitions infligées à chacun des officiers de son détachement, ainsi que les renseignements nécessaires pour l'établissement des notes que le lieutenant-colonel doit inscrire sur les feuillets du personnel.

Le lieutenant-colonel commandant un groupe de quatrièmes bataillons reçoit et conserve les dossiers du personnel des officiers placés sous ses ordres, sauf les pièces d'archives qui sont laissées aux trésoriers des corps.

Il tient ces dossiers conformément aux dispositions du présent article. Tous les ans, avant l'inspection générale, il soumet les feuillets du personnel des officiers au visa des colonels des corps d'origine.

Il conserve les minutes des feuilles de notes d'inspection générale des deux dernières années (art. 115 *h*).

Dossiers du personnel des lieutenants-colonels et des chefs de corps.

115 *d*. Dans un régiment, les feuillets du lieutenant-colonel sont tenus par le colonel, qui conserve également le dossier du personnel de cet officier supérieur.

Ceux du chef de corps (colonel, chef de bataillon ou de compagnie formant corps), ainsi que son dossier du personnel, sont tenus par le général de brigade qui a le corps sous ses ordres pour la police et la discipline.

Cas où l'autorité chargée de la tenue des dossiers du personnel vient à s'absenter.

115 *e*. Quand le lieutenant-colonel s'absente, il remet le portefeuille au colonel. En cas d'absence simultanée du colonel et du lieutenant-colonel, le portefeuille est déposé, fermé et cacheté, chez l'officier supérieur commandant provisoirement le régiment, qui tient note des punitions infligées aux officiers.

Tout chef de corps ou officier supérieur qui, aux termes du présent règlement, est chargé de tenir les dossiers du personnel des officiers sous ses ordres, procède de même lorsqu'il s'absente, et remet le portefeuille fermé et cacheté à l'officier qui exerce provisoirement le commandement à sa place. Si ce dernier n'est pas dans la même garnison, le portefeuille est remis au commandant d'armes.

Transmission des dossiers du personnel.

115 *f*. Quand un officier change de corps ou de service, son dossier du personnel est envoyé, sous pli cacheté, avec la chemise-bordereau qui le renferme, à son nouveau chef de corps ou de service, ou à son nouveau général de brigade, par les soins du chef de corps, chef de service ou général de brigade, qui mentionne son appréciation personnelle sur le feuillet du personnel en cours et signe à la quatrième page de la chemise-bordereau, en indiquant le nombre de pièces qu'elle contient.

Le destinataire accuse réception.

Quand un officier est nommé à un emploi en dehors du corps, mais sans cesser de lui appartenir, son dossier du personnel est envoyé, sous pli cacheté, à son nouveau chef de service, qui le tient à jour et le renvoie au corps avec ses notes, à la rentrée de l'officier.

Officiers rayés des contrôles de l'armée.

115 *g*. Les feuillets du personnel d'un officier qui, quoique rayé des contrôles de l'armée active, est encore astreint à des obligations militaires, sont adressés au général commandant la région dans laquelle se retire l'officier, pour être conservés par le chef d'état-major jusqu'à l'affectation de cet officier à un emploi, soit dans la réserve, soit dans l'armée territoriale.

Lorsque cette affectation est prononcée, le chef d'état-major transmet les feuillets du personnel au nouveau chef de corps ou de service.

Le reste du dossier de l'officier est envoyé au ministère de la guerre.

Les dispositions relatives aux dossiers du personnel des officiers en activité sont applicables aux officiers en retraite, tels que les trésoriers, officiers de recrutement, etc., qui sont maintenus dans un corps de troupe ou établissement militaire.

Le dossier personnel des officiers qui sont définitivement rayés des contrôles de l'armée après avoir accompli toutes les obligations militaires imposées par la loi, ou qui, en raison de leur grade, ne doivent plus avoir de feuillets de personnel, est envoyé au ministre de la guerre.

3e Partie. — *Feuilles de notes d'inspection générale.*

115 *h*. En temps de paix, le chef de corps ou de service conserve les minutes de la feuille de notes des deux dernières années concernant les officiers ou assimilés sous ses ordres.

Lorsqu'un officier (ou assimilé) change de corps, ou en est détaché, ces minutes sont transmises au nouveau chef de corps ou de service, en même temps que son dossier du personnel, mais sous enveloppe cachetée et séparée, ces minutes ne devant pas figurer sur la chemise-bordereau tenue par le lieutenant-colonel.

Le destinataire accuse réception.

Aux feuillets du personnel, qui ne sont pas emportés en campagne, sont substituées, lors de la mobilisation, pour tous les officiers et assimilés de l'armée active, les minutes de la dernière feuille de notes d'inspection générale; pour ceux de la réserve et de l'armée territoriale, les minutes de la feuille contenant les notes qui leur ont été données lors de la dernière inspection.

Au moment d'une mobilisation, le chef de corps ou de service emporte celles de ces minutes concernant les officiers ou assimilés qui sont placés sous ses ordres.

Il transmet celles concernant les autres officiers au nouveau chef de corps ou de service, par l'intermédiaire des commandants de détachements, ou par la poste.

Le chef de corps ou de service agit de même lorsque, dans le cours d'une campagne, un officier ou assimilé passe dans un autre corps ou service.

Lors d'une mobilisation, toutes les minutes des feuilles de notes concernant les officiers appartenant à un corps, un état-major, une formation sanitaire ou autre, sont réunies dans un portefeuille fermant à clef, suivant les indications de détail arrêtées par le Ministre.

Les minutes des feuilles de notes de l'autre année sont réunies au dossier du personnel de chaque officier dans le portefeuille du temps de paix, qui doit être placé dans les archives du corps.

Tous les envois de feuilles de notes et de pièces du personnel ou des archives d'un officier doivent être faits par pli cacheté et **CHARGÉ**.

TROUPE.

CHAPITRE XV.

ADJUDANT.

Fonctions.

116. Les fonctions d'adjudant sont de deux sortes :

1° Adjudant de bataillon;
2° Adjudant de compagnie.

Adjudant de bataillon.

Attributions générales.

117. Les adjudants de bataillon ont commandement sur les adjudants de compagnie ; ils sont

exclusivement à la disposition de leur chef de bataillon et de leur adjudant-major.

Ils commandent les fourriers de leur bataillon à tour de rôle pour le service de semaine.

Ils assistent au rapport journalier et informent le chef et l'adjudant-major de leur bataillon des décisions qui ont été prises par le colonel.

Un adjudant de bataillon par régiment est de service de semaine (article 30).

Les autres adjudants de bataillon peuvent être chargés, avec l'autorisation du lieutenant-colonel, de seconder l'adjudant de semaine dans le service journalier.

Dans les diverses formations, dans les manœuvres et dans les marches, les adjudants de bataillon occupent la place et remplissent les fonctions indiquées pour l'adjudant par les règlements.

Cas d'absence.

118. En cas d'absence ou d'empêchement, l'adjudant de bataillon est remplacé par un adjudant de compagnie proposé pour l'emploi, ou, à défaut, par un autre adjudant de compagnie désigné par le colonel.

Service de semaine.

Devoirs généraux.

119. L'adjudant de semaine est sous les ordres directs de l'adjudant-major de semaine, qui est son chef immédiat; il lui rend compte de l'exécution des ordres donnés et de tout ce qui s'est passé au quartier en son absence.

Dans les circonstances imprévues, il peut, si

l'adjudant-major n'est pas au quartier, faire directement son rapport au chef de bataillon de semaine, au lieutenant-colonel et même au colonel.

L'adjudant de semaine seconde l'adjudant major de semaine dans les détails de la police générale et du service commun à toutes les compagnies, mais il reste étranger à leur service intérieur.

En ce qui concerne les réunions des corvées pour les distributions, il est aux ordres du capitaine de distribution et du capitaine d'ordinaire.

Il surveille spécialement les sergents et les caporaux de semaine, en ce qui concerne la police générale et le service commun à toutes les compagnies, les plantons du quartier, la garde de police et autres postes placés extraordinairement au quartier, le tambour ou le clairon de garde.

Il se trouve aux appels généraux, au rassemblement de la garde des corvées, des détachements et des réunions dont l'adjudant-major de semaine a la direction (article 49).

En cas d'absence des officiers d'une compagnie, il se rend dans les chambres de cette compagnie, lorsque son intervention y est nécessaire pour un fait qui intéresse la police générale ou la sûreté du quartier.

Il intervient dans les mêmes cas à l'infirmerie régimentaire en l'absence de l'adjudant-major et des médecins.

Dans un bataillon formant corps et dans un bataillon détaché, un adjudant de compagnie, désigné par le chef de corps, peut alterner avec l'adjudant de bataillon pour le service de semaine seulement.

En prenant le service, il reçoit de l'adjudant qu'il relève :

1° Le contrôle des sous-officiers et caporaux pour commander les services individuels ;

2° L'état des sous-officiers et caporaux qui entrent en semaine avec lui ;

3° Le registre des hommes punis.

Il remet ce registre (modèle XVII) au sergent de garde, en surveille la tenue, l'arrête et le certifie chaque jour.

Il affiche dans la salle du rapport la liste des officiers, des sous-officiers et des caporaux de semaine.

Batteries et sonneries.

120. L'adjudant de semaine est responsable de la ponctualité des batteries et sonneries, lors même qu'il se fait suppléer à cet égard par le sergent de garde.

Les heures de batteries ou sonneries pour le service journalier sont fixées par le colonel.

Les batteries ou sonneries doivent être aussi rares que possible.

Ordres et décisions.

121. L'adjudant de semaine dicte les ordres et les décisions aux sergents-majors et aux fourriers aussitôt qu'ils lui sont transmis ou aux heures fixées et s'assure qu'ils sont exactement transcrits.

Dès que le fourrier d'ordre est de retour du rapport de la place, l'adjudant va chez le colonel pour lui donner connaissance de l'ordre de la place.

Appels du matin et du soir.

122. Immédiatement après le réveil, l'adjudant

de semaine reçoit des sergents de semaine le compte rendu verbal de l'appel du matin et des événements de la nuit.

Il reçoit en même temps du sergent de garde le registre des rentrées et des sorties après l'appel du soir ; il le vérifie, l'arrête et le communique à l'adjudant-major de semaine en lui rendant compte de l'appel du matin.

L'adjudant de semaine reçoit les billets de l'appel du soir; il les conserve pour contrôler le lendemain les rentrées portées sur le registre du corps de garde, il établit le billet d'appel général et le remet à l'adjudant-major de semaine.

Devoirs après l'appel du soir.

123. A l'heure fixée par le colonel, il fait fermer les cantines et les mess. Il veille à ce que l'extinction des lumières ait lieu à 10 heures.

Les sous-officiers sont autorisés à conserver de la lumière jusqu'à minuit.

Il répond, envers le chef de bataillon et l'adjudant-major de semaine de la tranquillité du quartier pendant la nuit; il fait des rondes et en fait faire au sergent et au caporal de garde.

Il fait faire les contre-appels que le chef de bataillon et l'adjudant-major de semaine ont ordonnés; il peut en prescrire de sa propre autorité, si quelque circonstance particulière l'exige; il en rend compte à l'adjudant-major de semaine le lendemain matin.

Propreté du quartier.

124. Il assure la propreté des abords et des cours du quartier, des corridors, des escaliers et des autres locaux communs à plusieurs compa-

gnies; il commande à cet effet, en sus des hommes punis, le nombre d'hommes nécessaires pour les corvées.

Consignés et détenus.

125. Les sous-officiers sont dispensés de répondre à l'appel des consignés. L'adjudant de semaine s'assure qu'ils sont présents au quartier et charge le sergent de garde de faire celui des caporaux et des soldats consignés.

Il fait rassembler les détenus aux heures fixées pour les exercices de punition. Il surveille leur nourriture; il s'assure qu'ils sont rasés au moins deux fois par semaine par le perruquier de leur compagnie, s'ils ne portent pas habituellement toute la barbe; il fait sortir des locaux disciplinaires, à l'heure de la garde montante, les militaires dont la punition est expirée; il informe de leur sortie l'adjudant de la compagnie; il l'en informe également quand cette sortie a lieu pour cause de santé ou par ordre du colonel.

Visite au quartier par des officiers supérieurs.

126. En l'absence de l'adjudant-major de semaine, l'adjudant de semaine accompagne le colonel et le lieutenant-colonel lorsqu'ils viennent au quartier; il accompagne aussi tout officier supérieur qui vient au quartier.

Surveillance des écuries.

127. L'adjudant de semaine est l'auxiliaire immédiat de l'adjudant-major de semaine pour tout ce qui concerne le service des écuries (article 257).

Adjudant de compagnie.

Devoirs généraux.

128. L'adjudant de compagnie exerce une surveillance directe et constante sur tous les sous-officiers, les caporaux et les soldats de la compagnie ; il s'applique à connaître la conduite, le caractère et les aptitudes de chacun d'eux ; il éclaire l'opinion des officiers de la compagnie sur leur compte, et n'agit envers eux qu'avec les ménagements ou la sévérité que comporte leur âge ou leur caractère.

Il les commande en tout ce qui est relatif au service, à la tenue, à la discipline et à l'instruction.

A l'exception de la comptabilité du tir, l'adjudant n'a pas à s'occuper de ce qui a trait aux écritures et à la comptabilité de la compagnie, dont le sergent-major est responsable envers le capitaine ; il s'assure toutefois que les hommes reçoivent bien exactement toutes les prestations auxquelles ils ont droit, et il rend compte aux officiers et au commandant de la compagnie de toutes les négligences et de tous les abus qu'il aura constatés à cet égard.

L'adjudant de compagnie est employé par le capitaine, sous la direction des officiers de peloton, à tous les détails du service et de l'instruction.

Il est particulièrement chargé des détails du tir, de l'instruction des retardataires et des maladroits.

Il est l'auxiliaire immédiat et constant de l'officier de semaine pour tous les détails du service de semaine (article 30), et comme tel, il assure l'accomplissement des devoirs du sergent et du caporal de semaine; il est chargé de commander le service dans la compagnie ; il autorise les changements de tour de service entre les soldats et soumet à l'approbation du capitaine ceux qui sont demandés par les sous-officiers et les caporaux.

Il contrôle le sergent de semaine dans le commandement des corvées, et veille à ce qu'il ne soit pas commandé de corvée hors tour, si ce n'est à titre de punition.

Il supplée l'officier de peloton seul pour le service de semaine (article 107).

Il alterne, par semaine, avec le sergent-major pour l'appel du soir.

Il est placé, pour ordre, au 2e peloton (art. 82).

Carnet.

129. L'adjudant tient pour la compagnie un carnet (modèle VIII).

Ce carnet, qui est fourni et remplacé par la masse d'habillement et d'entretien, est fréquemment vérifié par le capitaine.

Appels. — Contre-appels.

130. L'adjudant de compagnie se fait rendre compte de l'appel du matin par le sergent de semaine aussitôt après que cet appel a été rendu à l'adjudant de semaine ; il reçoit de ce sergent les renseignements sur tout ce qui a pu se passer dans la nuit, spécialement sur l'heure de la rentrée des hommes qui manquaient à l'appel du soir.

L'adjudant de compagnie ou le sergent-major, accompagné du sergent de semaine, fait faire l'appel du soir en sa présence par les caporaux de chambrée. Il signe le billet d'appel et le rend à l'adjudant-major de semaine dans la salle du rapport.

Dans les cas exceptionnels, il peut faire faire un contre-appel dans sa compagnie; il en rend compte immédiatement à l'adjudant de semaine et le lendemain à son officier de semaine et à son capitaine.

Garde montante. — Rassemblements.
Rassemblement quotidien de la compagnie.

131. Lorsque la compagnie fournit pour le service une ou plusieurs fractions constituées d'un effectif supérieur à 10 hommes, l'adjudant de compagnie préside à leur réunion ; si leur effectif ne dépasse pas 20 hommes, il les inspecte et les présente à l'adjudant-major de semaine, à moins qu'elles ne soient commandées par un officier moins ancien ou moins élevé en grade que l'adjudant-major, si ce dernier est lieutenant.

Pour l'inspection du chef de bataillon ou de l'adjudant-major, il se place au port du sabre à la droite du sergent de semaine et sur le même alignement, et fait porter les armes ; il se retire sur l'ordre de l'adjudant-major de semaine.

Il se trouve à tous les autres rassemblements de la compagnie qui sont supérieurs à 10 hommes; il en passe l'inspection. Si cette troupe doit être commandée par l'un des officiers, il la lui présente.

Quand la compagnie prend les armes, il préside à sa formation avant l'arrivée des officiers.

L'appel terminé, il va, accompagné du sergent-major, rendre l'appel à l'adjudant-major de semaine, lorsque l'officier de semaine ne doit pas s'y rendre (art. 49).

Il assiste au rassemblement quotidien de la compagnie (art. 93).

Sous-officiers punis.

132. L'adjudant de compagnie est chargé de conduire aux locaux disciplinaires les sous-officiers punis de prison.

Corridors et escaliers.

133. Il veille à l'exécution du présent règlement relativement à la tenue des corridors, des escaliers, et à la propreté des objets de casernement de la compagnie.

Le samedi, avant-midi, il s'assure qu'ils sont nettoyés à fond.

Cas d'absence.

134. En cas d'absence ou d'empêchement de l'adjudant de compagnie, le sergent-major le remplace dans toutes ses fonctions.

En cas d'absence simultanée de l'adjudant de compagnie et du sergent-major, le colonel désigne dans le régiment un adjudant de compagnie pour remplacer l'adjudant absent (art. 145).

CHAPITRE XVI.

SERGENT-MAJOR.

Devoirs généraux.

135. Le sergent-major est l'agent du capitaine pour tout ce qui concerne l'administration et la comptabilité.

Il est responsable envers cet officier de la tenue

des registres, contrôles, livrets, etc., et de la conservation de tout le matériel de la compagnie.

Il exerce une surveillance spéciale sur le garde-magasin de la compagnie et assiste, en principe, à toutes les distributions, réceptions et réintégrations d'effets ou objets de toute nature.

Il surveille le sergent fourrier, chargé, sous sa direction, de faire les écritures et les distributions qui lui incombent spécialement (art. 163).

Appelé à suppléer l'adjudant de la compagnie absent ou empêché, il s'applique, comme lui, à connaître la conduite, le caractère et les aptitudes des sous-officiers, des caporaux et des soldats de la compagnie.

Il est spécialement chargé de l'instruction primaire, sous la direction du capitaine (art. 80) et la surveillance des chefs de peloton.

Il prend part aux instructions théoriques et pratiques.

Il communique au capitaine les ordres et les décisions du colonel.

Il alterne, par semaine, avec l'adjudant de compagnie pour l'appel du soir.

Il est placé pour ordre au 1er peloton (art. 82).

Vérification à son entrée en fonctions.

136. En entrant en fonctions, il assiste à la vérification du matériel et des écritures, faite par le capitaine et son prédécesseur; s'il ne peut y assister, il la fait lui-même à son arrivée, en présence du capitaine, lui soumet ses observations et devient responsable.

Prêt.

137. Le sergent-major, lorsque le capitaine ne

touche pas le prêt lui-même, le perçoit sur une feuille signée et acquittée par cet officier, auquel il porte immédiatement le prêt.

Le premier jour du prêt, à l'heure fixée par le capitaine, il paye aux sous-officiers le prêt échu et remet aux caporaux d'escouade la solde des hommes qui ne vivent pas à l'ordinaire ou au régime spécial de l'infirmerie, et les centimes de poche de ceux qui y vivent (art. 109).

Comptabilité de la compagnie.

138. Il tient lui-même le registre des punitions (modèle IX) et fait tenir par le fourrier les registres d'ordres et de comptabilité; il exige que les registres soient constamment au courant, et que les ordres et les mutations, ainsi que les recettes et les distributions de toute nature, y soient portés chaque jour. Il veille à ce que les fourriers inscrivent sur les livrets tous les effets que les hommes reçoivent. Sous aucun prétexte, il ne garde les livrets individuels par devers lui, ni ne permet au fourrier de les garder.

Il fait inscrire sur les livrets matricules des sous-officiers, des caporaux et des soldats les punitions mentionnées dans l'instruction sur la tenue du registre des punitions (mod. IX).

En cas de mobilisation, le registre des punitions est laissé au dépôt du corps.

Effets des recrues et des réservistes.

139. A mesure que les hommes de recrue astreints à plus d'une année de service et les engagés volontaires reçoivent des effets militaires,

le sergent-major s'assure qu'ils se défont des effets bourgeois qu'ils ne peuvent pas utiliser.

Il veille à ce que les hommes de recrue qui en doivent servir qu'un an nettoient les effets civils qu'ils ont apportés ; il les dépose ensuite au magasin après les avoir fait empaqueter et étiqueter pour qu'ils leur soient remis lors de leur renvoi dans leurs foyers.

Il opère pour les hommes de la réserve et de l'armée territoriale comme pour les hommes de recrue qui ne doivent servir qu'un an.

Effets des hommes absents, déserteurs ou décédés.

140. Lorsqu'un homme entre à l'hôpital, les effets qu'il ne doit pas emporter sont visités en sa présence et sont ensuite désinfectés, s'il y a lieu. Ceux de ces effets qui appartiennent à l'approvisionnement de la compagnie sont placés dans son havresac, qui est fermé et étiqueté. L'état en est dressé ; il est signé par l'homme qui s'absente et par le sergent-major et placé dans le sac. Sur cet état figure le linge laissé au blanchissage. Le havresac est ensuite déposé au magasin de la compagnie.

Les effets ou objets qui ne font pas partie de l'approvisionnement de la compagnie sont déposés au magasin du corps avec un bulletin de dépôt, qui en indique la nature et le nombre et mentionne, s'il y a lieu, les dégradations constatées (art. 84).

Une expédition du bulletin de dépôt, revêtue du récépissé de l'officier d'habillement, reste entre les mains du capitaine.

Si l'homme entrant à l'hôpital ne peut assister

à cette visite, il y est remplacé par le caporal et un homme de l'escouade.

Le sergent-major inscrit sur le billet d'hôpital les effets que l'homme emporte, et remet à celui-ci son livret individuel, dont il doit toujours être porteur.

Il agit de même à l'égard des hommes allant en congé, en permission, ou s'absentant pour tout autre motif. Ces hommes emportent les effets dont la nature et le nombre sont déterminés suivant le motif de l'absence; les effets qu'ils laissent au régiment sont visités et déposés de la même manière, et l'inscription des effets emportés est faite sur le titre en vertu duquel l'homme s'absente.

Le dépôt est facultatif pour les effets ou objets laissés par les hommes allant en mission de courte durée ou en permission.

Si l'homme est rayé des contrôles étant en position d'absence, il est établi des bulletins de versement et, s'il y a lieu, des bulletins de réparation.

Lorsque l'homme qui a fait une absence rentre au régiment, ses effets sont retirés du magasin et vérifiés en sa présence.

Dès que le sergent-major suppose qu'un homme a déserté, il fait établir, en double expédition, l'inventaire de ses effets en présence du caporal et d'un soldat de la chambrée, qui le certifient; cet inventaire est visé par le capitaine. Le havre-sac renfermant tous les effets faisant partie de l'approvisionnement de la compagnie est aussitôt déposé au magasin de la compagnie, avec une expédition de l'inventaire; l'autre expédition est conservée par le sergent-major.

Les effets ou objets qui ne font pas partie de

l'approvisionnement de la compagnie sont inventoriés de la même manière et déposés au magasin du corps avec une expédition de l'inventaire; l'autre expédition est remise au major. Le versement définitif au magasin a lieu le jour où l'absent est déclaré déserteur.

Le sergent-major visite également, en présence du caporal et d'un soldat de la chambrée, les effets des hommes qui sont soupçonnés d'avoir vendu des effets ou d'en recéler.

Les effets des hommes décédés au corps sont, après désinfection, s'il y a lieu, versés au magasin de la compagnie ou du corps, suivant qu'ils appartiennent ou non à l'approvisionnement de la compagnie; dans le second cas, ils sont accompagnés d'un bulletin.

Listes et placards à afficher.

141. Le sergent-major fait placer par le fourrier sur la porte de chaque chambre, à l'extérieur, une liste indiquant le régiment, le bataillon, la compagnie, et le nom du capitaine, celui de l'officier et des sergents de peloton; sur la face intérieure de la porte, il fait placer la liste nominative des hommes de la chambrée.

Il affiche sur la porte de sa chambre le nom des officiers de la compagnie, avec l'indication de leurs logements; il y ajoute également son nom et celui du fourrier.

Il fait afficher dans chaque peloton :

1° Les noms des batailles inscrits sur le drapeau du régiment;

2° Le nom des généraux commandant le corps d'armée, la division et la brigade; celui du colonel et des officiers supérieurs du régiment;

3° La nomenclature des crimes et délits militaires ;

4° L'extrait de la loi tendant à réprimer l'ivresse ;

5° Les extraits du présent règlement sur les marques extérieures de respect, sur les devoirs des caporaux dans les chambrées, sur la consigne générale de la garde de police, sur l'hygiène des hommes et la *consigne générale des postes* insérée dans le règlement sur le service dans les places de guerre et les villes ouvertes ;

6° L'indication des secours à donner aux noyés ;

7° L'extrait du règlement concernant l'entretien du fusil et du revolver ;

8° Les instructions sur le paquetage et la manière de marquer, de nettoyer et d'entretenir les effets ;

9° L'instruction sur les obligations imposées par la loi aux réservistes et aux territoriaux ;

10° S'il y a lieu, l'instruction pour les militaires qui trouvent des obus à proximité des champs de tir.

Il fait afficher encore dans les chambres :

L'état des objets de casernement, signé par le fourrier et le caporal de la chambrée et placer les étiquettes de lit et de râtelier d'armes ; les classements de tir et les prix des denrées de l'ordinaire.

Enfin, il fait afficher dans chaque cuisine les consignes relatives aux cuisines.

Ordinaire.

142. Le sergent-major tient le livret d'ordinaire ; il y fait au jour le jour l'inscription des recettes et des dépenses.

Il établit chaque jour, suivant le mode de gestion, soit la note indicative des denrées à prendre pour la journée du lendemain, qu'il doit remettre à l'officier secrétaire de la commission, soit la note des achats à faire par le caporal d'ordinaire de la main à la main.

Tous les cinq jours, il établit le relevé des denrées reçues de la commission et le remet à l'officier secrétaire.

Les notes à remettre à l'officier secrétaire de la commission sont signées par le capitaine.

Tous les jours de prêt, après la signature de l'officier secrétaire de la commission, s'il y a lieu, il présente le livret à la vérification de l'officier ayant la surveillance de l'ordinaire.

Lorsque les achats de denrées se font de gré à gré, le sergent-major reçoit chaque jour du capitaine la somme nécessaire pour les dépenses du lendemain ; il la remet au caporal d'ordinaire et en fait mention sur le livret ; il s'assure que toute dépense payée par le caporal d'ordinaire est quittancée par les fournisseurs dans la colonne d'émargement du livret.

Malades.

143. Après que l'appel du matin a été fait, il reçoit du sergent de semaine le nom des malades ; il les inscrit sur le cahier de visite médicale, ainsi que ceux des détenus malades signalés par le sergent de garde ; il y inscrit aussi le nom des hommes rentrés la veille des hôpitaux ou d'une position quelconque d'absence dépassant huit jours. Il indique le numéro de la chambre des hommes qui ne peuvent pas se rendre à la visite du médecin et l'adresse des sous-officiers autorisés à loger en ville qui, se trouvant dans le même cas, l'en ont informé.

Il remet ce cahier au sergent de semaine, qui le lui rapporte après la visite ; le cahier est présenté chaque jour au capitaine.

En cas d'urgence, le sergent-major fait avertir sur-le-champ le médecin de service.

Demandes des sous-officiers, caporaux et soldats.

144. Le sergent-major reçoit toutes les demandes que les sous-officiers, les caporaux et les soldats ont à faire par la voie du rapport; il en instruit l'officier de peloton ; il les soumet au capitaine.

Cas d'absence.

145. En cas d'empêchement ou d'absence, il est remplacé par le fourrier, qui devient responsable de la comptabilité, des écritures et du matériel envers le capitaine. Le fourrier est alors exempt du service de semaine.

En cas d'absence simultanée de l'adjudant de compagnie et du sergent-major, le colonel désigne dans le régiment un adjudant de compagnie pour remplacer l'adjudant absent (art. 134).

CHAPITRE XVII.

SERGENTS.

Fonctions.

146. Dans une compagnie sur le pied de paix, les sergents du cadre normal sont chefs de sec-

tion ; dans une compagnie sur le pied de guerre, les sergents sont chefs de demi-section.

Ceux du cadre supplémentaire sont affectés pour ordre à une section. Il en est de même des cinquième et sixième sergents que certaines compagnies comptent dans leur cadre normal.

Dans les sections où il y a deux sergents, le plus jeune de grade est à la disposition du plus ancien pour le seconder et le suppléer dans tous les détails de l'instruction et du service.

Les sergents commandent aux caporaux et aux soldats en tout ce qui est relatif au service, à la police, à la discipline et à l'instruction ; ils surveillent la conduite privée des caporaux et des soldats sous leurs ordres.

Ils sont responsables envers le sergent-major, l'adjudant et les officiers de la compagnie, de l'exécution des ordres et de la police.

Ils alternent dans chaque compagnie pour le service de semaine (article 30) ; ils roulent entre eux, dans le régiment, pour les services individuels.

Les sergents rengagés sont dispensés de porter le havresac dans les exercices ordinaires ; ils le portent pour les revues, les marches militaires, les routes et les manœuvres.

Les fonctions des sergents sont de deux sortes : celles de sergent de section et celles de sergent de semaine.

Sergent de section.

Devoirs généraux.

147. Chaque sergent, dans sa section, dirige, sous l'autorité de l'officier de peloton et la sur-

veillance de l'adjudant de compagnie, les détails de l'éducation et de l'instruction des caporaux et des soldats ; il surveille la tenue des chambres, la conservation et la propreté des armes et des effets de toute nature.

Il appuie les caporaux de son autorité ; il les habitue à commander avec fermeté, mais sans brusquerie, et veille à ce qu'ils ne s'écartent jamais de l'impartialité ni de la justice.

Carnet.

148. Le sergent de section tient un carnet (modèle VIII), qui est vérifié fréquemment par l'officier de peloton.

La masse d'habillement et d'entretien pourvoit à la fourniture et au remplacement de ce carnet.

Surveillance des chambrées.

149. Il s'assure que les chambres sont toujours dans le plus grand état de propreté et bien aérées ; il veille à la conservation des affiches, placards et étiquettes, ainsi qu'au maintien de l'ordre établi pour l'arrangement des effets. Il apporte une attention particulière à la bonne tenue des effets ou objets de toute nature, et particulièrement de l'armement.

Il exige que les effets des hommes soient toujours d'une grande propreté.

Le samedi avant midi, il fait mettre dans le plus grand état de propreté les effets de toute nature; il veille à ce que les couvertures et les matelas soient battus au grand air et que les chambres soient assainies conformément aux prescriptions du présent règlement.

Hygiène des hommes.

150. Il s'assure que les ordres relatifs à l'hygiène et à la propreté corporelle des hommes sont exécutés.

Il exige que les caporaux et les soldats fassent à leur linge les réparations nécessaires; qu'ils en changent une fois par semaine; qu'ils soient rasés s'ils ne portent pas habituellement toute la barbe, particulièrement les jours où ils doivent être de service; que leurs cheveux soient tenus courts.

Rassemblements.

151. Toutes les fois que la compagnie doit s'assembler, le sergent de section se rend dans les chambres de sa section et veille à ce que les hommes s'apprêtent. Il assiste au rassemblement de la totalité ou d'une partie de sa section.

Rapport à l'officier de peloton.

152. Il fait verbalement son rapport à l'officier de peloton, lorsque celui-ci vient au quartier. Il l'informe des mutations, des punitions, des permissions, des distributions, des pertes ou dégradations d'effets ainsi que des réparations à faire.

Cas d'absence.

153. Quand l'un des deux sergents d'un peloton est absent, il est remplacé par le sergent du cadre supplémentaire placé dans son peloton; à défaut de ce dernier, le sergent qui reste a la surveillance des deux sections du peloton; le sergent qui s'absente lui remet son carnet,

Si tous les sergents d'un peloton s'absentent, les carnets de section sont remis à l'officier de peloton.

Service de semaine.

Devoirs généraux.

154. Le sergent de semaine est particulièrement aux ordres de l'officier de semaine; il assure, sous l'autorité de cet officier, de l'adjudant de semaine et de l'adjudant de compagnie, l'exécution des détails de service, de police et de discipline.

Il fait à l'officier de semaine des rapports verbaux ainsi qu'à l'adjudant de la compagnie et lui rend compte du résultat de la visite médicale.

Il est chargé, sous la surveillance de l'adjudant de compagnie, de commander toutes les corvées.

Il communique aux lieutenants et aux sous-lieutenants, ainsi qu'à l'adjudant de la compagnie, les ordres et décisions du colonel.

Muni du cahier de visite médicale, il conduit à la visite les hommes malades et les hommes rentrés la veille d'une position d'absence.

Appels.

155. Il fait faire l'appel du matin en sa présence par les caporaux de chambrée, le rend à l'adjudant de semaine et ensuite à l'adjudant de compagnie; puis il remet au sergent-major le nom des malades en lui indiquant le numéro des chambres de ceux qui ne peuvent se rendre à la visite. Il rend compte à l'adjudant de compagnie des événements de la nuit.

Il assiste à l'appel du soir et accompagne l'adjudant de compagnie ou le sergent-major à la salle du rapport.

Visite du médecin.

156. Avant la visite du médecin, il reçoit du sergent-major le cahier de visite. Il présente au médecin les malades qui peuvent marcher. Il reçoit du médecin les billets d'entrée à l'hôpital et le cahier de visite qu'il remet au sergent-major. Il accompagne, s'il y a lieu, le médecin dans les chambres et aux salles de discipline, pour la visite des malades qui ne peuvent marcher; il rend compte à l'adjudant de compagnie ainsi qu'à l'officier de semaine, lors de sa première visite au quartier.

Rassemblements.

157. Au rassemblement quotidien prescrit par le capitaine (article 93), il prend note de tout le service commandé; il commande les hommes pour toutes les corvées.

Il se trouve à tous les rassemblements pour tout service autre que les corvées et les distributions.

Inspection des hommes de service, garde montante, détachements, piquet.

158. Le sergent de semaine se trouve à toutes les réunions des hommes de service et aide l'adjudant de compagnie à leur rassemblement. Si le service à fournir ne dépasse pas 10 hommes, il rassemble lui-même les hommes, en passe

l'inspection et les présente à l'adjudant-major de semaine.

Pour l'inspection de la garde, il se place à la droite des hommes de service et sur le même alignement.

Remise des lettres chargées et mandats.

159. Le sergent de semaine reçoit du vaguemestre les lettres adressées aux sous-officiers, aux caporaux et aux soldats de la compagnie, et les leur remet. Il assiste à la remise que fait le vaguemestre des lettres chargées et de l'argent aux sous-officiers, caporaux et soldats de la compagnie. Il signe avec les destinataires au registre du vaguemestre et en informe l'officier de semaine.

Détenus et malades à l'infirmerie.

160. Le sergent de semaine conduit aux salles de discipline les caporaux punis.

Il veille à ce que les hommes de la compagnie détenus dans les salles de discipline, ainsi que les hommes à l'infirmerie soient rasés deux fois par semaine par le perruquier de la compagnie, s'ils ne portent pas habituellement toute la barbe, et à ce qu'il leur soit fourni, une fois par semaine, du linge blanc par les soins de la compagnie.

Propreté du quartier.

161. Il veille à ce que les escaliers, les corridors et autres locaux affectés à la compagnie soient balayés au moins une fois par jour et plus souvent si cela est nécessaire.

Cas où le sergent de semaine est forcé de s'absenter.

162. Il ne peut s'absenter du quartier, même pour le service, sans l'autorisation de l'adjudant de semaine; il se fait alors remplacer par le caporal de semaine et en prévient dans ce cas l'adjudant de compagnie ou, en son absence, le sergent-major.

CHAPITRE XVIII.

FOURRIER.

Devoirs généraux.

163. L'emploi de fourrier est rempli par un sergent fourrier ou par un caporal fourrier.

Le fourrier est aux ordres immédiats du sergent-major; sous la direction de ce sous-officier, il tient toutes les écritures de la compagnie, à l'exception du registre des punitions (art. 138) et du livret d'ordinaire (art. 142), et assure toutes les distributions de denrées autres que celles de l'ordinaire (art. 164), ainsi que celle des objets de casernement, de couchage et de campement.

Il est chargé du casernement et du couchage.

Il remplace au besoin le sergent-major pour les réceptions, les distributions ou les versements d'armes et d'effets de toute nature.

Il prend part aux exercices d'instruction et aux théories.

Distributions.

164. Pour les distributions dont il est spécialement chargé, le fourrier fait connaître au sergent

de semaine le nombre d'hommes à commander; il en prend le commandement quand ils sont réunis. Il reçoit les distributions; il est responsable de toute erreur. Il ramène au quartier les hommes de corvée et fait la répartition de ce qu'il a reçu.

Registre d'ordres.

165. Il tient le registre d'ordres; il le communique aux officiers de la compagnie; leur signature justifie qu'il le leur a présenté.

Le fourrier de la section hors rang communique en outre le livre d'ordres au trésorier, à l'adjoint au trésorier, au porte-drapeau et au chef de musique.

Cas d'absence. — Caporal adjoint au fourrier.

166. En tout temps, un caporal est désigné dans chaque compagnie pour remplacer le fourrier lorsqu'il est absent, et le seconder dans ses fonctions lorsqu'il est présent.

Il est exempt du service de semaine.

Fourrier de semaine.

Devoirs généraux.

167. Le fourrier de semaine de chaque bataillon est commandé par l'adjudant de bataillon. Les fourriers de bataillon alternent entre eux pour ce service. Un fourrier absent ou empêché n'est point suppléé pour le service de semaine par son caporal adjoint; le service roule, dans ce cas, entre les fourriers disponibles du bataillon.

Le fourrier de semaine relève, dans le service de semaine, de l'adjudant de semaine et de l'adjudant de son bataillon.

Chaque fourrier de semaine établit la situation-rapport de son bataillon ; il tient le registre d'ordres de son bataillon sous la surveillance de l'adjudant de bataillon. Il communique les ordres à son chef de bataillon, à son adjudant-major et à son médecin.

Il est à la disposition de l'adjudant de semaine pour communiquer en cas d'urgence les ordres donnés extraordinairement dans la journée (article 216).

Les fourriers de semaine disponibles assistent au rapport journalier.

Fonctions des fourriers de semaine.

168. Quand le régiment est réuni, chaque fourrier de semaine est désigné par l'adjudant-major de semaine pour une des fonctions suivantes :

Fourrier secrétaire de l'adjudant de semaine ;

Fourrier d'ordre ;

Fourrier adjoint.

En cas de fractionnement du régiment, les adjudants-majors de semaine répartissent les diverses fonctions entre les fourriers de semaine dont ils peuvent disposer.

Si le détachement est d'un bataillon, le fourrier de semaine et le fourrier quittant la semaine sont chargés de ces fonctions.

Fourrier secrétaire.

Le fourrier de semaine dont le chef de bataillon et l'adjudant-major sont de semaine est, en outre, chargé de la situation-rapport du régiment (modèle XII) sous la direction de l'adjudant de semaine.

Il est, pendant toute la semaine, à la disposition absolue de ce sous-officier pour les écritures; sous aucun prétexte, il ne peut être distrait de son service particulier.

Fourrier d'ordre.

Le fourrier d'ordre se rend tous les matins au rapport de la place porteur du rapport du régiment, dont l'établissement est prescrit par le règlement sur le service des places.

Après avoir écrit l'ordre de la place et tous les détails relatifs au service, il les remet à l'adjudant de semaine et, s'il en reçoit l'ordre, va les communiquer au lieutenant-colonel et au chef de bataillon de semaine.

Fourrier adjoint.

Le fourrier désigné pour ce service est chargé de réunir et de conduire chaque jour, aux heures indiquées par la place, les malades du régiment qui entrent à l'hôpital, et de ramener au régiment ceux qui en sortent. Il est, en outre, chargé de remettre au major, tous les matins, les situations administratives des compagnies et les pièces à l'appui des mutations.

Il est à la disposition de l'adjudant de semaine pour tous les détails imprévus et pour le service à l'extérieur.

CHAPITRE XIX.

CAPORAUX.

Fonctions.

169. Les caporaux doivent donner l'exemple de la bonne conduite, de la subordination et de l'exactitude à remplir leurs devoirs.

Ils surveillent les soldats en tout ce qui tient au bon ordre et à la tranquillité publique; ils sont chargés de tout ce qui est relatif à l'instruction, au service, à la tenue, à la police et à la discipline de leur escouade.

Ils doivent user, au besoin, des moyens de répression que le présent règlement leur accorde, et, si ces moyens sont insuffisants, en appeler à l'autorité de leurs supérieurs; mais ils ne doivent jamais oublier que la manière la plus sûre de se faire respecter et obéir est de se conduire envers leurs subordonnés avec fermeté, sans familiarité ni brusquerie.

Ils sont exempts des corvées auxquelles les soldats sont assujettis.

Ils alternent, dans chaque compagnie, pour le service de semaine et les autres services particuliers à la compagnie, et roulent entre eux, dans le régiment, pour les services individuels.

Les fonctions des caporaux sont celles de : caporal d'escouade, caporal de chambrée, caporal de semaine et caporal d'ordinaire.

Caporal d'escouade.

Devoirs généraux.

170. Le caporal loge avec les hommes de son

escouade : il veille à ce que les hommes prennent les soins de propreté personnelle spécifiés à l'article 353. Il fait faire les lits et fait mettre tous les effets dans l'état de propreté et d'arrangement prescrit. Il fait préparer les hommes commandés de service et ceux qui doivent assister aux classes d'instruction.

Le samedi, avant midi, le caporal fait mettre dans le plus grand état de propreté les effets de toute nature et fait battre au grand air les couvertures et les matelas.

Il s'assure que tous les soldats mettent du linge blanc au moins une fois par semaine, et plus souvent si c'est possible, surtout en été.

Il veille à ce que le linge soit raccommodé après le blanchissage et à ce que la chaussure soit constamment tenue en bon état.

Le jour du prêt, il reçoit du sergent-major, pour les hommes de son escouade, les centimes de poche du prêt échu et la solde de ceux qui ne vivent pas à l'ordinaire de la compagnie ou au régime spécial de l'infirmerie ; il les leur distribue immédiatement.

Il forme les recrues de son escouade aux détails du service intérieur ; il leur enseigne le paquetage et la manière d'entretenir dans le plus grand état de propreté leurs armes et leurs effets de toute nature.

Carnet.

171. Le caporal d'escouade tient un carnet (modèle VIII). Ce carnet, qui est fréquemment vérifié par le sergent de section, est fourni et remplacé par la masse d'habillement et d'entretien.

Rapports.

172. Il rend compte au sergent de semaine et au sergent de section des punitions qu'il a infligées et de tout ce qui intéresse le service et la discipline. En cas d'événement imprévu, tel que désertion, duel, vol, il en informe sur-le-champ le sergent de section et, à son défaut, le sergent de semaine ou l'adjudant de compagnie.

Effets prêtés. — Visite des effets.

173. Il s'oppose à ce que les soldats se prêtent leurs effets, quels qu'ils soient.

Quand il soupçonne un homme d'avoir vendu des effets ou d'en avoir recélé de perdus ou de volés, il prévient le sergent-major, ou, à son défaut, le sergent de section.

Il agit de même à l'égard des hommes qui manquent à l'appel.

Rassemblements. — Appels.

174. Toutes les fois que son escouade doit s'assembler, le caporal la présente à l'inspection du sergent de section.

A tous les rassemblements, il fait, au signal donné, l'appel de son escouade et le rend à l'adjudant de compagnie (article 49).

Arrangement des effets de toute nature.

175. Les armes, les effets d'habillement et d'équipement sont placés dans les chambres, conformément aux prescriptions réglementaires.

Le caporal d'escouade veille à l'exécution de ces prescriptions.

Cas d'absence.

176. Le caporal absent ou indisponible est remplacé dans le commandement de son escouade par un caporal du cadre supplémentaire, autant que possible celui qui est placé à la suite de sa section, ou, à défaut, par le plus ancien soldat de 1re classe de l'escouade.

Le caporal qui s'absente remet son carnet au sergent de section.

Caporal de chambrée.

Logement et casernement.

177. Lorsque plusieurs escouades habitent la même chambre, le plus ancien caporal est le chef de la chambrée.

En prenant une chambre, il reconnaît avec le fourrier le nombre, l'espèce et l'état des objets de casernement qu'elle contient; il veille à leur conservation.

Le fourrier en dresse l'état; le caporal le signe avec lui.

Devoirs au lever.

178. Au réveil, il fait lever les soldats, fait découvrir les lits et fait l'appel.

Dès que les soldats sont levés, il fait ouvrir les fenêtres des chambres pour renouveler l'air.

Il rend compte des hommes malades au sergent de semaine, lui signale ceux qui paraissent ne pouvoir assister à la visite du médecin et l'informe en même temps des événements de la nuit.

Tenue des chambres.

179. Le caporal de chambrée commande un soldat à tour de rôle parmi ceux de la chambrée pour balayer les planchers, épousseter et essuyer les tables, les bancs, les planches à pain et à bagages et les râteliers d'armes, les portes et les fenêtres, enlever et porter les ordures à l'extérieur.

Le samedi, avant midi, le nettoyage est fait à fond dans les conditions prescrites par l'article 355.

Police de la chambrée.

180. Le caporal de chambrée réprime tout ce qui se fait et se dit contre le bon ordre; il fait cesser les jeux lorsqu'ils occasionnent des querelles; il fait coucher les hommes ivres; lorsqu'ils troublent l'ordre, il fait prévenir le sergent de semaine, qui les fait conduire à la salle de police par des hommes de la chambrée. Il veille à l'aération des chambres dans les conditions prescrites par l'article 354.

Il se conforme, en ce qui le concerne, aux prescriptions de l'article 355. Il empêche, en outre, de fumer au lit, de se laver dans les chambres et, d'une manière générale, de dégrader ou de salir aucun effet ou objet de casernement, de couchage ou autre.

Il préside aux repas pris en commun et use de son autorité pour y maintenir l'ordre et la bonne harmonie.

En hiver, il s'assure que le feu des poêles est entretenu avec modération; il fait placer un bassin plein d'eau sur le poêle.

Le soir, il s'assure que l'homme de corvée a rempli la cruche d'eau, et fait éteindre la lumière au signal donné.

S'il s'aperçoit qu'un homme est sorti du quartier après l'appel, il en rend compte sur-le-champ au sergent de semaine.

Pendant la nuit, si un homme est gravement malade, le caporal avertit le sergent de garde de la nécessité de faire venir le médecin ; dans le jour, il prévient le sergent-major, et, en l'absence de ce sous-officier, il va lui-même chercher le médecin de service. Dans tous les cas, il prévient l'infirmier de garde.

Il rend compte au sergent de semaine et au sergent de section des punitions qu'il a infligées.

Appel du soir.

181. Le caporal de chambrée fait l'appel du soir en présence de l'adjudant de compagnie ou du sergent-major.

Visite d'officiers.

182. Quand un officier entre dans une chambre, le caporal commande : FIXE ; les soldats se lèvent, se découvrent s'ils sont en képi, et gardent le silence et l'immobilité jusqu'à ce que l'officier soit sorti ou qu'il ait commandé : REPOS.

Si c'est un officier supérieur ou un officier général qui entre dans une chambre, le caporal commande : A VOS RANGS ; les soldats se placent au pied de leur lit ; lorsqu'ils y sont, le caporal commande : FIXE.

S'il y a des hommes en armes dans la chambre,

ils ne se découvrent pas; ils prennent la position du soldat reposé sur l'arme.

Cas d'absence.

183. En l'absence du caporal de chambrée, et à défaut d'un autre caporal logé dans la chambre, son autorité et sa responsabilité passent au plus ancien soldat de 1re classe de la chambrée.

Caporal de semaine.

Devoirs généraux.

184. Le caporal de semaine est sous les ordres du sergent de semaine, pour le seconder dans tous les détails du service de semaine.

Il réunit les hommes commandés pour les corvées et tous les groupes de soldats ne formant pas de fractions constituées de la compagnie.

Aux heures des repas, il fait porter par des hommes de corvée les subsistances aux hommes de garde. Il fait remettre au sergent de garde celles des détenus de la compagnie.

Le caporal de semaine ne s'absente pas du quartier, même pour le service, sans l'autorisation du sergent de semaine.

Lorsque celui-ci est absent momentanément, il le remplace.

Propreté du quartier.

185. A l'heure fixée, et toutes les fois que cela est nécessaire, il rassemble les hommes de corvée pour leur faire nettoyer les corridors et les escaliers; il les conduit au sergent de garde lorsqu'ils doivent nettoyer les cours et les latrines. Il assure

la propreté des abords du casernement de la compagnie.

Détenus et consignés.

186. Il est chargé de conduire à la salle de police les hommes qui en sont punis; de les en faire sortir pour le service, l'instruction et les corvées, et de les y faire rentrer ensuite. Il conduit aussi à la prison les hommes qui en sont punis.

A l'expiration de leur punition, les hommes punis sont ramenés à la compagnie par ses soins (art. 304).

Il assiste aux appels des consignés et présente ceux de la compagnie au sergent de garde.

Caporal d'ordinaire.

Devoirs généraux.

187. Le caporal d'ordinaire est chargé de tous les détails du service de l'ordinaire de la compagnie. Il est désigné par le capitaine pour un mois seulement.

Distributions et achats.

188. Le caporal d'ordinaire fait connaître au sergent de semaine, avant le rassemblement quotidien de la compagnie, le nombre d'hommes à commander pour les corvées d'ordinaire.

Lorsque la commission des ordinaires assure l'achat des denrées, le caporal d'ordinaire reçoit chaque jour du sergent-major une note indiquant les denrées à prendre pour la compagnie; accompagné des soldats de corvée, il se présente, à l'heure fixée, aux locaux où se font les distributions; il assiste aux pesées, s'assure que les quantités demandées sont exactement remises, prend livraison et devient responsable.

Pour les achats de gré à gré, il reçoit chaque jour du sergent-major la note des denrées à acheter et la somme nécessaire pour les payer; il passe chez les fournisseurs, accompagné de soldats de corvée. Ceux-ci ont le droit de débattre le prix et d'aller chez d'autres fournisseurs offrant de meilleures conditions de prix et de qualité.

Il est interdit d'acheter à crédit; les fournisseurs sont toujours payés au comptant en présence des hommes de corvée.

Quand les fournisseurs sont payés de la main à la main, leur émargement immédiat sur le livret d'ordinaire doit justifier chaque jour des payements qui leur sont faits.

Toute remise, tout arrangement illicite entre les fournisseurs et le caporal d'ordinaire, entraîne le changement des premiers; quant au caporal, il est déféré au conseil de guerre.

Service des cuisines.

189. Le caporal d'ordinaire a la surveillance des cuisiniers. Il est responsable de la propreté des locaux et des ustensiles affectés à la cuisine de sa compagnie et du matériel de table, de l'emploi des denrées, de la préparation des aliments; il exige que les cuisines soient aérées le plus possible et tenues toujours proprement; que les eaux ménagères et les débris soient enfermés dans des récipients munis de leur couvercle et qu'ils soient enlevés tous les jours.

Il s'assure qu'il est fait une répartition égale des aliments.

Blanchissage.

190. Au jour indiqué, le caporal d'ordinaire fait réunir le linge sale, qui est remis à l'entreprise chargée du blanchissage.

Le linge est porté et rapporté par une corvée spéciale dont il a le commandement.

Dans toutes les opérations relatives au versement et à la remise du linge, le caporal d'ordinaire est admis à présenter les observations qu'il croit devoir formuler.

CHAPITRE XX.

SOLDATS DE 1re CLASSE.

Admission des soldats à la 1re classe. Service.

191. L'admission des soldats à la 1re classe est prononcée par le colonel, sur la proposition du capitaine et l'avis du chef de bataillon. Leur nombre ne peut dépasser deux par escouade.

Les soldats de 1re classe sont choisis parmi les soldats de 2e classe ayant au moins six mois de service, qui savent lire et écrire, qui se font particulièrement remarquer par leur vigueur, leur adresse au tir, et qui méritent cette distinction par leurs aptitudes militaires, leur conduite et leur tenue.

Il ne peut être fait exception à cette règle que pour un acte de courage et de dévouement.

A moins de nécessité absolue, les soldats de 1re classe ne font d'autres corvées que celles de leur compagnie. Ceux qui sont punis font les corvées de quartier.

CHAPITRE XXI.

SOLDATS PORTEURS D'OUTILS.

Désignation.

192. Les soldats porteurs d'outils font partie intégrante des compagnies auxquelles ils appartiennent et concourent pour le service avec les autres soldats. Ils sont choisis par les capitaines parmi les hommes vigoureux et familiarisés par leur profession avec l'usage des outils qu'ils doivent porter.

CHAPITRE XXII.

TAMBOURS, CLAIRONS ET ÉLÈVES.

Instruction.

193. L'instruction spéciale des tambours et élèves tambours est faite par le tambour-major, secondé par les caporaux-tambours ; celle des clairons et élèves clairons est faite par les soins du chef de musique, secondé par le sous-chef de musique et les caporaux clairons.

Un adjudant-major désigné par le colonel a la surveillance de cette instruction.

Dans un bataillon détaché, cette surveillance est exercée par l'adjudant-major.

Le colonel choisit pour élèves des soldats d'une bonne conduite qui se présentent pour ces emplois et qui remplissent les conditions d'aptitude voulues.

Nomination.

194. Les tambours et clairons sont choisis par le colonel parmi les élèves ayant terminé leur instruction spéciale, sur une liste d'aptitude établie par l'adjudant-major chargé de la surveillance de cette instruction, et annotée par les commandants de compagnie.

Service et corvées.

195. En dehors de leur instruction spéciale, ils sont soumis, pour toutes les autres parties du service et de l'instruction, à leurs chefs hiérarchiques.

Pour les services individuels, ils roulent entre eux dans tout le régiment ; le tambour-major les commande d'après le rang des compagnies dans l'ordre constitutif, en commençant par le plus ancien de chaque compagnie.

Il y a tous les jours un tambour ou clairon de service au corps de garde de police pour faire toutes les batteries ou sonneries (article 241).

Les tambours et clairons sont exempts des corvées, à l'exception de celles de la chambre et de l'ordinaire.

Rassemblements.

196. Quand le régiment se réunit en totalité ou en partie, les tambours, clairons et élèves restent à leur compagnie pour répondre à l'appel, être inspectés et recevoir communication des ordres. Ils se placent sur le rang des serre-files derrière la droite de leur escouade.

Ils se rassemblent ensuite par bataillon sous le commandement du caporal tambour ou clairon et prennent leur place réglementaire.

PETIT ÉTAT-MAJOR ET SECTION HORS RANG.

CHAPITRE XXIII.

PETIT ÉTAT-MAJOR ET SECTION HORS RANG.

Dispositions générales.

197. Le petit état-major, à l'exception de la musique, qui est sous le commandement spécial du chef de musique, et la section hors rang sont commandés par l'officier d'habillement.

Le lieutenant d'armement et le porte-drapeau le secondent et remplissent les fonctions d'officiers de peloton et de semaine.

L'adjudant vaguemestre remplit les fonctions d'adjudant de compagnie. Il alterne par semaine, pour l'appel du soir, avec le fourrier de la section.

Le fourrier remplit les fonctions de sergent-major et de fourrier ; il est de plus responsable des détails d'intérieur qui incombent au sergent de semaine dans les compagnies. Il est exempt du service de semaine de fourrier.

Le sergent garde-magasin est sergent de section.

Les soldats de la section hors rang constituent deux escouades : la première, commandée par le caporal secrétaire de l'armement, comprend les soldats qui, en cas de fractionnement de la section hors rang, doivent être avec la portion principale ; la deuxième, commandée par le caporal secrétaire de l'habillement, comprend ceux qui restent avec la portion centrale.

Ces deux caporaux remplissent simultanément les fonctions de caporal de semaine.

Les autres caporaux de la section hors rang sont placés, pour le service intérieur, sous la surveillance immédiate du sergent garde-magasin.

Les fonctions spéciales des sous-officiers et des caporaux de la section ne permettant pas leur présence constante au quartier pour le service de semaine, l'adjudant de semaine y supplée en faisant communiquer par écrit au fourrier de cette section les prescriptions diverses relatives à ce service.

Les soldats ne passent au petit état-major et à la section hors rang que lorsqu'ils ont terminé les exercices de l'école de compagnie en terrain varié, et l'instruction pratique sur le service en campagne.

Les sous-officiers, les caporaux et les soldats armés du fusil ou du revolver font leur tir annuel et sont exercés au moins une fois par semaine au jour fixé par le colonel.

Les caporaux et les soldats du petit état-major et de la section hors rang vivent à l'ordinaire d'une ou de plusieurs compagnies désignées par le colonel ; le colonel peut les autoriser à vivre à la cantine.

Ils vont aux distributions et aux corvées afférentes à la section.

Les ouvriers tailleurs et cordonniers de la section hors rang et ceux des compagnies reçoivent, sous la direction des médecins, l'instruction nécessaire à l'emploi de brancardiers auquel ils sont destinés (art. 73).

CHAPITRE XXIV.

TAMBOUR-MAJOR, CAPORAUX TAMBOURS OU CLAIRONS.

Fonctions.

198. Le tambour-major est chargé avec les caporaux tambours de l'instruction des tambours et élèves tambours du régiment. Il adresse ses demandes et rend compte de l'instruction à l'adjudant-major chargé de la surveillance de l'instruction.

Le tambour-major commande les tambours et les clairons pour les services individuels en se conformant aux prescriptions de l'article 216.

Il assiste au rapport journalier.

Lorsque, par exception, la retraite doit être battue, il réunit au quartier les tambours et les clairons et les conduit à l'heure fixée au lieu déterminé.

Pour leur emploi spécial, les caporaux tambours sont sous les ordres du tambour-major; les caporaux clairons, sous les ordres du chef et du sous-chef de musique ; pour toutes les autres parties du service, les caporaux tambours et clairons sont subordonnés à leurs chefs hiérarchiques.

Le colonel règle les heures de l'école des tambours et clairons.

Réunion du régiment.

199. Lorsque le régiment se réunit, le tambour-major passe l'inspection des caporaux tambours et clairons, fait l'appel et le rend à l'adjudant-major de semaine.

Les caporaux tambours et clairons ne prennent le commandement des tambours et des clairons de leur bataillon qu'après avoir répondu à l'appel, avoir été inspectés et avoir comme eux reçu communication des ordres.

Cas de partage.

200. En cas de détachement, le tambour-major reste avec le colonel.

Les caporaux tambours et les caporaux clairons suivent leur bataillon.

CHAPITRE XXV.

CAPORAL SAPEUR. — SAPEURS OUVRIERS D'ART.

Fonctions.

201. Le caporal sapeur est choisi parmi les caporaux, les soldats ou les sapeurs du régiment proposés pour le grade de caporal.

Il remplit, à l'égard des sapeurs ouvriers d'art, les fonctions de sergent et de caporal de semaine, de caporal d'escouade et, s'il y a lieu, de caporal de chambrée.

Il est responsable de leur instruction, qui comprend l'école du soldat et le tir.

Il commande les sapeurs pour les services intérieurs du régiment.

Les sapeurs ouvriers d'art sont choisis parmi les soldats robustes, bons sujets et familiarisés par leur profession avec les outils qu'ils doivent porter.

Ils sont employés aux manipulations des munitions, à l'entretien du matériel de tir, au service de planton et de gardien de caisse du conseil; ils sont spécialement exercés aux travaux de campagne.

Quand le régiment est divisé, ils sont avec le colonel.

Dans les bataillons formant corps, les sapeurs ouvriers d'art comptent dans les compagnies et marchent avec elles.

Dans les corps chargés de l'entretien de leur casernement, les sapeurs sont, en outre, dans les limites fixées par le règlement spécial à cet entretien, employés aux travaux de maçonnerie, de menuiserie, de peinture et vitrerie, de fumisterie, d'ameublement et d'entretien des cours, des champs de manœuvre, des champs de tir, des stands, des gymnases et des écoles de natation.

Dans ce cas, ils sont choisis à raison de :

3 menuisiers, ébénistes, charrons;
2 charpentiers, couvreurs;
3 maçons, plâtriers;
2 serruriers, zingueurs ;
2 vitriers peintres, lampistes.

Le caporal sapeur est alors choisi de manière à pouvoir, par son expérience du travail, diriger les sapeurs exerçant ces diverses professions. Sa situation vis-à-vis d'eux est analogue à celle des chefs armuriers et des caporaux premiers ouvriers à l'égard de leurs subordonnés. Il leur fournit les outils nécessaires.

CHAPITRE XXVI.

SOUS-CHEF DE MUSIQUE. — SOLDATS ET ÉLÈVES MUSICIENS.

Fonctions.

202. Le sous-chef de musique seconde et au

besoin supplée le chef de musique; il est chargé de tous les détails de service; il assiste au rapport journalier.

Pour sa spécialité, il relève du chef de musique.

Aux appels et aux rassemblements de la musique, il remplit les fonctions d'adjudant de compagnie.

Les soldats musiciens sont nommés par le colonel.

Ils sont subordonnés, pour tous les détails du service tant spécial que militaire, au chef et au sous-chef de musique; ils relèvent, en outre, de tous les gradés, auxquels ils doivent les marques extérieures de respect.

Pour le service intérieur et la police, ils forment deux sections divisées chacune en deux escouades. Les sections sont commandées par les deux plus anciens soldats musiciens; les quatre escouades, par les quatre plus anciens soldats musiciens après ces derniers.

Les deux soldats musiciens chefs de section remplissent à tour de rôle les fonctions attribuées au sergent de semaine dans une compagnie; les quatre soldats musiciens chefs d'escouade remplissent à tour de rôle les fonctions attribuées au caporal de semaine.

Ils reçoivent, sous la direction des médecins, l'instruction nécessaire à l'emploi de brancardiers, auquel ils sont destinés.

Les élèves musiciens sont demandés au colonel par le chef de musique. Ils sont choisis parmi les bons sujets qui se présentent pour l'emploi et qui remplissent les conditions d'aptitude voulues.

Ils ne commencent leur instruction spéciale

que lorsqu'ils ont terminé les exercices de l'école de compagnie en terrain varié et l'instruction pratique sur le service en campagne.

Ils font leur tir individuel annuel et prennent part aux exercices au moins une fois par semaine, au jour fixé par le colonel jusqu'à ce qu'ils soient pourvus de l'emploi.

Ils sont subordonnés, pour tous les détails de leur service spécial, au chef et au sous-chef de musique.

Ils sont exempts de service et des corvées autres que celles de la musique.

Quand le régiment est divisé, la musique et les élèves musiciens sont avec le colonel.

CHAPITRE XXVII.

VAGUEMESTRE.

Fonctions.

203. L'adjudant vaguemestre est sous la surveillance immédiate du major pour le service de la poste; il veille à l'entretien des équipages régimentaires sous la direction de l'officier d'approvisionnement. Il remplit les fonctions d'adjudant de compagnie à la section hors rang (article 197), mais il est chargé seulement des appels du matin et du soir et de ceux des rassemblements auxquels il peut assister.

Muni d'une commission du conseil d'administration (modèle X), établie en deux expéditions, dont l'une est déposée chez le receveur des postes et des télégraphes, il retire de la poste les lettres, les paquets, l'argent et les objets adressés au conseil d'administration, ainsi qu'aux sous-officiers, aux caporaux et aux soldats. Il retire également ceux que les officiers du corps ne se sont pas fait adresser à leur domicile particulier, ou qu'ils n'ont pas pris directement à la poste. Il en est responsable; il les distribue immédiatement et sans aucune rétribution en sus de la taxe.

Le vaguemestre reste étranger à tout versement ou retrait de fonds, en ce qui concerne les caisses d'épargne postales.

Registre.

204. Le vaguemestre tient un registre (modèle XI), divisé en deux parties. La première sert à enregistrer les titres qui lui sont confiés pour retirer de la poste les lettres chargées ou reconnaissances et les mandats adressés aux officiers, aux sous-officiers, aux caporaux et aux soldats, et pour justifier de la remise qu'il en a faite. La signature du receveur des postes et des télégraphes constate la recette du vaguemestre, et celle des militaires opère sa décharge. La seconde partie est destinée à constater les divers chargements de lettres ou envois de fonds qu'il fait de la part des militaires du régiment.

Ce registre, coté et parafé par le major, qui le vérifie tous les lundis, et plus souvent s'il est nécessaire, est également vérifié tous les mois par le sous-intendant militaire.

Lorsque le vaguemestre a à présenter à la fois à un bureau de poste plus de dix mandats à payer, il doit les inscrire préalablement sur un bordereau imprimé pour cet usage, qui lui est fourni par le bureau de poste payant.

Le vaguemestre d'un détachement doit, comme celui du régiment, être muni d'une commission et d'un registre semblables ; mais dans les fractions du corps ou dans les détachements où ne se trouve pas le major, la vérification du registre du vaguemestre est faite par l'officier commandant la fraction du corps ou le détachement.

Dans les fractions de corps et dans les détachements qui sont en route, ou stationnés loin de leur régiment, si le vaguemestre est dans l'impossibilité de continuer ses fonctions, il est provisoirement remplacé par un sous-officier choisi et commissionné par l'officier commandant la fraction du corps ou le détachement.

Cette commission provisoire fait mention du cas d'urgence qui la motive.

Boîte aux lettres.

205. Il est placé, près du corps de garde de police, une boîte aux lettres dont le vaguemestre a la clef ; les heures des levées sont indiquées par une affiche.

Le vaguemestre passe chez le colonel, dans les bureaux du major, du capitaine trésorier et de l'officier d'habillement pour y prendre les dépêches.

Remise des lettres et de l'argent.

206. Il remet d'abord au colonel les lettres à son adresse et à celle du conseil d'administration. Il porte de même à tous les officiers les lettres qui leur sont adressées, l'argent qu'il a reçu pour eux et les paquets dont la remise exige une décharge par la signature du destinataire.

Il remet également aux sous-officiers, aux

caporaux et aux soldats du petit état-major et de la section hors rang les lettres et l'argent qui leur sont adressés. Il distribue, par l'intermédiaire de chaque sergent de semaine, les lettres ordinaires qu'il reçoit pour les sous-officiers, les caporaux et les soldats des compagnies. Il remet directement aux intéressés les lettres non affranchies ou frappées de surtaxe; il se fait rembourser les avances qu'il a faites d'après les indications portées sur ces lettres.

Les lettres et les paquets dont la remise exige une décharge par la signature du destinataire, reçus pour les sous-officiers, les caporaux et les soldats, leur sont remis directement par le vaguemestre à l'heure prescrite par le colonel, en présence du sergent de semaine, qui signe avec les destinataires au registre du vaguemestre. Les soldats qui ne savent pas écrire font une croix, et l'officier de semaine signe au registre pour certifier la remise.

Le vaguemestre, en recevant un mandat pour en toucher le montant, doit, lorsque ce mandat lui est présenté, exiger à l'appui la production de l'enveloppe de la lettre d'envoi. Il s'assure que l'enveloppe et le mandat appartiennent à celui qui les présente, et que les deux pièces ont le même point de départ. Le vaguemestre inscrit sur le mandat le numéro matricule du titulaire, appose son parafe au-dessus, et reproduit le numéro matricule sur son registre après le nom du titulaire.

Ces premières précautions prises, le vaguemestre exige, au moment de payer, la production de l'enveloppe de la lettre et celle du livret individuel du titulaire, afin de constater, par l'inspection du numéro matricule du militaire qui se présente, que celui-ci est bien le véritable destinataire. On opère de même pour la remise des lettres et des paquets exigeant la signature du destinataire.

Dans le cas où l'indication du corps dont fait partie le destinataire est inexacte, la régularisation est faite sur le mandat même, mais sans altération de la désignation erronée, et cette régularisation est appuyée de la signature du major, ainsi que de l'apposition du timbre du conseil d'administration. On opère de même, quand la position du destinataire n'est pas suffisamment indiquée ou quand ses nom ou prénoms sont inscrits d'une manière incorrecte sur le mandat.

Le vaguemestre présente à la poste, tous les jours, ou au moins deux fois par semaine, les mandats à toucher pour les militaires du corps. Le colonel ou le chef de détachement se concerte à cet égard avec le receveur des postes et des télégraphes, et donne des ordres pour que l'argent des mandats touchés soit remis aux destinataires le plus tôt possible, en se conformant aux prescriptions ci-dessus.

Lorsqu'un militaire reçoit un mandat télégraphique, il doit, pour en toucher le montant, le remettre au vaguemestre, qui le présente, à la première distribution, au receveur des postes et des télégraphes ; celui-ci remet immédiatement au vaguemestre la valeur du mandat télégraphique, qui est versée sans retard dans les mains du destinataire, d'après les règles fixées ci-dessus pour le payement des mandats postaux.

Le vaguemestre donne à l'adjudant de semaine un état signé par le receveur des postes et des télégraphes, constatant les différentes sommes d'argent ainsi que les lettres chargées qu'il a reçues pour les sous-officiers, les caporaux et les soldats. Cet état est annexé au rapport journalier; l'adjudant de semaine en donne lecture aux sergents-majors, qui en rendent compte aux capitaines et aux officiers de semaine (art. 83 et 109).

Si le vaguemestre n'a reçu aucun article d'argent, il remet à la salle de rapport un état négatif, également signé par le receveur des postes et des télégraphes.

Lettres de rebut. — Argent adressé aux absents.

207. Les lettres de rebut sont rendues par le vaguemestre à la poste, sans avoir été décachetées, après que le motif de refus a été inscrit au dos; le port en est remboursé, s'il y a lieu, par le receveur des postes.

Si la lettre est décachetée, le port reste à la charge de celui qui l'a ouverte, à moins qu'elle ne l'ait été par erreur provenant de conformité de nom.

Les lettres chargées ou recommandées et les mandats adressés à des militaires qui sont décédés, qui n'appartiennent plus au corps ou qui sont absents, doivent être rendus au receveur des postes et des télégraphes qui, suivant le cas, les fait parvenir aux ayants droit ou les tient à leur disposition.

Toutes les lettres adressées à des militaires déclarés inconnus doivent être remises au trésorier, qui ne les rend au vaguemestre qu'après avoir certifié par son visa que ces militaires ne figurent pas au registre matricule du corps.

Le délai pour la remise à la poste des lettres

ordinaires, de celles chargées ou recommandées et des mandats qui ont été distribués au vaguemestre est de huit jours.

Réclamations.

208. Les capitaines veillent à ce que la remise des lettres et de l'argent adressés aux sous-officiers, aux caporaux et aux soldats de leur compagnie soit faite avec une scrupuleuse exactitude.

Les réclamations sont transmises au major ou au chef de détachement, qui y fait droit sur-le-champ.

Les commissions, retirées aux receveurs des postes, par suite de changement de garnison ou de mutation de vaguemestre, doivent être conservées dans les archives du corps pendant huit ans au moins, terme après lequel les réclamations relatives aux envois postaux ne sont plus admises.

CHAPITRE XXVIII.

CHEF ARMURIER ET CAPORAL ARMURIER.

Fonctions.

209. Le chef armurier est commissionné par le Ministre; il peut être de 1re ou de 2e classe.

Quelle que soit sa classe, il est subordonné aux adjudants et prend rang après ces sous-officiers.

Il est chargé, sous la surveillance du lieutenant d'armement, des réparations des armes et de la conservation de celles qui sont en magasin.

Il est également chargé, sous la surveillance de l'officier d'approvisionnement, dans la mesure indiquée, dès réparations d'entretien du matériel roulant. Le chef armurier est chef d'atelier sous la direction et la surveillance de l'officier d'habillement. Il est responsable de la propreté de son atelier et de la discipline qui y règne. Le caporal et les ouvriers mis à sa disposition sont sous ses ordres à l'atelier.

Le caporal premier ouvrier armurier est nommé par le colonel, sur la présentation du chef armurier, approuvée par l'officier d'habillement et par le major.

CHAPITRE XXIX.

MAÎTRE D'ESCRIME ET CAPORAL MONITEUR D'ESCRIME.

Fonctions.

210. Le maître d'escrime (adjudant ou sergent) est nommé par le Ministre.

Il enseigne l'escrime sous la direction d'un officier désigné. Il est secondé par un caporal moniteur et par des adjoints brevetés maîtres ou prévôts.

Il est responsable de la tenue, de la police et du matériel de la salle d'armes.

Le maître d'escrime est personnellement chargé de l'enseignement de l'escrime aux officiers ; cet enseignement a lieu dans une salle spéciale et aux heures fixées par le colonel.

Quand le régiment est divisé, le maître d'escrime est avec le colonel, et le caporal d'escrime avec la portion restant au dépôt.

CHAPITRE XXX.

SERGENT GARDE-MAGASIN, SERGENTS, CAPORAUX ET SOLDATS SECRÉTAIRES.

Fonctions.

211. Le sergent garde-magasin d'habillement, les sergents, caporaux et soldats secrétaires sont placés pour leur service spécial sous la direction des chefs des services auxquels ils sont attachés.

Le sergent garde-magasin d'habillement est secondé par des soldats pris dans les compagnies conformément aux ordres du colonel ; il couche au magasin.

CHAPITRE XXXI.

CAPORAL CHARGÉ DES DÉTAILS DE L'INFIRMERIE. INFIRMERIES RÉGIMENTAIRES.

Fonctions.

212. Le caporal de l'infirmerie régimentaire est chargé, sous les ordres et sous la responsabilité du médecin-major chef de service, de la police, de la tenue de l'infirmerie et de la salle des convalescents.

Il tient les registres ainsi que toutes les écritures se rapportant au service médical et à l'administration de l'infirmerie.

Il exerce les fonctions attribuées au sous-officier de semaine pour tout ce qui concerne la propreté personnelle des hommes, la tenue et la propreté des ustensiles, chambres, escaliers et corridors, l'entretien des effets, la discipline et le bon ordre ; il veille à l'exécution des ordres particuliers du chef de corps et de ceux du médecin chef de service.

Il remplit, quant aux distributions, les mêmes fonctions que le fourrier.

Il est employé à l'instruction des brancardiers et des infirmiers régimentaires, comme moniteur général.

Le caporal chargé des détails de l'infirmerie est toujours avec le médecin chef de service. Dans tout détachement pourvu d'une infirmerie, le chef de détachement désigne un caporal pour assurer le service de cette infirmerie, conformément aux dispositions du présent règlement.

En l'absence du médecin-major, il rend compte à l'adjudant de semaine de tout événement grave qui survient à l'infirmerie.

Il couche à l'infirmerie; il est secondé dans son service par les infirmiers régimentaires.

Les infirmiers régimentaires et les infirmiers auxiliaires sont employés, suivant la répartition qui en est faite par le médecin chef de service, aux soins à donner aux malades, à la préparation des tisanes, des bains, à l'entretien et à la propreté des locaux et des ustensiles.

Il y a toujours un infirmier présent à l'infirmerie de jour et de nuit ; il fait prendre dans la journée, aux heures prescrites, les médicaments qui n'ont pas été distribués à la visite ; il rend compte immédiatement au caporal de tout cas fortuit ou insolite.

Les infirmiers sont employés comme moniteurs à l'instruction des brancardiers régimentaires.

CHAPITRE XXXII.

CAPORAL ET SOLDATS CONDUCTEURS DES ÉQUIPAGES RÉGIMENTAIRES.

Fonctions.

213. Le caporal conducteur des équipages régimentaires est chargé, sous la surveillance du vaguemestre et de l'officier d'approvisionnement, des équipages régimentaires et des voitures à la suite du corps dans les marches à l'intérieur.

Il est spécialement attaché au service des écuries.

Les conducteurs de voitures, de mulets et de chevaux de main sont choisis parmi les soldats astreints à faire trois ans de service qui savent soigner les chevaux et conduire les voitures ; autant que possible, ils font un stage d'instruction.

L'aide-maréchal est, en temps de paix, conducteur d'une voiture.

CHAPITRE XXXIII.

CAPORAUX PREMIER OUVRIER TAILLEUR ET PREMIER OUVRIER CORDONNIER. — SOLDATS OUVRIERS.

Fonctions.

214. Les caporaux premier ouvrier tailleur et premier ouvrier cordonnier sont commissionnés sur la proposition du président du conseil d'administration ; ils sont chefs d'atelier sous la direction et la surveillance de l'officier d'habillement.

Ils sont responsables de la propreté de leurs ateliers et de la discipline qui y règne.

Les ouvriers de la section hors rang et ceux des compagnies qui sont momentanément mis à leur disposition sont sous leurs ordres aux ateliers.

CHAPITRE XXXIV.

CANTINIÈRES.

Devoirs généraux.

215. Les cantinières sont pourvues d'une commission délivrée par le conseil d'administration et choisies par le colonel, autant que possible parmi les femmes des militaires du régiment.

Elles sont tenues de nourrir, à des tarifs fixés par le colonel, les sous-officiers et les caporaux ou soldats autorisés à ne pas vivre à l'ordinaire. Elles tiennent dans la caserne des débits de boissons et de denrées alimentaires.

Indépendamment de la surveillance permanente exercée par les chefs de bataillon et adjudants-majors sur les cantines de leur bataillon (art. 28 et 45), les cantinières sont placées, pour le service, la police et la tenue des cantines, sous la surveillance spéciale de l'adjudant-major et de l'adjudant de semaine.

Elles ne font aucun crédit aux militaires ; elles tiennent un cahier de quittances des pensions des sous-officiers, caporaux et soldats.

Le colonel peut consigner les cantines et même retirer aux cantinières leur commission ; en cas d'urgence, la fermeture immédiate des cantines peut être ordonnée provisoirement par un officier supérieur, par l'adjudant-major de semaine, ou même, si l'adjudant-major est absent, par l'adjudant de semaine. Il est rendu compte immédiatement de cette mesure.

Les cantinières sont pourvues d'une voiture du modèle réglementaire.

Elles accompagnent les bataillons aux manœuvres et dans les routes quand l'ordre en est donné.

TITRE II.

DEVOIRS GÉNÉRAUX COMMUNS AUX DIVERS GRADES ET EMPLOIS.

CHAPITRE XXXV.

RAPPORT JOURNALIER.

Dispositions générales.

216. Tous les matins, les sergents-majors présentent à leur capitaine la situation administrative contenant les mutations et la situation-rapport des vingt-quatre heures (modèle VII), contenant la situation journalière de la compagnie, les demandes et les punitions des sous-officiers, des caporaux et des soldats.

Le capitaine vérifie et signe ces deux pièces, après avoir ajouté sur la situation-rapport les demandes des officiers de sa compagnie, les augmentations qu'il juge convenable d'apporter aux punitions prononcées par ses subordonnés ainsi que ses demandes propres et ses observations.

Les situations de la section hors rang, comprenant l'état-major et le petit état-major du régiment, sont signées par l'officier d'habillement; elles sont ensuite présentées au capitaine trésorier, qui y porte les mutations des officiers de l'état-major.

L'adjudant de semaine réunit toutes les situations.

Le médecin chef de service adresse au lieutenant-colonel, à la salle de rapport, son rapport médical.

Le sergent de garde à la police et le sergent de planton à la porte du quartier remettent leur rapport à l'adjudant de semaine (art. 234 et 246).

L'adjudant vaguemestre remet l'état des sommes et des lettres chargées reçues pour la troupe.

L'adjudant-major de semaine, les adjudants de bataillon, le sous-chef de musique, le tambour-major, les sergents-majors, le fourrier de la section hors rang, les fourriers de semaine disponibles se réunissent dans la salle de rapport en tenue du matin.

L'adjudant de semaine dicte aux sergents-majors et au fourrier de la section hors rang l'état des sommes et des lettres chargées reçues pour les sous-officiers, les caporaux et les soldats de leur compagnie.

L'adjudant-major de semaine signe le registre des rentrées et des sorties (modèle XVI, article 238), et vérifie les rapports du sergent de garde à la police et du sergent de planton à la porte du quartier.

Le chef de bataillon de semaine se trouve au rapport ; il prend connaissance des situations-rapports des compagnies et reçoit tous les renseignements nécessaires.

A l'arrivée du lieutenant-colonel, les situations-rapports des compagnies sont lues à haute voix par les sergents-majors et le fourrier de la section hors rang.

Le lieutenant-colonel fait inscrire sur la situation-rapport du régiment (modèle XII) ses demandes et celles des officiers d'état-major.

Il va ensuite chez le colonel, accompagné du chef de bataillon, de l'adjudant-major et de l'adjudant de semaine.

Quand l'intérêt du service ne s'y oppose pas, le lieutenant-colonel peut, avec l'agrément du colonel, être suppléé au rapport par le chef de bataillon de semaine.

Le major se rend directement chez le colonel.

Le lieutenant-colonel remet au colonel les situations-rapports, le rapport médical et les rapports du sergent de garde de police et du sergent de planton.

Le colonel prononce sur tout ce qui est mentionné sur les situations-rapports, et donne, autant que possible, tous les ordres relatifs au service pour les vingt-quatre heures. Il fixe, en tenant compte des indications du tableau de service journalier, les heures pendant lesquelles les services spéciaux du régiment peuvent être en relation avec les compagnies, sans gêner la marche de l'instruction, à laquelle les exigences de tous les services doivent être subordonnées.

L'adjudant-major et l'adjudant prennent note de toutes ses décisions ; ils retournent immédiatement à la salle de rapport, et les communiquent aux sous-officiers désignés ci-dessus.

L'adjudant-major commande ensuite les services individuels des officiers et le service des fractions constituées ; il fait commander les services individuels des sous-officiers, des caporaux et des soldats par l'adjudant de semaine ; ceux des tambours et clairons, par le tambour-major.

L'adjudant fait connaître également le nom du médecin de service et le fait inscrire sur le registre des rentrées et sorties après l'appel du soir.

L'adjudant de semaine, aidé par le fourrier de semaine de son bataillon, établit ensuite la situation-rapport du régiment, qu'il est chargé de remettre au colonel avant midi.

Les décisions et les ordres du colonel sont communiqués :

Au lieutenant-colonel, s'il n'a pas assisté au rapport, par l'adjudant de semaine ;

Aux chefs de bataillon, et aux adjudants-majors, par l'adjudant de leur bataillon qui adresse dans la journée à son chef de bataillon les situations-rapports des compagnies ;

Au major, s'il y a lieu, par le fourrier adjoint, qui lui apporte les situations administratives de toutes les compagnies, avec les pièces à l'appui des mutations (art. 168), ainsi que la situation-rapport de la section hors rang et celles des compagnies de dépôt, s'il y a lieu ;

Aux médecins, par le fourrier de semaine de leur bataillon ;

Au capitaine trésorier, à son adjoint, à l'officier d'habillement, à l'officier d'armement et au porte-drapeau, par le fourrier de la section hors rang ;

Au chef de musique, par le sous-chef;

Aux commandants de compagnie, par les sergents-majors; aux autres officiers et aux adjudants, par les sergents et les caporaux de semaine.

Les sous-officiers, les caporaux et les soldats du petit état-major reçoivent communication des décisions et des ordres du colonel, en même temps que la section hors rang, à l'heure fixée par l'officier d'habillement; ceux des compagnies, à l'heure fixée par le capitaine (article 93).

Lorsque le régiment occupe plusieurs casernes, tous les sous-officiers qui doivent assister au rapport journalier se trouvent, à moins d'ordres contraires du colonel, dans la salle de rapport de la caserne désignée.

Quand le colonel veut faire le rapport au quartier, il en fait prévenir le lieutenant-colonel et le major et se rend dans la salle de rapport où il trouve réuni le personnel assistant journellement au rapport du lieutenant-colonel.

En cas d'urgence, les ordres donnés par le colonel dans la journée sont adressés à l'adjudant-major ou à l'adjudant de semaine, qui les dicte aux sergents, aux fourriers de semaine et au fourrier de la section hors rang.

Ils sont communiqués verbalement ou par écrit :

Au lieutenant-colonel, au chef de bataillon de semaine, par le fourrier secrétaire, et au major par le fourrier adjoint (article 168);

Aux chefs de bataillon, aux adjudants-majors et aux médecins, par le fourrier de semaine de leur bataillon;

Au capitaine trésorier, à l'adjoint au trésorier,

au porte-drapeau et au chef de musique, au moyen d'une note collective, à émarger par eux, que leur fait présenter l'adjudant de semaine ;

A l'officier d'habillement et à l'officier d'armement, par le fourrier de la section hors rang ;

Aux officiers et aux adjudants de compagnie, par le sergent de semaine.

CHAPITRE XXXVI.

MARQUES EXTÉRIEURES DE RESPECT.

Devoirs généraux.

217. Tout militaire doit, en toutes circonstances, soit de jour, soit de nuit, même hors du service, de la déférence et du respect à ses supérieurs des armées de terre ou de mer, quels que soient l'arme et le corps auxquels ils appartiennent.

L'inférieur prévient le supérieur en le saluant le premier ; le supérieur rend le salut.

A grade égal, les militaires échangent le salut. Toutefois, les sous-officiers rengagés et les sous-officiers, caporaux et soldats décorés de la Légion d'honneur ou de la médaille militaire ont droit au salut des militaires du même grade non rengagés ou non décorés ; en cas de refus du salut, le militaire qui y a droit peut demander une punition au capitaine du coupable.

Les gendarmes ne doivent pas le salut aux sous-officiers et caporaux étrangers à leur corps.

Les militaires de tout grade de la réserve et de l'armée territoriale ont les devoirs et les droits communs à tous les militaires, dans toutes les circonstances où ils portent l'uniforme.

Formes du salut.

218. Le salut militaire, à pied ou à cheval, quel que soit le grade et quelle que soit la coiffure, consiste à porter la main droite ouverte au côté droit de la visière, la main dans le prolongement de l'avant-bras, les doigts étendus et joints, le pouce réuni aux autres doigts, la paume de la main en avant, le bras sensiblement horizontal et dans l'alignement des épaules, en regardant la personne qu'on salue.

L'attitude du salut est prise ou quittée d'un geste vif et décidé, mais sans brusquerie ni raideur.

Tout sous-officier, caporal ou soldat qui est de pied ferme prend, pour saluer, la position du soldat sans armes et se tourne du côté du supérieur; s'il est assis, il se lève pour saluer; s'il croise un supérieur, il le salue quand il en est à six pas et continue à marcher en conservant l'attitude du salut jusqu'à ce qu'il l'ait dépassé; s'il marche derrière lui et le dépasse, il le salue en arrivant à sa hauteur, et conserve l'attitude du salut jusqu'à ce qu'il l'ait dépassé.

Le salut ne se renouvelle pas dans une promenade ou dans tout autre lieu public.

Chez le Président de la République et chez leurs supérieurs hiérarchiques en uniforme, les officiers en tenue se découvrent aussitôt après avoir salué réglementairement; chez les autorités civiles et chez un supérieur qui n'est pas en tenue militaire, les officiers se présentent découverts. Les sous-officiers, les caporaux ou brigadiers et les soldats ne se découvrent que lorsque le supérieur les y autorise.

Dans les visites de corps les officiers, à l'exception de ceux qui ont pour coiffure le chapeau, mettent la jugulaire sous le menton et restent couverts.

Ces prescriptions s'appliquent à toutes les visites de corps, quelle que soit l'autorité à qui elles sont faites.

Tout militaire qui parle à un supérieur le salue et prend une attitude militaire.

Tout militaire qui passe devant un drapeau ou un étendard de régiment salue sans s'arrêter.

Tout sous-officier, caporal ou soldat, armé du fusil ou ayant le sabre à la main, qui parle à un officier, porte ou présente l'arme suivant le grade ; s'il passe près d'un officier, devant un drapeau ou un étendard de régiment, il porte l'arme sans s'arrêter.

Fonctionnaires et employés militaires.

219. Les fonctionnaires et les employés militaires doivent le salut et y ont droit, suivant leur rang hiérarchique ou suivant le rang dont ils ont les prérogatives; dans le service, le fonctionnaire ou employé assimilé doit le premier le salut à l'officier revêtu de ses insignes qui est son égal en rang.

Les officiers de douaniers et les officiers de chasseurs forestiers en uniforme ont les mêmes droits et les mêmes devoirs, même hors le cas de convocation.

Les agents du Trésor, des postes et des télégraphes et des sections techniques des chemins de fer convoqués pour un service militaire ont également les mêmes droits et les mêmes devoirs, suivant le rang qui leur est attribué.

Officiers des armées étrangères.

220. Les militaires sont tenus de saluer les officiers des armées étrangères.

Plantons et ordonnances.

221. Les sous-officiers, les caporaux et les soldats remettent les dépêches de la manière suivante :

S'ils sont armés du fusil, ils s'arrêtent, portent l'arme, remettent la dépêche de la main gauche, se portent à six pas en arrière et attendent dans la position du soldat reposé sur l'arme ; si la dépêche est remise à un officier général ou supérieur, ils présentent l'arme, la contiennent de la main gauche et remettent la dépêche de la main droite.

S'ils ne sont pas armés du fusil, ils s'arrêtent, saluent, remettent la dépêche de la main gauche et vont attendre à six pas dans la position du soldat sans arme.

Les ordonnances à cheval saluent et remettent ensuite la dépêche de la main droite.

Appellations.

222. Le supérieur parlant à un inférieur l'appelle par son grade, en ajoutant le nom, s'il le juge à propos.

L'inférieur parlant à un supérieur l'appelle par son grade, précédé du mot « Mon » ; quand il s'adresse à un caporal ou à un sous-officier autre qu'un adjudant, il l'appelle seulement par son grade.

Tout militaire parlant à un dignitaire, à un

fonctionnaire ou à un employé militaire, l'appelle par sa qualification, sans distinction de classe, précédée des mots « Monsieur le ».

Le Ministre de la guerre, les maréchaux de France, le grand chancelier de la Légion d'honneur, les gouverneurs militaires de Paris et de Lyon, les gouverneurs désignés pour les places fortes sont toujours désignés par leur titre, précédé des mots « Monsieur le ».

Correspondance.

223. Dans la correspondance de service, on se conforme aux modèles XIII, XIV et XV, en supprimant tout préambule et en employant des termes courtois envers l'inférieur, respectueux envers le supérieur.

La correspondance se termine, sans aucune formule, par la signature.

Pour les appellations, on se conforme aux prescriptions de l'article précédent.

CHAPITRE XXXVII.

VISITES.

Visites de corps.

224. Il est fait des visites de corps aux personnes qui y ont droit d'après le règlement sur le service dans les places de guerre et les villes ouvertes.

Le colonel a droit à une visite du corps d'officiers en grande tenue de service, lorsqu'il vient prendre le commandement de son régiment ; il en fixe l'heure ; il est en grande tenue de service.

Visites individuelles.

225. Le jour où ils sont reçus dans leur grade, les officiers supérieurs et les capitaines reçoivent la visite des officiers qui sont sous leurs ordres immédiats ; l'officier le plus élevé en grade ou le plus ancien dans le grade le plus élevé fait la présentation. Ces visites sont faites et reçues en grande tenue de service.

Les officiers arrivant au régiment, ou promus à un grade supérieur dans le régiment, se présentent au colonel en grande tenue de service, le jour où ils sont reconnus ; ils font, dans la même tenue, une visite aux officiers sous les ordres directs desquels ils sont placés.

Dans les mêmes circonstances, les officiers supérieurs doivent faire une visite aux officiers généraux des armées de terre et de mer et aux commandants d'armes.

Les officiers qui quittent le régiment doivent faire les mêmes visites avant leur départ, mais ils sont en tenue du jour.

Les officiers rentrant de position d'absence se présentent en tenue du jour au colonel et à leur chef immédiat, lorsque leur absence a duré plus de huit jours.

CHAPITRE XXXVIII.

NOMINATIONS. — MODE DE RÉCEPTION DES OFFICIERS ET DES MILITAIRES (OFFICIERS ET TROUPE) DÉCORÉS.

Nominations.

226. Les nominations des officiers, des sous-

officiers, des caporaux, les passages des soldats à la 1re classe et les nominations aux emplois divers prévus par la loi sont mis à l'ordre du régiment.

Il en est de même de celles des médecins et des chefs de musique.

Réception des officiers.

227. Les officiers sont reçus de la manière suivante :

Le colonel, par le général commandant la brigade ;

Les officiers supérieurs, les capitaines de compagnie, par le colonel ;

Les adjudants-majors et le porte-drapeau, par le lieutenant-colonel ;

Les lieutenants et les sous-lieutenants, par le chef de leur bataillon ;

Les officiers comptables, par le major.

A défaut des officiers ci-dessus désignés pour procéder aux réceptions, les officiers du grade immédiatement inférieur les remplacent ; le major est remplacé par le chef de bataillon de semaine.

Pour la réception du colonel et celle du lieutenant-colonel, le régiment est en grande tenue avec le drapeau.

Les chefs de bataillon et le major sont reçus devant le régiment en grande tenue et sans le drapeau ; le chef de bataillon qui doit être reçu se place devant le centre de son bataillon ; le major, devant le centre du régiment.

Les adjudants-majors et les officiers de compagnie sont reçus devant le bataillon dont ils font partie ; l'adjudant-major se place vis-à-vis du centre de son bataillon; les autres officiers, vis-à-vis du centre de leur compagnie.

Les officiers comptables sont reçus devant le petit état-major, la section hors rang et les sous-officiers comptables du régiment.

Le porte-drapeau est reçu la première fois que le régiment prend les armes avec le drapeau ; il se place vis-à-vis du drapeau.

L'officier qui doit être reçu se place à la gauche de celui qui le fait recevoir; l'un et l'autre se mettent au port de l'épée ou du sabre; ils font face à la troupe.

Celui qui reçoit fait porter les armes et ouvrir un ban ; il prononce à haute voix la formule suivante :

(Pour la réception du colonel) :

« De par le Président de la République, officiers, sous-officiers, caporaux et soldats (1), vous reconnaîtrez pour....., M. M....., et vous lui obéirez en tout ce qu'il vous commandera pour le bien du service et pour l'exécution des règlements militaires. »

Quand l'officier qui procède à la réception est d'un grade inférieur à celui qu'il reçoit, il se place à sa gauche et substitue les mots : « nous reconnaîtrons et nous lui obéirons » à ceux : « vous reconnaîtrez et vous lui obéirez ».

Après la réception, l'officier qui reçoit fait fermer le ban et reposer les armes.

Les officiers qui avancent en grade sans changer d'emploi ne sont pas reçus.

Les officiers changeant de corps sans avancer en grade sont reçus dans leur nouveau corps.

---

(1) Cette formule est modifiée en raison du grade de celui qui est reçu.

Réception des militaires nommés ou promus dans l'ordre de la Légion d'honneur ou décorés de la Médaille militaire. — Médailles d'honneur.

Légion d'honneur.

228. Le membre de la Légion d'honneur délégué par le grand chancelier de l'ordre, dans les conditions indiquées par l'article 27 du décret organique du 16 mars 1852, procède, avec le cérémonial ci-après indiqué, à la réception des militaires nommés ou promus dans l'ordre de la Légion d'honneur :

1° Les officiers (jusqu'au grade de colonel inclus), les sous-officiers, les caporaux et soldats faisant partie d'un corps de troupe sont reçus, lors d'une revue, devant le corps de troupe auquel ils appartiennent, par leur chef de corps ou un officier général ou par l'officier commandant le détachement dont ils font partie, si cet officier est officier supérieur ; dans le cas contraire, la réception est faite par le commandant d'armes.

Lorsque la revue est passée par un officier général, qu'il soit ou non commandant d'armes, c'est à lui qu'il appartient de procéder à la réception et à la remise des insignes pour tous les militaires sans distinction; en l'absence d'officier général, cette mission incombe, toujours à l'issue de la revue prescrite, au chef de corps pour les militaires des corps de troupe, au commandant d'armes ou à son délégué pour les militaires sans troupe ou faisant partie d'un détachement dont le chef n'est pas officier supérieur.

Les règles posées ci-dessus ne comportent d'autres exceptions que celles qui résulteraient de l'application de l'article 27 du décret du 16 mars 1852, aux termes duquel le récipiendaire ne peut être reçu que par un membre de l'ordre de la Légion d'honneur d'un grade au moins égal. Si cette condition ne peut être réalisée dans la place, le commandant du corps d'armée prescrit les mesures nécessaires pour assurer la réception du légionnaire, conformément aux dispositions du décret organique ;

2° Les sous-officiers, caporaux et soldats, détachés du corps dont ils font partie, sont reçus devant la garnison convoquée pour être passée en revue, par le commandant d'armes ou son délégué ;

3° A l'issue de la revue, le commandant des troupes fait sortir du rang, sans leur garde, les drapeaux ou étendards, et les fait placer devant le centre. Tous les légionnaires présents se groupent derrière ces drapeaux ou étendards et les récipiendaires se placent à dix pas en avant.

L'officier délégué par le grand chancelier de la Légion d'honneur pour procéder à la réception se place en face des récipiendaires, fait porter les armes et ouvrir un ban, il adresse ensuite à haute voix à chacun des nouveaux nommés ou promus dans la Légion d'honneur les paroles suivantes :

« Au nom du Président de la République et en vertu des pouvoirs qui nous sont conférés, nous vous faisons chevalier, officier ou commandeur de la Légion d'honneur. » Puis il frappe le récipiendaire du plat de l'épée sur chaque épaule, lui attache la décoration sur la poitrine et lui donne l'accolade.

Les drapeaux et les anciens légionnaires rentrent dans le rang et le commandant des troupes fait fermer le ban et défiler l'arme sur l'épaule droite.

Pendant le défilé, les nouveaux légionnaires se tiennent à quatre pas derrière le commandant des troupes.

Médaille militaire.

Les sous-officiers, les caporaux et les soldats décorés de la médaille militaire sont reçus par le chef de corps devant le corps de troupe.

A l'issue de la revue, le chef de corps fait placer devant le centre le drapeau sans sa garde; tous les médaillés du corps viennent se grouper derrière le drapeau : le récipiendaire se place à dix pas en avant. Alors, le chef de corps, après avoir fait porter les armes et ouvrir un ban, adresse à haute voix au récipiendaire les paroles suivantes :

« Au nom du Président de la République, nous vous conférons la médaille militaire. »

Il lui attache ensuite la médaille sur la poitrine, fait fermer le ban et reposer les armes.

La troupe ne défile pas.

Médaille d'honneur.

Lorsqu'un officier, sous-officier, caporal ou soldat a obtenu une des médailles d'honneur destinées à récompenser des actes de courage et de dévouement, la remise de cet insigne lui est faite avec un cérémonial destiné à rehausser le prix de cette distinction et à inspirer parmi les militaires du corps une louable émulation.

A cet effet, on porte d'abord, par la voie de l'ordre, à la connaissance du corps, l'acte de courage ou de dévouement pour lequel la médaille d'honneur est accordée; puis, le chef de corps remet personnellement cette médaille au titulaire en présence du corps de troupe dont il fait partie.

CHAPITRE XXXIX.

GARDES ET PIQUETS.

Dispositions générales.

229. La garde de police, comme tout le service extérieur, est fournie par une même compagnie. Si, par suite du nombre d'hommes à fournir une compagnie ne suffit pas, deux ou plusieurs compagnies concourent à ce service.

A l'heure fixée, l'adjudant de semaine fait rappeler pour la garde. Les fractions constituées du service et les militaires commandés pour les services individuels se réunissent pour l'inspection du chef de bataillon de semaine. En l'absence de cet officier supérieur, l'adjudant-major de semaine passe l'inspection, à moins qu'il n'y ait un officier de service plus ancien que lui pour la passer. Il fait ensuite former les postes et mettre les plantons à la gauche.

Les postes formés, les officiers de semaine, les adjudants de compagnie et les sergents de semaine, qui ont présenté des hommes de service, se retirent sur l'ordre de l'adjudant-major.

Cet officier donne le mot aux chefs de poste.

L'adjudant-major ou l'officier de service plus ancien que lui fait faire par le flanc aux gardes, qui se rendent à leurs postes respectifs sans défiler.

Le piquet est réuni, s'il y a lieu, et inspecté en même temps que les gardes. Il est dans la même tenue.

Garde de police.

230. Il y a dans chaque quartier une garde de police, dont la force est déterminée suivant les localités. Elle est formée en même temps que les gardes qui peuvent être commandées pour un service extérieur.

La garde de police ne reçoit de consignes verbales et journalières que du lieutenant-colonel, du chef de bataillon, de l'adjudant-major ou de l'adjudant de semaine, elle n'en reçoit d'écrites ou de permanentes que du colonel.

Les prescriptions du Règlement sur le service dans les places de guerre et les villes ouvertes sont applicables à la garde de police.

La consigne générale pour la garde de police est affichée au corps de garde.

Lorsque plusieurs corps occupent la même caserne, le poste de police doit être fourni par un seul corps et par chacun d'eux à tour de rôle, les autres n'envoyant que des sous-officiers ou caporaux de planton.

Devoirs du sergent de garde.

Devoirs généraux.

231. Le sergent de garde est responsable de la ponctualité avec laquelle le caporal et les sentinelles remplissent leurs devoirs.

Il est chargé, sous les ordres de l'adjudant de

semaine, de faire exécuter toutes les batteries et les sonneries.

Il est responsable des dispositions relatives à la propreté dans les cours, dans le corps de garde, dans les locaux disciplinaires et dans les latrines, conformément aux prescriptions du présent Règlement.

Visite des salles de discipline. — Consignés.

232. Il visite plusieurs fois dans la journée les salles de police, les prisons et les cellules; il reçoit les demandes des détenus. Il fait prévenir les officiers et les sous-officiers auxquels les prisonniers désirent adresser des réclamations.

Il fait fréquemment, en dehors des heures consacrées à l'instruction, l'appel des caporaux et des soldats consignés.

Propreté du quartier.

233. Aux heures fixées, il rassemble les détenus, il leur fait balayer les cours et les latrines, ainsi que les abords du quartier; lorsque leur nombre n'est pas suffisant, il demande des hommes de corvée aux caporaux de semaine, particulièrement les consignés.

Surveillance de la tenue de la troupe.

234. A défaut d'un sergent de planton chargé spécialement de surveiller la tenue, cette surveillance appartient au sergent de garde; il ne laisse sortir aucun sous-officier, caporal ou soldat que dans la tenue prescrite, et signale sur son rapport ceux qui sont rentrés en tenue irrégulière ou en état d'ivresse.

Étrangers entrant au quartier.

235. Lorsqu'un étranger se présente pour entrer au quartier, le sergent de garde le fait conduire à l'adjudant de semaine. Il refuse l'entrée aux gens sans aveu et aux femmes d'allure suspecte.

Devoirs après l'appel du soir.

236. A l'appel du soir, il fait fermer par le caporal les portes du quartier.

A dix heures, il fait sonner pour éteindre les lumières dans les chambres de la troupe; il indique dans son rapport les chambres dans lesquelles il a été obligé de passer pour les faire éteindre.

Pendant la nuit, il fait des rondes autour du quartier et aux salles de discipline pour voir si tout est tranquille; il en fait faire quelquefois par le caporal.

Les militaires de tous grades qui rentrent après l'appel se présentent au sergent de garde; ceux qui sont porteurs d'une permission la lui remettent.

Il reçoit, chaque soir du caporal de planton aux cuisines, les clefs des cuisines et les lui remet le lendemain à l'heure fixée.

Malades.

237. Si, pendant la nuit, il est averti que quelqu'un ait besoin de prompts secours, il

envoie aussitôt appeler le médecin de service par un homme intelligent.

Après l'appel du matin, il fait donner aux sergents-majors les noms des détenus malades.

Il prévient à son arrivée au quartier le médecin-major quand il y a des malades dans les salles de discipline et prescrit au caporal de garde d'assister à la visite du médecin.

Registres.

238. Il y a dans chaque corps de garde de police : un registre des punis (modèle XVII) ; un registre des rentrées et sorties après l'appel du soir (modèle XVI) sur lequel on inscrit également les rondes, les patrouilles et les événements qui doivent être mentionnés au rapport journalier, ainsi que les consignes particulières.

Ce registre est signé le matin par le sergent, qui le porte à l'adjudant de semaine ; l'adjudant le vérifie et le soumet à l'adjudant-major de semaine.

L'état des logements des officiers du régiment, des médecins, ainsi que des sous-officiers autorisés à loger en ville est affiché au corps de garde. L'adjudant de semaine y mentionne les changements à mesure qu'ils surviennent.

Garde de police commandée par un officier.

239. Lorsque, en cas de circonstances exceptionnelles, la garde police est commandée par un officier, cet officier assure, de concert avec l'adjudant-major de semaine, la tranquillité du quartier et l'exécution des consignes.

Le sergent de garde est chargé, sous la surveillance de l'adjudant de semaine, des dispositions concernant les hommes punis, la propreté du quartier, la surveillance de la tenue et l'exactitude des sonneries.

Devoirs du caporal de garde.

Surveillance des salles de discipline.

240. Le caporal visite, en arrivant au poste, les salles de discipline ; il y vérifie le nombre et l'idendité des détenus.

Le caporal a les clefs des salles de discipline ; il ne peut les confier qu'au sergent de garde. Il n'y laisse entrer et n'en laisse sortir qui que ce soit sans l'ordre du sergent de garde.

Il fait porter les aliments à tous les détenus en même temps ; il est présent pendant leur repas ; il s'oppose à ce qu'on leur porte quoi que ce soit en outre, et particulièrement de la lumière, du tabac, du vin ou de l'eau-de-vie.

Il empêche les soldats de communiquer avec les détenus.

Il visite les salles de discipline plusieurs fois dans la journée, y fait des rondes fréquentes, la nuit, et les fait aérer au moins deux fois par jour ; il reconnaît les dégradations, voit s'il n'y a pas de malades, fait vider les baquets, balayer, et renouveler l'eau dans les cruches.

Toutes les fois que les salles de discipline sont ouvertes, il est placé un factionnaire pour éviter l'évasion des détenus. Il assiste à la visite faite par le médecin à un détenu.

Les salles de discipline non occupées restent constamment ouvertes.

Devoirs du tambour ou clairon de garde.

Batteries ou sonneries.

241. Le tambour ou le clairon de garde exécute, d'après les ordres de l'adjudant de semaine ou du sergent de garde, les batteries ou sonneries du service journalier, et celles qui sont ordonnées par les officiers supérieurs, le capitaine de distribution ou l'adjudant-major de semaine.

Devoirs des sentinelles.

Alertes et honneurs.

242. Les sentinelles de la garde de police ont les mêmes alertes et rendent les mêmes honneurs que les sentinelles des postes de la place.

La sentinelle placée à la porte du quartier crie : « Aux armes ! » lorsque le chef de corps vient au quartier ; la garde se forme devant le poste, l'arme au pied.

Paquets portés ou jetés hors du quartier.

243. La sentinelle placée à la porte du quartier s'oppose à ce qu'aucun étranger sorte avec un paquet ou avec une arme, ni aucun caporal ou soldat avec un paquet, un fusil ou un revolver, sans l'autorisation du sergent de garde.

Si l'on jette un paquet hors du quartier, elle en avertit le sergent ou le caporal de garde.

Elle ne laisse entrer aucun chien dans l'intérieur de la caserne.

Entrée d'étrangers au quartier. — Entrées et sorties après l'appel.

244. Elle ne laisse entrer aucun étranger ni aucun homme de troupe d'un autre corps sans l'autorisation du sergent de garde.

Après l'appel du soir, elle fait passer au corps de garde les militaires de tous grades qui rentrent au quartier ou qui en sortent.

Lumières à faire éteindre.

245. Si elle aperçoit des lumières dans les chambres de la troupe après la sonnerie de l'extinction des feux, elle en avertit le sergent ou le caporal de garde.

Les autres sentinelles de la garde de police, outre leurs consignes particulières, ont les mêmes devoirs.

Plantons régimentaires.

Sergent de planton à la porte du quartier.

246. Lorsque, indépendamment du sergent de garde à la police et par exception, un sergent est de planton à la porte du quartier, il prend son service au réveil et le quitte à l'appel du soir.

Il est spécialement chargé de surveiller la tenue. Il ne laisse sortir aucun sous-officier, caporal ou soldat que dans la tenue prescrite.

Il établit son rapport qu'il remet à l'adjudant de semaine avant le rapport journalier.

Il signale sur ce rapport les hommes de troupe qui rentrent dans une tenue irrégulière ou en état d'ivresse.

Caporal de planton aux cuisines.

247. Il est commandé chaque jour un caporal de planton aux cuisines et aux percolateurs. Ce caporal prend son service en même temps que les gardes.

Le matin, à l'heure indiquée, il fait l'appel des cuisiniers et s'assure qu'ils se conforment aux ordres donnés pour la préparation des aliments.

Il veille à la stricte exécution des consignes affichées dans les cuisines et dans le local des percolateurs. Il ne laisse pénétrer dans les cuisines, en dehors des heures de repas, que les officiers, les adjudants, les sergents-majors, les sergents et caporaux de semaine, les caporaux d'ordinaire et les corvées.

Il veille à ce qu'aucun aliment ne soit emporté avant l'heure prescrite ; il s'assure que les cuisiniers ne distrayent de l'ordinaire aucune espèce de denrées pour leur usage particulier ; que les tonneaux d'os et d'eaux grasses sont toujours garnis de leur couvercle et fermés ; que toutes les ordures et matières de rebut sont portées immédiatement hors de la cuisine, à l'emplacement désigné.

Après la soupe du soir et la corvée de propreté, il fait tout disposer pour le service du lendemain, ferme les cuisines et remet les clefs au sergent de garde.

Plantons pour le service régimentaire.

248. Il est accordé comme plantons, pour le service régimentaire :

Un soldat au colonel ;

Un soldat au lieutenant-colonel;
Un soldat au major;
Un soldat au capitaine trésorier;
Un soldat à l'officier d'habillement;
Un soldat à l'adjudant de semaine;
Un soldat à chaque adjudant suppléant l'adjudant de semaine, dans une caserne autre que celle où se trouve la salle de rapport.

Le nombre de ces plantons est réduit le plus possible, d'après les ordres du colonel, quand les localités, le service, la proximité des bureaux des officiers comptables le permettent.

Les plantons sont choisis parmi les soldats ayant une conduite excellente, dont l'instruction est terminée, intelligents, sachant lire et écrire. Il en est désigné un nombre suffisant pour qu'ils alternent le plus fréquemment possible.

CHAPITRE XL.

SERVICE DES ÉCURIES.

Dispositions générales.

Organisation du service.

249. Le service des écuries est placé sous la haute surveillance du lieutenant-colonel (art. 14) et la surveillance immédiate de l'adjudant-major de semaine qui a, pour le seconder, l'adjudant de semaine et un sous-officier désigné, autant que possible, parmi ceux qui ont fait un stage d'instruction spéciale dans un escadron du train, le caporal conducteur des équipages régimentaires, l'aide-maréchal ferrant, les soldats ordonnances

des officiers montés, et les soldats conducteurs des voitures régimentaires.

Dans un détachement, le service est assuré par l'officier chargé des détails, ayant pour adjoint un caporal.

Dans un bataillon formant corps, l'adjudant-major ou le capitaine chargé de le suppléer dans le service de semaine a la surveillance du service des écuries ; un sergent et le caporal conducteur des équipages régimentaires lui sont adjoints.

Responsabilité des officiers.

250. La surveillance et l'exécution générales du service des écuries ne dispensent pas les officiers détenteurs de chevaux d'exercer un contrôle personnel sur l'alimentation et l'entretien de leurs montures.

Les officiers montés à titre gratuit sont pécuniairement responsables envers l'Etat, non seulement de la perte de leurs chevaux, lorsqu'elle peut leur être attribuée, mais encore de tout accident et de toute tare provenant de leur faute et de nature à les déprécier.

Ces chevaux ne doivent jamais être attelés.

Le lieutenant-colonel se fait présenter dans les premiers jours de chaque mois tous les chevaux sans exception, pour s'assurer de leur bon état d'entretien et voir s'ils sont susceptibles de faire un bon service actif.

Il soumet au colonel les observations que lui suggère cette visite.

Il s'assure que les chevaux et mulets arrivant au corps et appartenant à l'Etat sont marqués :

1° Sur le sabot antérieur droit et du côté externe, du numéro du corps suivi de la lettre I pour les régiments d'infanterie, et de la lettre B pour les bataillons de chasseurs à pied ;

2° Sur le sabot antérieur gauche, du numéro matricule de l'animal.

Il s'assure tous les six mois que ces empreintes sont renouvelées.

Logement des chevaux.

251. Tous les chevaux du corps et ceux des officiers et assimilés montés à n'importe quel titre sont logés dans les bâtiments militaires.

Les officiers et assimilés montés à titre onéreux sont autorisés néanmoins à loger leurs chevaux en ville et à leurs frais.

En cas d'insuffisance d'écuries dans les bâtiments militaires, le logement est assuré d'abord aux animaux des équipages régimentaires, puis aux chevaux à titre gratuit des officiers les moins élevés en grade, en ayant soin de loger d'abord ceux des officiers dont la troupe occupe la caserne avant ceux des autres fractions de corps ou d'autres corps ; puis, les chevaux à titre onéreux, en commençant par l'officier le moins élevé en grade. Lorsqu'il n'y a pas assez de place pour ces derniers, ils sont logés en ville aux frais de leur propriétaire.

Dans tous les cas, l'État doit pourvoir au logement des chevaux qui lui appartiennent.

Les écuries doivent, autant que possible, être pourvues du matériel et des objets et ustensiles nécessaires.

S'il n'y a pas dans la garnison un corps de troupe à cheval, et si le casernement le permet, une écurie spéciale doit être réservée pour l'infirmerie des chevaux.

Vétérinaire.

252. Lorsqu'il y a dans la garnison un corps de troupe à cheval, les chevaux et les mulets d'un corps ou d'un détachement d'infanterie sont soignés par un vétérinaire militaire désigné par le commandant d'armes; s'il n'y a pas de vétérinaire militaire, le service est fait par un vétérinaire civil désigné par le commandant d'armes.

Il passe chaque jour, à l'heure fixée par le commandant d'armes, la visite des chevaux indisponibles.

Tous les samedis, il passe la visite de santé de tous les chevaux du corps.

Après chaque visite, le vétérinaire fait son rapport au chef de corps, verbalement ou par écrit. Il envoie, s'il le juge utile, les chevaux malades à l'infirmerie du corps de troupe à cheval s'il en existe un dans la garnison.

Chevaux malades.

253. En principe, aucune opération importante ne doit être faite à un cheval ou à un mulet appartenant à l'Etat, sans l'autorisation du chef de corps ou de détachement; cependant, dans des cas urgents, le vétérinaire peut opérer aussitôt, sauf à rendre compte ensuite au chef de corps ou de détachement.

Un cheval atteint d'une maladie contagieuse est immédiatement isolé dans un local affecté à cet usage; ses voisins d'écurie, celui de droite et celui de gauche, sont considérés comme suspects et placés dans une écurie spéciale si le casernement le permet ; dans le cas contraire, ils sont isolés à une extrémité de l'écurie et observés aussi longtemps que leur état le comporte.

En cas d'affection farcino-morveuse, les autres corps de la garnison sont immédiatement informés par l'intermédiaire du commandant d'armes.

En cas d'épizootie, l'autorité préfectorale doit être avisée sans délai.

Le harnachement et les effets de pansage des chevaux atteints sont désinfectés en présence du vétérinaire ; les trois places qu'occupaient le cheval malade et ses deux voisins sont également désinfectées.

Les chevaux atteints de maladie contagieuse sont toujours pansés par les mêmes hommes, qui laissent leurs effets de pansage dans l'écurie spéciale. Ces chevaux ne sont pas conduits aux abreuvoirs et ne sont promenés que dans des endroits retirés.

Il est défendu de laisser dans l'écurie commune les chevaux ayant des plaies suppurantes, des vésicatoires ou des maladies internes.

Les médicaments nécessaires à tous les chevaux malades sans exception et les ingrédients employés pour la désinfection sont fournis par la masse d'entretien du harnachement et ferrage.

Abatage des chevaux.

254. Toutes les fois que, pour un motif quelconque, le vétérinaire juge qu'un cheval doit être abattu, il en fait la proposition au chef de corps ou de détachement, qui convoque immédiatement la commision d'abatage.

Dans un régiment, cette commission est présidée par le chef de bataillon de semaine, et composée d'un capitaine et d'un vétérinaire.

Dans un détachement commandé par un chef de bataillon, elle est composée de deux capitaines et d'un vétérinaire.

Dans un détachement d'une force moindre qu'un bataillon, elle se compose de deux officiers et d'un vétérinaire.

La présidence de la commission appartient toujours à l'officier le plus élevé en grade ou le plus ancien dans le grade.

S'il y a lieu, la commission propose l'abatage; le chef de corps ou de détachement prononce.

Par exception, le vétérinaire fait procéder immédiatement à l'abatage d'un cheval atteint de fracture ou d'hydrophobie. Dans ce cas, la commission se réunit aussitôt que possible après cet abatage, pour en contrôler l'opportunité.

Dans tous les cas, les avis de la commission d'abatage et les décisions qui les suivent sont résumés dans un rapport (modèle XVIII) qui est joint au procès-verbal (modèle XIX) constatant la perte. Le sous-intendant militaire doit toujours être prévenu pour qu'il puisse dresser le procès-verbal d'abatage.

En cas de mort, le vétérinaire assiste le sous-intendant militaire et le major du régiment dans la constatation du décès; il prouve l'identité du cheval par le signalement, fait connaître la cause de la mort et signe au procès-verbal (modèle XX).

Un rapport d'autopsie (modèle XXI) est toujours établi par le vétérinaire à la suite de la mort ou de l'abatage d'un cheval. Ce rapport est signé par le président de la commission d'abatage. Si l'autopsie n'a pu être faite, le rapport en fait connaître le motif.

Ferrure. — Fumiers.

Art. 255. Les chevaux fournis à titre gratuit ou au titre de l'abonnement sont ferrés par les maréchaux de l'un des corps de troupe à cheval de la garnison désigné par le commandant d'armes, et, à défaut, par un maréchal ferrant civil avec lequel le conseil d'administration passe un marché. La ferrure des chevaux des officiers montés à titre onéreux est toujours comprise dans ce marché, qui n'est pourtant pas obligatoire pour ces officiers.

Les maréchaux sont payés directement par les officiers propriétaires.

Le fumier des chevaux logés dans les écuries de l'État est vendu au profit de la masse d'entretien du harnachement et ferrage.

Les officiers dont les chevaux sont logés en ville versent à cette masse le prix fixé par l'abonnement avec l'entrepreneur, excepté lorsque le cheval est possédé à titre onéreux.

Surveillance et exécution du service.

Devoirs de l'adjudant-major de semaine.

256. L'adjudant-major de semaine assure l'exécution des prescriptions du colonel, des consignes générales et du service journalier concernant les écuries ; il assiste à la visite de santé du samedi.

Il règle le service des chevaux de trait et fait connaître au caporal conducteur des équipages le nom des chevaux de l'État et de ceux des officiers qui doivent assister à la promenade des chevaux ; il fixe l'itinéraire de ces promenades.

Il fait faire, deux fois par mois, la corvée de litière ; il la fait étendre au soleil quand il le juge convenable.

Il veille à ce que les écuries soient toujours aérées. Il donne des ordres pour que les chevaux soient attachés dehors, en été, pour les bains d'air, sous la surveillance des gardes d'écurie.

Il reçoit, après chaque pansage, le rapport verbal de l'adjudant de semaine ou du sergent attaché au service des écuries. Il prescrit les rondes à faire de jour et de nuit dans les écuries.

Devoirs de l'adjudant de semaine.

257. L'adjudant de semaine est l'auxiliaire immédiat de l'adjudant-major de semaine pour tout ce qui concerne le service des écuries.

Il surveille spécialement l'exécution des obligations du sergent des écuries ; il assiste le plus souvent possible au pansage, particulièrement au pansage du soir ; il passe souvent dans les écuries, s'assure qu'elle sont bien tenues, bien aérées, et que les gardes d'écurie sont à leur poste.

Il rend compte à l'adjudant-major de tout ce qui intéresse le service des écuries ; il se fait rendre compte, par le sergent des écuries, des pansages auxquels il n'a pu assister.

Devoirs du sergent attaché au service des écuries.

258. Le sergent attaché au service des écuries reçoit les ordres de l'adjudant ou de l'adjudant-major de semaine pour tout ce qui concerne la tenue des écuries, le service des chevaux de trait, et les détails du service journalier. Il a sous sa direction immédiate le caporal chargé des équipages régimentaires, les ordonnances des officiers montés et les soldats conducteurs des voitures régimentaires.

Il est présent à tous les pansages ; il reçoit du caporal conducteur communication des événements qui sont survenus d'un pansage à l'autre ; il rend compte à l'adjudant de semaine.

Il surveille la répartition des fourrages et la bonne distribution des repas. Accompagné du caporal conducteur, il visite le coffre à avoine et le magasin, pour s'assurer que les fourrages sont en bon état et qu'il n'en est pas fait un mauvais usage.

Il s'assure que l'aide-maréchal ferrant passe l'inspection des pieds des chevaux et remplace les clous.

Au pansage du soir, il se fait rendre compte, par le caporal conducteur, des effets détériorés ou à remplacer et du nom des soldats ordonnances ou des soldats conducteurs responsables ; il en rend compte à l'adjudant de semaine.

Il veille à ce qu'il y ait constamment pendant le jour une demi-litière sous les pieds des chevaux, que le crottin soit enlevé immédiatement, et que les écuries soient constamment aérées.

Devoirs du caporal conducteur des équipages régimentaires.

259. Le caporal conducteur des équipages régimentaires est chargé de veiller à l'exécution de tous les détails concernant le service journalier des écuries.

Il loge avec les soldats ordonnances des officiers montés et les conducteurs des équipages si une chambre à proximité des écuries a pu leur être affectée ; il remplit à leur égard les fonctions de caporal d'escouade et de caporal de chambrée, excepté en ce qui concerne la solde.

Il les commande pour le service de garde d'écurie.

Il a toujours sur lui les clefs du coffre à avoine et du magasin à fourrages ; il a sous sa garde la provision d'huile, les lampes d'écurie et tous les différents ustensiles.

Il assiste à tous les pansages et distribue les repas des animaux.

Le matin il reçoit, à l'heure fixée par le colonel, le rapport du garde d'écurie ; il s'assure que tous les soldats ordonnances d'officiers montés et les conducteurs d'équipages sont présents pour donner à manger aux chevaux. Il fait la distribution du déjeuner des chevaux, fait répartir la litière et nettoyer les écuries ; il s'assure que les licous sont en bon état, visite le matériel, prend note des dégradations, des remplacements à faire, ainsi que du nom des hommes par la faute desquels les dégradations ont été faites. Il fait son rapport au sergent attaché aux écuries.

Il passe la même inspection au pansage du soir et rend compte au même sous-officier des remplacements qui doivent être faits avant la nuit.

Si le pansage doit avoir lieu dehors, il fait sortir tous les chevaux et les fait attacher par les rênes de bridon ; il surveille les soldats ordonnances et les conducteurs pour les soins à donner aux chevaux ; il inspecte la ferrure et fait exécuter par l'aide-maréchal ferrant les opérations nécessaires.

Il dirige les promenades des chevaux en montant un des chevaux de trait, et fait son rapport à l'adjudant de semaine à la rentrée.

Il assiste aux distributions de fourrages, et conduit les soldats ordonnances des officiers montés et les conducteurs en tenue de corvée avec les voitures nécessaires. Il fait placer les fourrages dans le magasin, et l'avoine dans le coffre.

Il se trouve aux écuries au relèvement des gardes, s'assure que les ustensiles sont au complet et que les consignes sont bien transmises.

Il veille à l'aération des écuries.

Gardes d'écurie. — Leur service.

260. Le service des gardes d'écurie est fait par les soldats ordonnances des officiers montés, et par les soldats conducteurs des équipages régimentaires.

Les ordonnances d'officiers montés et les soldats conducteurs des équipages régimentaires dont les chevaux occupent la même écurie roulent entre eux.

Il est commandé chaque jour pour chaque écurie, par le caporal chargé des équipages régimentaires, deux gardes d'écurie pris parmi les soldats ordonnances d'officiers montés, et un conducteur d'équipage pour les suppléer, d'après un contrôle établi par l'adjudant-major. Lorsque le nombre des chevaux logés dans une écurie le permet, le lieutenant-colonel peut prescrire qu'il n'y aura qu'un seul garde d'écurie.

Le service des gardes d'écurie dure vingt-quatre heures; pendant la nuit, les gardes veillent et se reposent alternativement; pendant le jour, lorsqu'un des gardes s'absente, l'autre le remplace; s'ils sont obligés de s'absenter tous les deux pour le service de leur officier, le conducteur d'équipage désigné les remplace.

Les gardes d'écurie sont en képi, veste, pantalon de treillis, galoches ou souliers. Pendant l'hiver, il doit toujours leur être donné des capotes de corvée, prises parmi les effets réformés et à défaut dans ceux du service d'instruction; ils peuvent mettre le pantalon de drap sous le pantalon de treillis.

L'heure de la prise du service est fixée par le colonel.

Les gardes d'écurie se rendent directement aux écuries; le caporal conducteur est présent; les gardes rendent et reçoivent les consignes et les ustensiles; s'il y a des ustensiles endommagés ou perdus par la faute de ceux qui quittent le service, le prix de la réparation ou du remplacement est imputé suivant le mode prescrit par les règlements administratifs, sans préjudice de la punition encourue, s'il y a lieu.

Les gardes d'écurie doivent être vigilants jour et nuit, accourir au moindre bruit que font les chevaux, soit qu'ils se battent, s'embarrassent ou se détachent. Ils sont pourvus de colliers et de longes de rechange pour attacher les chevaux qui cassent leur licou.

Ils restent seuls chargés d'entretenir la plus grande propreté dans les écuries et au dehors, de ne pas laisser séjourner le crottin sous les chevaux et de relever la paille à mesure qu'elle s'étend, pour la remettre à la litière ou la rejeter dans le râtelier.

Ils rendent compte, à chaque pansage, au caporal chargé des équipages régimentaires, du nombre des chevaux qui se sont détachés, de celui des licous cassés, des accidents qui ont eu lieu dans l'intervalle des pansages, et des indispositions des chevaux, s'il en est survenu.

Si les accidents ou les indispositions paraissent graves, ils informent immédiatement l'adjudant de semaine, qui fait appeler le vétérinaire.

Ils se conforment strictement à la consigne sur la tenue des écuries, et aux prescriptions toujours affichées relatives aux soins à donner aux chevaux.

Il est formellement interdit de brutaliser les chevaux.

Aide-maréchal ferrant.

261. L'aide-maréchal ferrant doit être capable de faire les réparations qui ont un caractère d'urgence, telles que remettre des clous, remplacer en route un fer perdu, etc.

Il assiste à tous les pansages, visite les pieds des chevaux et exécute les réparations nécessaires.

Il accompagne les chevaux du régiment envoyés chez le maréchal ferrant ; il seconde ce dernier dans l'exécution de son travail.

L'aide-maréchal ferrant fait partie de la section hors rang ; mais en temps de paix, il compte parmi les conducteurs des équipages régimentaires, et, outre ses fonctions spéciales, fait le même service qu'eux.

Les outils et la sacoche du maréchal ferrant lui sont fournis par la masse d'entretien du harnachement et ferrage.

Détails du service.

Pansage.

262. Tous les chevaux sont pansés deux fois par jour, aux heures fixées par le colonel; autant que possible, ils sont tous présents.

Les soldats ordonnances d'officiers montés et les soldats conducteurs des équipages régimentaires font le pansage du cheval ou des chevaux qui leur sont confiés.

Le sergent attaché aux écuries et le caporal conducteur des équipages sont toujours présents.

Le pansage est fait au dehors quand le temps le permet.

Pour le pansage, les chevaux sont bridonnés; ils sont attachés par les rênes du bridon au moyen d'un nœud coulant, soit à l'un des fuseaux du râtelier, soit aux attaches extérieures.

Le pansage s'exécute ainsi qu'il est prescrit à l'article 370.

Abreuvoir.

263. Lorsque l'abreuvoir est hors du quartier, les chevaux y sont conduits sous la surveillance du caporal conducteur des équipages régimentaires; ils sont montés ou menés en main par les soldats ordonnances et les soldats conducteurs en tenue d'écurie; s'il y a de la glace ou de la neige, ces soldats sont à pied.

Repas des chevaux.

264. Les repas des chevaux sont habituellement répartis d'une façon uniforme pour le régiment.

Les officiers sont cependant libres, sur l'avis du vétérinaire, de déterminer les quantités de denrées par repas. A cet effet, l'avoine de chaque cheval d'officier peut être enfermée dans un coffre particulier, ou, si les dimensions du coffre commun le permettent, dans un sac particulier qui y est déposé.

Les chevaux doivent, en principe, faire deux repas principaux par jour : le premier, le matin, avant ou après le travail, selon la saison ; le deuxième, le soir. Ce dernier repas doit être d'habitude le plus copieux.

L'avoine est donnée à ces deux repas toujours après l'abreuvoir, et lorsque le pansage est complètement terminé.

Le caporal conducteur des équipages délivre aux gardes d'écurie les denrées nécessaires pour chaque repas.

Les rations sont placées dans le râtelier ou dans les mangeoires par les gardes d'écurie, pendant que les chevaux sont à l'abreuvoir.

Le foin doit être légèrement secoué quand il est poussiéreux.

Le caporal conducteur des équipages régimentaires s'assure, au retour de l'abreuvoir, que chaque cheval a bien sa ration.

Promenade des chevaux.

265. Tous les animaux appartenant à l'État qui ne doivent pas être montés ou attelés dans la journée sont conduits à la promenade à l'heure fixée par le colonel, sous la direction du caporal conducteur des équipages régimentaires.

Cette promenade dure deux heures ; elle est faite au pas ; les chevaux sont en bridon, avec une couverture; les soldats ordonnances sont en képi, veste, pantalon garance ou de treillis suivant la saison; les éperons et les étriers sont interdits. Un soldat ordonnance peut être autorisé à conduire deux chevaux.

Les officiers qui possèdent des chevaux à titre onéreux ont la faculté de les envoyer à cette promenade; ils en préviennent l'adjudant-major de semaine, chargé de faire connaître au caporal conducteur le nom des chevaux devant y assister.

La promenade doit avoir lieu dans les cours, si les quartiers le permettent. Par les temps de neige ou de verglas, il est établi dans une cour une piste en fumier pour la promenade des chevaux.

Tenue des écuries.

266. Les écuries doivent toujours être aérées conformément aux prescriptions indiquées par le vétérinaire.

Lorsque les chevaux y sont, les gardes d'écurie ont soin d'éviter les courants d'air.

Lorsque les chevaux sont hors des écuries, les portes et les fenêtres en sont ouvertes.

Les gardes d'écurie empêchent qu'on entre dans les écuries avec du feu et qu'on y fume. Au réveil, les gardes d'écurie commencent par répartir la litière sèche d'une manière égale; dans le jour, ils enlèvent avec les vannettes les crottins au fur et à mesure qu'ils sont évacués.

Quand l'ordre en est donné, la litière est relevée; les portions qui ont absorbé les urines sont jetées au fumier, et les parties sèches replacées sous les pieds des chevaux.

En hiver, l'écurie est éclairée le matin, au réveil, pendant le pansage; le soir, elle est éclairée pendant le pansage, si c'est nécessaire. Après le pansage du soir, lorsque l'écurie est nettoyée, toutes les lumières sont éteintes ; une seule lanterne est conservée allumée, mais dans un corridor ou un endroit séparé, et placée de manière que la lumière ne puisse pas pénétrer dans l'écurie. Un falot portatif est à la disposition des gardes d'écurie, afin qu'ils puissent se procurer immédiatement de la lumière et porter secours aux chevaux qui en auraient besoin.

Le plus grand silence est recommandé aux gardes d'écurie, au sous-officier et au caporal de ronde pendant la nuit.

Une consigne générale extraite du présent Règlement, ainsi que les consignes particulières du colonel, sont affichées dans les écuries.

CHAPITRE XLI.

INSTRUCTION.

Prescriptions générales.

267. L'instruction est donnée dans le régiment conformément aux prescriptions des règlements.

Elle doit être l'objet de la constante sollicitude des officiers et des sous-officiers et toutes les parties du service doivent lui être constamment subordonnées.

Les hommes de recrue ne doivent être distraits, sous aucun prétexte, des exercices et instructions ; quand ils sont punis de prison, ils doivent, à moins d'ordre contraire du colonel, y prendre part.

La part des exercices qui ne sont pas d'une utilité immédiate pour la préparation au service de guerre doit être restreinte, principalement pendant la première année de service.

L'instruction militaire des cadres et celle des anciens soldats doivent être entretenues en tout temps.

Le colonel est responsable de toutes les parties de l'instruction du régiment.

Il exige que les règlements, les instructions ministérielles soient ponctuellement suivis ; il ne permet sous aucun prétexte qu'on s'écarte des principes qui y sont établis.

L'instruction *théorique* est constatée par des interrogations qui ont lieu séparément par grade.

Tout militaire qui a donné des preuves de connaissance complète d'une ou de plusieurs parties de l'instruction théorique peut être exempté temporairement des théories et des cours qui y sont relatifs.

L'instruction pratique est constatée sur le terrain. Elle est dirigée de façon qu'à l'époque du printemps les recrues soient aptes à faire campagne, et qu'à l'époque des manœuvres d'automne le régiment ait parcouru successivement toutes les parties de l'instruction. Elle est toujours donnée aux officiers et sous-officiers au cours de chaque période et sur les différents terrains, en vue des exercices de la période suivante.

Conférences.

268. Des officiers supérieurs et des capitaines sont chargés de conférences en nombre restreint sur les questions militaires à l'ordre du jour qui peuvent gagner à être débattues : la tactique, la

mobilisation du régiment, la législation et l'administration militaires, l'hygiène, etc.

Ces conférences sont présidées par le lieutenant-colonel. Il tient un registre sur lequel sont reportés les programmes des questions traitées.

Les mêmes officiers peuvent également être chargés par le colonel de faire des cours relatifs à la topographie, à la fortification, au Code de justice militaire, au droit international, etc.

Les conférences et les cours qui, par suite de circonstances spéciales, ou en cas de fractionnement du régiment, ne peuvent être faits ou terminés pendant l'année, sont complétés l'année suivante.

Exercices de marche. — Manœuvres de garnison.

269. Les exercices de marche proprement dits ont pour but d'habituer les troupes d'infanterie à la fatigue de la marche, au port du havresac chargé et aux soins à donner aux pieds et à la chaussure.

Les exercices de marche commencent, pour tout le régiment, deux mois au plus tard après l'arrivée des recrues; ils ont lieu une fois par semaine jusqu'à l'époque où l'instruction du régiment permet de faire les exercices d'application. Ils ont d'abord lieu par bataillon, puis par plusieurs bataillons réunis. Un médecin, un infirmier régimentaire, tous les équipages régimentaires qui peuvent être attelés, une voiture de cantinière suivent les colonnes.

La durée de chacun de ces exercices est progressivement augmentée de façon à parcourir 16 kilomètres dans les commencements et 30 kilomètres au plus au moment de faire les exercices d'application. En outre, il est exécuté, au cours de la deuxième période d'instruction, par tout l'effectif présent et pendant quatre jours de suite, une série de marches d'épreuves de 20, 22, 24 et 26 kilomètres, avec chargement de guerre. On se conforme aux prescriptions du titre des routes à l'intérieur en ce qui concerne les mesures d'ordre et de police pendant la marche et aux instructions spéciales sur le chargement progressif du sac.

Quand les soldats sont suffisamment entraînés, les exercices de marche ne se font plus exclusivement sur les grandes routes.

L'allure est progressivement augmentée de façon à arriver à parcourir le kilomètre en onze minutes; mais la cadence de cent dix pas environ est toujours reprise pendant la dernière demi-heure de marche.

Les commandants de compagnie prennent note des mauvais marcheurs.

Les manœuvres de garnison sont l'objet d'instructions spéciales.

Exercices d'embarquement en chemin de fer.

270. Les divers exercices d'embarquement et de débarquement, ordonnés par le règlement spécial sur le transport des troupes par les voies ferrées, ont lieu sur l'ordre des commandants de corps d'armée.

Les mesures de détail sont réglées dans les villes de garnison de concert entre les commandants d'armes, les commandants de troupe et les agents locaux des compagnies.

Il en est fait au moins deux dans le premier

trimestre de l'année et un pendant la période d'exercice des réservistes et territoriaux.

Outre ces exercices qui concernent plus particulièrement la troupe, les chevaux et les voitures chargées affectés au régiment en cas de mobilisation doivent être embarqués en tout ou en partie, dans les différentes conditions de quais et de voies, de jour et de nuit.

Exercices corporels.

271. Les exercices corporels, gymnastique, boxe, bâton et escrime, ont lieu conformément aux prescriptions des manuels spéciaux; ils sont tous gratuits.

Ils se font par compagnie sous la direction et la responsabilité du capitaine. On y cherche moins à former quelques spécialistes qu'à développer, par des exercices progressifs et bien choisis, la vigueur, l'adresse et l'agilité de tous les hommes. L'escrime n'est enseignée aux soldats qu'à partir de la deuxième année de service. Les jeunes soldats ne commencent la gymnastique appliquée que dans la deuxième période. Les exercices de boxe et de bâton, réduits aux notions élémentaires, ne sont enseignés qu'à partir de la troisième période et seulement pendant le temps que ne réclame pas l'instruction militaire proprement dite.

L'enseignement de la canne est facultatif.

Les élèves moniteurs sont formés, sous la direction d'un officier, par l'adjudant ou sergent moniteur général, aidé de quelques sous-officiers ou caporaux ayant suivi les cours de l'Ecole normale de gymnastique.

Les prévôts et les élèves prévôts sont formés,

sous la direction d'un officier, par le maître d'escrime, aidé du caporal maître adjoint.

Manœuvre du canon.

272. Les corps de troupe d'infanterie affectés à la défense des places fortes ou des forts sont exercés à la manœuvre du canon.

Le service de l'artillerie fournit les instructeurs nécessaires.

Manœuvre des pompes à incendie.

273. La manœuvre des pompes à incendie est faite conformément à l'instruction spéciale par une équipe uniquement composée de moniteurs et élèves moniteurs de gymnastique.

Le colonel s'entend soit avec l'autorité civile, soit avec le chef du génie, pour le matériel nécessaire.

Exercices de mobilisation.

274. Il est procédé, lors des revues des généraux et en leur présence, à des exercices partiels de mobilisation. Ces exercices portent sur les différents points avec lesquels il convient de familiariser les cadres et la troupe, tels que le chargement des vivres dans le havresac et sur les voitures régimentaires, les chargements éventuels de la voiture de compagnie, le chargement des caisses à bagages et des cantines à vivres des officiers, la délivrance des armes et des effets de toute nature par les magasins du corps et leur répartition par lot entre les diverses compagnies, la distribution des vivres de réserve, la délivrance

et l'essai des harnachements de réserve, le chargement des outils, des brancards et des cantines d'ambulance, dans les voitures et sur les mulets, etc.

Ces exercices sont plus particulièrement pratiqués pendant le premier trimestre et pendant les périodes d'instruction des réservistes et de l'armée territoriale.

Écoles régimentaires.

275. Le colonel use de toute son influence pour propager l'instruction dans le régiment; il ne néglige aucun moyen pour accroître le goût de l'étude et du travail et pour développer les facultés intellectuelles des militaires sous ses ordres.

Chaque régiment d'infanterie ou bataillon formant corps a deux écoles :

Le cours primaire destiné aux élèves caporaux auxquels il est reconnu nécessaire et aux autres militaires qui en font la demande;

Le cours préparatoire, fait aux sous-officiers, aux caporaux et aux soldats ayant une instruction primaire suffisante; ce cours est facultatif.

Dans chaque compagnie, le capitaine a la direction et la responsabilité de l'école primaire; le sergent-major est spécialement chargé de cet enseignement, sous la surveillance du chef de peloton. Le colonel détermine, d'après les exigences de l'instruction militaire du régiment, le temps qu'on peut affecter à cette école, et il le réserve sur le tableau du service.

Le colonel désigne pour le cours préparatoire, sur la proposition du lieutenant-colonel, un capitaine directeur et des officiers professeurs du grade de lieutenant ou de sous-lieutenant, en nombre suffisant pour enseigner les différentes matières, de manière que chacun d'eux n'ait, autant que possible, qu'un cours ou deux au plus à faire.

Ces officiers ne sont habituellement exempts d'aucun service.

Le capitaine directeur a sous ses ordres, pour la conservation du matériel, et la tenue des comptes et des écritures, un sergent secrétaire qui est en même temps chargé de la bibliothèque des sous-officiers.

Le capitaine directeur et les officiers professeurs composent une commission d'examen présidée par le lieutenant-colonel.

Pour l'enseignement, les cours, le régime, le matériel et la comptabilité des écoles, on se conforme au règlement spécial.

La surveillance des écoles régimentaires, dans un régiment réuni, appartient au lieutenant-colonel, qui centralise cette partie du service.

En cas de division du régiment, cette surveillance est exercée, dans chaque fraction, par un capitaine désigné.

Dans les bataillons formant corps, le directeur remplit les attributions du lieutenant-colonel.

CHAPITRE XLII.

TRAVAILLEURS.

Prescriptions générales.

276. Toutes les fois qu'un soldat en reçoit l'ordre, il est tenu d'exercer temporairement,

dans l'intérieur du régiment, la profession qu'il avait avant son entrée au service.

Si, en cas de nécessité urgente, l'autorité supérieure donne l'ordre de fournir des travailleurs à des services étrangers au corps, ces travailleurs reçoivent les mêmes indemnités que les ouvriers de ces services.

Il peut être effectué, au profit de la masse d'habillement et d'entretien (fonds particuliers) des prélèvements sur les indemnités ou salaires alloués aux militaires qui exécutent un service ou un travail payé.

La quotité de ces prélèvements est fixée par le conseil d'administration.

CHAPITRE XLIII.

SOLDATS ORDONNANCES.

Prescriptions générales.

277. Les officiers montés ou non montés sont autorisés à employer chacun un soldat pour leur service personnel et le pansage de leurs chevaux.

Les officiers de l'état-major du régiment, y compris les médecins, choisissent leur soldat ordonnance dans tout le régiment, avec l'autorisation du colonel. Les autres officiers le prennent dans la fraction du régiment qui est sous leurs ordres immédiats.

Ces soldats sont choisis parmi les soldats de 2e classe ; ils sont dispensés de service et de corvées, mais ils se trouvent aux inspections, aux marches et aux manœuvres, chaque fois que le colonel l'ordonne; ils font leur tir individuel annuel.

Les soldats ordonnances des officiers montés doivent, en principe, avoir accompli un stage d'instruction dans un corps de troupe à cheval. Dans tous les cas, aucun soldat ordonnance ne doit être distrait de l'instruction avant la fin de la deuxième période.

Les officiers qui changent de position sont autorisés à faire conduire leurs chevaux par leur soldat ordonnance ; ils peuvent conserver ce soldat ordonnance dans la nouvelle position.

Les officiers payent par mois à leur soldat ordonnance 5 francs pour le service personnel, et 4 francs par cheval. Il n'est fait aucune retenue sur ce salaire.

Il n'est accordé de soldats ordonnances, en dehors du corps, que dans les limites des besoins du service et de l'instruction et seulement aux officiers fonctionnaires ou assimilés expressément dénommés dans les décisions ministérielles spéciales.

CHAPITRE XLIV.

TENUE.

Responsabilité du colonel.

278. La régularité de la tenue pour tous et en toutes circonstances, que les militaires soient réunis en troupe ou isolés, qu'ils soient dans le service ou en dehors du service, a une importance capitale, en démontrant que les esprits sont façonnés à l'obéissance, et que chacun a le respect de soi-même et des règlements.

Elle doit être l'objet de la surveillance incessante du chef de corps et de tous ses subordonnés.

Le colonel, responsable de la tenue du régiment, ne peut, sous aucun prétexte, y rien changer, ajouter, prescrire ou tolérer qui soit contraire aux règlements. Il répond personnellement envers l'Etat des dépenses que l'infraction à cet égard aurait occasionnées, et il est tenu d'indemniser ses subordonnés des frais qui en seraient résultés pour eux.

Le chef de corps ou de détachement règle le port des effets compris dans les différentes collections, de manière à ménager, autant que possible, les approvisionnements de compagnie, tout en assurant l'exécution des ordres de la place.

Des différentes tenues.

279. Il y a quatre tenues :

La tenue du matin, portée jusqu'à une heure par les officiers et par la troupe;

La tenue du jour, qui se prend à partir de une heure, et qui est la tenue habituelle;

La grande tenue, qui se prend quand elle est indiquée par les règlements ou par l'ordre. La grande tenue est de rigueur dans toutes les cérémonies officielles, telles que visites ou réceptions chez le Président de la République, les présidents des Chambres et du conseil des ministres, les Ministres de la guerre et de la marine.

Les visites de corps ou individuelles, qui ont lieu à titre officiel à l'occasion du service, doivent toujours être faites en grande tenue de service; seules, les visites qui ont un caractère personnel ou de relations du monde peuvent être faites en tenue du jour ou en habit bourgeois;

La tenue de campagne, qui se porte à l'intérieur, dans les marches militaires, les manœuvres d'automne, les routes, etc.

Quand la grande tenue est ordonnée pour la journée, elle est prise par la troupe après le repas du matin, et par les officiers à partir de 1 heure.

L'insigne de service consiste dans le port de la jugulaire sous le menton.

Quelle que soit la tenue, les officiers portent à cheval la culotte et la botte.

Les officiers montés peuvent conserver la culotte et la botte toute la journée, à la condition de prendre le sabre à partir de 1 heure.

Les officiers et la troupe prennent la capote ou le collet dans toutes les tenues, quand l'ordre en est donné. En dehors du service, les officiers sont autorisés à prendre la capote ou le collet quand la température l'exige.

Les officiers, les sous-officiers, les caporaux et les soldats qui sont en deuil de famille peuvent porter un crêpe noir au bras gauche. Le deuil militaire se porte par un crêpe au sabre ou à l'épée.

Le port d'habits bourgeois n'est toléré qu'en dehors des établissements militaires et pour les officiers seulement, lorsqu'ils ne sont pas de service, ainsi que dans toutes les circonstances où leur présence n'a aucun caractère officiel.

Cette tolérance ne peut être accordée aux sous-officiers, caporaux et soldats que pour le cas de déplacement; elle est alors expressément mentionnée sur le titre d'absence elle peut également être accordée aux soldats ordonnances des officiers dans les conditions déterminées par le Ministre de la guerre (1).

Les chefs ouvriers sont habituellement dispensés d'être en tenue.

---

(1) Rédaction du dernier paragraphe de cet alinéa en harmonie avec celle du décret du 8 mars 1894.

Les sous-officiers rengagés ou commissionnés sont autorisés à revêtir la tenue de ville tous les jours fériés ou non, mais seulement en dehors du service.

Cheveux, moustaches, mouche et barbe.

280. Les cheveux des officiers, des sous-officiers, des caporaux et des soldats sont coupés court, surtout par derrière.

Les officiers, les sous-officiers, les caporaux et les soldats portent, à leur gré, les moustaches et la mouche, ou la barbe entière, celle-ci assez courte pour ne pas masquer les écussons du collet.

Le port des favoris seul est interdit.

Manière de porter et d'ajuster les effets.

281. Les effets d'habillement, de coiffure, d'équipement et les armes sont ajustés et portés conformément aux prescriptions réglementaires.

CHAPITRE XLV.

REVUES ET INSPECTIONS.

Revues et inspections des généraux.

Revues d'ensemble.

282. Dans les revues d'ensemble passées par les généraux on se conforme aux prescriptions réglementaires.

Le régiment, avec son drapeau, est formé dans l'ordre constitutif en ligne.

Le colonel, après avoir fait porter les armes et

ordonné aux tambours et aux clairons de rappeler ou d'être prêts à battre et à sonner, suivant le grade du général, se porte vivement au-devant de lui, le salue du sabre et reste à portée de recevoir ses ordres. En l'accompagnant dans la revue, il lui cède toujours le côté de la troupe.

Après avoir passé devant le front du régiment, si le général veut contrôler les effectifs, il ordonne au colonel de faire rompre en colonne par compagnie en ligne; la distance entre les compagnies est déterminée par le terrain.

Les compagnies sont formées sur un rang, les sous-officiers, les caporaux, les tambours, les clairons et les soldats à leur rang d'après le contrôle; les officiers sur un rang, perpendiculairement à la droite du rang de la troupe. Le petit état-major et la section hors rang, formés de même, se placent à la tête du régiment, les officiers sur un rang, dans l'ordre du contrôle, perpendiculairement à la droite du rang de la troupe.

Le major remet successivement au général le contrôle de chaque compagnie.

L'état nominatif des hommes absents en vertu d'une permission n'excédant pas vingt-quatre heures, établi par le major; l'état nominatif des hommes malades à la chambre ou à l'infirmerie, établi par le médecin chef de service; l'état des hommes de service et des militaires en prison ou en cellule, ainsi que celui des chevaux malades à l'écurie, établis par l'adjudant-major de semaine; les trois derniers, certifiés par le lieutenant-colonel, sont remis par le colonel au général. Le général les remet au sous-intendant pour la vérification des appels, si ce fonctionnaire assiste à la revue.

Dans un détachement, ces états sont établis, certifiés et remis au général par le chef de détachement.

Les compagnies sont reposées sur les armes et gardent le silence. Lorsque le général se présente devant une compagnie, le capitaine fait porter les armes, puis reposer sur les armes quand le général passe à la compagnie suivante.

Le général fait lui-même l'appel des officiers de l'état-major et des compagnies à l'aide des contrôles, il fait faire, à l'aide de ces mêmes contrôles, l'appel du petit état-major et de la section hors rang par le fourrier de la section, et celui des compagnies par les sergents-majors, qui se tiennent en arrière du rang formé par leur compagnie et à hauteur du général.

Le colonel, le lieutenant-colonel, le major, les chefs de bataillon pour leur bataillon, les commandants de compagnie pour leur compagnie, le capitaine trésorier, l'officier d'habillement et le médecin chef de service accompagnent le général.

Quand la revue est terminée, le général donne l'ordre de faire défiler le régiment devant lui.

Revues de détail.

283. Les revues de détail sont passées de la manière suivante :

Les bataillons sont à l'avance formés en colonne par compagnie en ligne sur un rang ; les officiers, les sous-officiers et les caporaux, à la droite de leur compagnie, peloton, section ou escouade, afin de répondre à toutes les questions que le général peut leur adresser concernant les hommes sous leurs ordres.

A moins d'un ordre contraire, les sacs sont mis à terre et ouverts, de manière que le général puisse aisément vérifier tout ce qu'ils contiennent. Le livret individuel de chaque homme est placé sur son sac.

Les commandants de compagnie, officiers de peloton, les adjudants de compagnie, sergents et caporaux sont porteurs de leur carnet de compagnie, de peloton, de section ou d'escouade; les sergents-majors et les fourriers, des registres de la compagnie et des livrets matricules.

Les officiers comptables font porter sur le terrain tous les registres nécessaires pour contrôler les registres et les livrets des compagnies.

Si la revue se passe dans les chambres, les hommes restent au pied de leur lit; leurs effets sont déposés sur le lit.

Inspections.

284. Les généraux inspectent les régiments placés sous leurs ordres aux époques et dans les conditions déterminées par les règlements ou toutes les fois qu'ils le croient utile.

Les généraux commandant les subdivisions de région agissent de même à l'égard des troupes qui ne sont pas embrigadées.

Les officiers généraux doivent passer des revues inopinées dans lesquelles ils ne tiennent aucun compte des militaires absents régulièrement.

Toutes les revues ou inspections des officiers du corps sont toujours passées le samedi dans l'après-midi.

Les officiers généraux, les contrôleurs, les intendants, les médecins inspecteurs, les inspecteurs de l'armement, etc., passent leurs revues en faisant en sorte de comprendre, autant que possible, dans la période du temps qu'ils sont forcés d'enlever à l'instruction des troupes, un jour consacré spécialement aux revues ou inspections.

Comme conséquence, la matinée du samedi, depuis l'heure du repas, est consacrée aux travaux de propreté hebdomadaires. Les hommes qu'il aura été impossible d'inspecter le samedi pourront seuls l'être le dimanche matin.

Lorsqu'ils en reçoivent l'ordre des gouverneurs militaires ou des commandants de corps d'armée, les commandants d'armes ou leurs délégués passent une revue générale ou partielle, à l'issue de laquelle on distribue les décorations de la Légion d'honneur, les médailles militaires, d'honneur ou commémoratives, aux militaires de l'armée active et de l'armée territoriale présents dans la localité.

Revues et inspections administratives.

Revues et inspections.

285. Les intendants et les sous-intendants militaires passent des revues d'effectif sur le terrain quand ils en reçoivent l'ordre du Ministre de la guerre ou des généraux. Ces revues, qui doivent avoir, autant que possible, un caractère inopiné, peuvent ne porter à la fois que sur une ou plusieurs compagnies.

Lorsqu'ils reçoivent l'ordre de passer une revue, les intendants et les sous-intendants en préviennent l'officier général sous les ordres duquel le régiment se trouve.

S'ils reconnaissent la nécessité de passer une revue extraordinaire, ils doivent au préalable en demander l'agrément à l'officier général sous les ordres duquel le régiment est placé, et lui en déduire les motifs. Si l'officier général croit devoir s'opposer à cette revue, il en rend compte par la voie hiérarchique.

Les intendants et les sous-intendants militaires, avant de passer une revue, se concertent avec le commandant d'armes, à l'effet de fixer le jour, l'heure et le lieu de la réunion du régiment.

Le colonel en est informé par le commandant d'armes.

Tous les officiers, les sous-officiers et les soldats, tous les chevaux d'officiers et de troupe doivent être présents aux revues d'effectif des intendants et sous-intendants militaires; à cet effet, les postes et les plantons sont relevés par d'autres troupes de la garnison; lorsque le régiment est seul dans la place, les compagnies passées en revue les premières fournissent, immédiatement après avoir été passées en revue, les hommes nécessaires pour relever ceux qui sont de service.

Avant l'arrivée de l'intendant ou du sous-intendant, le régiment est disposé comme il est dit au § 5 de l'article 282.

Lorsqu'une revue d'effectif ou une inspection administrative est passée par un intendant ou sous-intendant, le capitaine trésorier pour le régiment, ou l'officier chargé des détails pour un détachement, se rend chez ce fonctionnaire pour l'accompagner sur le terrain et le reconduit au retour.

Le fonctionnaire de l'intendance et le régiment

sont en tenue de service (tenue du jour); le drapeau ne paraît pas.

Pour la revue d'un intendant, le colonel se place à la droite de l'état-major, à deux pas en avant; il a le sabre à la main, il salue avec cette arme; l'intendant rend le salut.

Pour la revue d'un sous-intendant, le colonel se place à quatre pas en avant du centre de l'état-major, rend du sabre le salut que le sous-intendant doit faire en arrivant à la droite de la troupe, et remet ensuite le sabre au fourreau.

Dans un bataillon formant corps ou dans un détachement, le chef de corps ou de détachement se place à la droite de l'état-major ou à quatre pas en avant du centre de cet état-major, suivant que le grade du fonctionnaire de l'intendance est, par assimilation, supérieur ou non au grade du chef de corps ou de détachement; dans le premier cas, le chef de corps ou de détachement salue du sabre le premier; dans le second cas, il rend le salut et remet le sabre au fourreau.

Quand l'intendant ou le sous-intendant se présente devant une compagnie, le capitaine fait porter les armes, puis reposer les armes quand le fonctionnaire de l'intendance passe à la compagnie suivante.

Le major remet à l'intendant les états indiqués, comme il est prescrit à l'article 282, et l'appel est fait à l'aide des contrôles par le fonctionnaire de l'intendance pour les officiers, et par les sergents-majors pour la troupe.

Les sergents-majors sont porteurs du registre de comptabilité et des livrets matricules, et les hommes ont leur livret sur eux, afin que l'intendant ou le sous-intendant puisse vérifier pendant sa revue, quand il le croit utile, l'existence de tous les effets. Les officiers comptables font porter sur le terrain tous les registres nécessaires pour contrôler les registres et les livrets des compagnies.

Le fonctionnaire de l'intendance se fait communiquer tout document utile à ses opérations ; il s'assure que tous les chevaux appartenant à l'Etat sont marqués.

Après la revue d'un intendant ou d'un sous-intendant, les compagnies, conduites par leurs capitaines, sous la direction des chefs de bataillon, passent en colonne par le flanc, l'arme sur l'épaule droite, sans baïonnette, devant le fonctionnaire de l'intendance, placé entre le colonel et le lieutenant-colonel ; le major se tient à la droite du colonel. Les tambours et clairons marchent en tête de leur compagnie.

Visite au quartier après la revue.

286. Lorsque la revue sur le terrain est terminée, l'intendant ou le sous-intendant, accompagné du lieutenant-colonel, du major, du médecin chef de service, se rend au quartier pour y vérifier l'existence des hommes de garde, des malades et des détenus et des chevaux restés à l'écurie.

Revues d'effectif des fonctionnaires du contrôle.

Dispositions générales.

287. Le sous-intendant militaire, avisé par le commandant d'armes, se rend directement, à

l'heure fixée, sur le terrain où doit s'effectuer la revue. Il accompagne pendant la revue le fonctionnaire du contrôle.

On se conforme pour tous les détails de la revue d'effectif, ainsi que pour les états à fournir, aux dispositions des articles précédents.

Quand le fonctionnaire du contrôle arrive sur le terrain, le colonel doit se trouver à droite de l'état-major, à deux pas en avant ; il a le sabre à la main, il salue avec cette arme ; le fonctionnaire du contrôle rend le salut.

Inspections médicales.

Dispositions générales.

288. Lorsqu'un médecin inspecteur en tournée d'inspection ou en mission est arrivé dans une place, il se concerte avec le commandant d'armes, à l'effet de fixer pour chaque corps l'heure de sa visite dans les quartiers.

Le médecin-major de 2e classe se rend chez le médecin inspecteur pour l'accompagner au quartier ; il le reconduit au retour.

Le colonel reçoit le médecin inspecteur au quartier et l'accompagne dans la visite des bâtiments occupés par le régiment ; les médecins et le porte-drapeau assistent également à cette visite.

Lorsque le directeur du service de santé du corps d'armée en tournée ou en mission visite le quartier, conformément aux ordres du général commandant le corps d'armée, le médecin aide-major se rend chez le directeur pour l'accompagner au quartier ; il le reconduit au retour.

Le lieutenant-colonel reçoit le directeur au

quartier et l'accompagne dans la visite des bâtiments occupés par le régiment.

Les médecins et le porte-drapeau assistent également à cette visite.

En outre, les médecins du régiment accompagnent le médecin inspecteur ou le directeur du service de santé dans sa visite à l'hôpital militaire ou à l'hospice militarisé.

Le médecin inspecteur ou le directeur du service de santé et les officiers présents à la revue sont en tenue du jour.

Visite des armes, des munitions, des outils et du matériel roulant.

Dispositions générales.

289. Les armes, les munitions, les outils et le matériel roulant des régiments sont visités tous les ans par des capitaines d'artillerie désignés à cet effet par le Ministre.

Les détails de ces visites sont déterminés par les règlements.

La visite des armes se fait par compagnie, en présence du chef de bataillon, du capitaine commandant la compagnie, de l'officier de tir du régiment et de l'officier d'armement. Le chef de bataillon fait prendre toutes les dispositions nécessaires pour que la visite ait lieu avec ordre et régularité.

Le lieutenant d'armement accompagne le capitaine d'artillerie dans les opérations qui se font à la portion centrale.

L'officier d'approvisionnement l'accompagne dans la visite du matériel roulant.

CHAPITRE XLVI.

PERMISSIONS.

Permissions pour les officiers.

Permissions de la journée.

290. Les permissions de la journée, sauf les exceptions spécifiées pour l'instruction et le service de semaine, sont accordées :

Aux lieutenants et aux sous-lieutenants, par les capitaines, qui en rendent compte à leur chef de bataillon;

Aux capitaines et aux adjudants-majors, par le chef de leur bataillon ;

Aux officiers comptables, par le major;

Au porte-drapeau, par le lieutenant-colonel;

Aux médecins en sous-ordre, par le médecin-major de 1re classe;

Aux officiers supérieurs et au médecin-major de 1re classe, par le colonel.

Les chefs de bataillon, le major et le médecin-major de 1re classe rendent compte au lieutenant-colonel des permissions accordées aux officiers sous leurs ordres et de celles qu'ils obtiennent pour eux-mêmes.

Le lieutenant-colonel en rend compte au colonel au rapport du lendemain.

La dispense des devoirs du service de semaine est accordée aux lieutenants et aux sous-lieutenants, par l'adjudant-major de semaine, s'il est d'un grade et d'une ancienneté supérieurs aux leurs. Pour les autres, ainsi que pour les capitaines, elle est accordée par le chef de bataillon de semaine. Lorsque cette dispense est accordée pour toute la journée, elle oblige les officiers à se faire remplacer; ceux des compagnies en préviennent leur capitaine.

Les exemptions d'exercices ou de manœuvres sont accordées aux officiers par l'officier chargé de commander l'exercice ou la manœuvre.

Les officiers chargés d'un service spécial, qui demandent des permissions de la journée, doivent obtenir préalablement l'assentiment du chef de ce service.

Permission pour quitter la garnison.

291. La permission de quitter la garnison est accordée aux officiers et assimilés, avec solde de présence, dans les limites suivantes :

Par le chef de corps, quinze jours ;

Par le général de brigade, aux chefs de corps, huit jours; aux autres officiers et assimilés, trente jours.

Les permissions d'une durée supérieure à huit jours sont accordées aux chefs de corps : jusqu'à concurrence de quinze jours, par le général de division; jusqu'à concurrence de trente jours, par le gouverneur militaire ou le commandant du corps d'armée.

Il est rendu compte hiérarchiquement au Ministre, par bulletin, des permissions de huit jours et au-dessus accordées aux chefs de corps.

Les officiers comptables ne peuvent obtenir une permission de plus de quinze jours sans produire un certificat du conseil d'administration constatant que la situation de leurs écritures ne s'y oppose pas.

Les demandes d'absence au delà de huit jours, faites par les médecins des corps de troupe, doivent porter l'avis du directeur du service de santé, lorsque ces médecins sont en même temps chargés du service dans un hôpital.

Le titre d'absence remis à l'officier est conforme au modèle XXII.

Officiers qui s'absentent sans permission ou dépassent leur permission.

292. Les officiers qui n'ont pas rejoint à l'expiration de leur permission ou de leur congé, et qui ne justifient pas de leur retard, sont mis aux arrêts de rigueur. Si le terme de la permission ou du congé a été dépassé de huit jours, ils sont mis aux arrêts de forteresse ; et s'il a été dépassé de quinze jours, ils sont traduits devant un conseil de guerre.

Les officiers qui s'absentent sans permission sont punis des arrêts de rigueur si cette absence a duré quarante-huit heures ; des arrêts de forteresse si elle a duré davantage. Ils sont traduits devant un conseil de guerre si elle a duré plus de six jours.

Permissions pour les sous-officiers, caporaux et soldats.

Exemption de l'appel de la journée.

293. L'exemption de l'appel quotidien est accordée par l'adjudant de compagnie. En son absence, elle peut l'être aux caporaux et aux soldats par le sergent-major. Ce sous-officier en rend

compte à l'adjudant de compagnie, qui en informe l'officier de semaine et le capitaine.

La permission de manquer au repas est accordée par le caporal d'escouade, qui en rend compte au sergent de section.

Exemption d'appel du soir.

294. L'exemption de l'appel du soir, les permissions de 10 heures, de minuit et de la nuit sont accordées et signées, en même temps que la situation-rapport, par le capitaine.

Si, dans le courant de la journée, un caporal ou un soldat a besoin de la permission de l'appel du soir, de 10 heures ou de minuit, il s'adresse au sergent-major, qui la demande à l'officier de semaine. Celui-ci est autorisé à l'accorder lorsqu'il en reconnait l'urgence; dans ce cas, le titre est signé par lui, et le sergent-major en rend compte au capitaine le lendemain matin.

Le titre de permission est remis au sergent de la garde de police, par le titulaire, au moment de sa rentrée au quartier.

Exemptions de service.

295. Les exemptions d'exercices et de manœuvres sont accordées aux sous-officiers, aux caporaux et aux soldats par le capitaine, sur la demande de l'officier de peloton. Quand plusieurs compagnies sont réunies pour un exercice ou une manœuvre, les exemptions sont données sur la demande du capitaine, par le chef de bataillon à l'école de bataillon, et par le colonel à l'école de régiment.

Permission pour quitter la garnison.

296. La permission pour les sous-officiers, caporaux et soldats de quitter la garnison est demandée au rapport par le capitaine et accordée par le chef de corps jusqu'à concurrence de trente jours. Elle ne donne pas droit à la solde proprement dite, sauf pour les sous-officiers rengagés ou commissionnés.

Le titre d'absence est conforme au modèle XXIII.

Permissions permanentes (1).

297. Les adjudants et les sous-officiers décorés de la Légion d'honneur ou de la médaille militaire, et les sous-officiers rengagés que leur service ne retient pas au quartier sont autorisés à ne rentrer qu'à 1 heure du matin.

Les autres sous-officiers et les caporaux fourriers, ainsi que les caporaux et les soldats décorés de la Légion d'honneur ou de la médaille militaire sont dispensés de se trouver à l'appel du soir; mais ils doivent rentrer au quartier à 11 heures.

L'appel du soir a lieu, en tout temps, à neuf heures.

Les sous-officiers mariés peuvent être autorisés à loger en ville; ils couchent au quartier quand ils sont de service. Une chambre garnie d'une fourniture et d'un ameublement réglementaire d'adjudant est, à cet effet, spécialement réservée aux adjudants pour leur service de semaine.

Le colonel retire toutes ces autorisations lors-

---

(1) Voir la décision du 30 mars 1893.

qu'il en est fait abus ou que l'intérêt du service l'exige.

Après l'appel du soir, les sous-officiers, les caporaux et les soldats qui sortent du quartier ou qui y entrent sont tenus de se présenter au sergent de la garde de police.

La retraite est supprimée en temps de paix.

Sous-officiers, caporaux ou soldats qui dépassent un congé ou une permission ou qui s'absentent sans autorisation.

298. Tout sous-officier, caporal ou soldat qui n'a pas rejoint à l'expiration de son congé ou de sa permission, et qui ne justifie pas de son retard, est puni sévèrement suivant les circonstances. S'il n'a pas rejoint dans les quinze jours qui suivent celui qui a été fixé pour son retour, il est considéré comme déserteur à l'intérieur.

Tout sous-officier, caporal ou soldat qui s'absente sans autorisation est puni sévèrement suivant les circonstances. Six jours après celui de l'absence constatée, il est considéré comme déserteur à l'intérieur; néanmoins, si le soldat a moins de trois mois de service, il ne peut être considéré comme déserteur qu'après un mois d'absence.

Tout militaire qui se rend coupable de plusieurs absences illégales consécutives peut être changé de corps d'office.

Les punitions privent d'exemption ou de permission.

299. Les exemptions et les permissions ne sont accordées qu'à des hommes dont la conduite est régulière. Tout sous-officier, caporal ou soldat

qui a subi une punition de prison est privé de permission ou d'exemption pendant la quinzaine qui suit l'expiration de sa punition.

Dispositions communes aux divers grades.

Prescriptions générales.

300. Les officiers supérieurs commandant un détachement peuvent accorder les mêmes permissions que le chef de corps ; ils lui en rendent compte.

Les permissions de longue durée peuvent être accordées, pendant tout le courant de l'année, en conciliant, autant que faire se peut, les exigences du service et les demandes des intéressés ; la plus grande latitude doit être laissée, à cet effet, aux chefs de corps, mais elles ne peuvent être accordées qu'aux sous-officiers et aux hommes de troupe rengagés, commissionnés ou engagés volontaires pour quatre ou cinq ans. Les autres militaires n'y ont pas droit, pas plus qu'aux congés pour affaires personnelles.

Les officiers, sous-officiers, caporaux et soldats en permission peuvent obtenir des prolongations de permission, sous la réserve que la durée totale de l'absence ne dépassera pas trente jours. Toute demande de prolongation doit être accompagnée de l'autorisation du chef de corps. Si le permissionnaire est chef de corps, l'autorisation est demandée à l'officier général ayant qualité pour accorder une permission équivalente à la durée totale de l'absence. La demande est soumise au général commandant la subdivision de région où se trouve le permissionnaire. En cas d'extrême urgence, le permissionnaire peut être autorisé à attendre, dans ses foyers, la réception de l'autorisation qu'il doit produire.

Les militaires de tous grades, changeant isolément de résidence, peuvent obtenir, à titre de sursis, des permissions dont la durée ne doit pas dépasser quinze jours, abstraction faite des délais ordinaires de route et de tolérance.

Ces sursis sont accordés, dans les mêmes conditions de solde que les autres permissions, par les autorités militaires du point de départ.

Les demandes d'autorisation pour se rendre à l'étranger sont faites conformément aux dispositions spéciales du décret portant règlement sur la concession des permissions et des congés. (Décret du 1er mars 1890.)

L'uniforme ne peut être porté à l'étranger que sur une autorisation spéciale du Ministre de la guerre.

En principe, il n'est accordé aucune permission, en dehors de celle de la journée du dimanche et des fêtes reconnues, aux militaires de la réserve et de l'armée territoriale, pendant la durée des convocations.

CHAPITRE XLVII.

PUNITIONS.

Fautes contre la discipline.

301. Sont réputées fautes contre la discipline et punies comme telles, suivant leur gravité :

De la part du supérieur, tout acte de faiblesse, tout abus d'autorité, tout propos injurieux, toute punition injustement infligée ;

De la part de l'inférieur, tout murmure, mauvais propos ou défaut d'obéissance, quelque raison qu'il croie avoir de se plaindre; l'infraction aux punitions; l'ivresse dans tous les cas, même quand elle ne trouble pas l'ordre; le dérangement de conduite; les dettes; les querelles entre des militaires ou avec des citoyens; le manque aux appels, à l'instruction, aux différents services; les contraventions aux ordres et aux règles de police; enfin toute faute contre le devoir militaire, provenant de négligence, de paresse ou de mauvaise volonté.

Est également réputée faute contre la discipline, la publication, sans l'autorisation préalable du Ministre de la guerre, d'un écrit, quel qu'il soit, même sous un pseudonyme, et pour les éditions modifiées d'un ouvrage dont la publication a été précédemment autorisée.

Les fautes sont toujours plus graves quand elles sont réitérées et surtout habituelles ou collectives et quand elles ont lieu pendant la durée du service, particulièrement devant des inférieurs, ou lorsqu'il s'y joint quelque circonstance qui peut porter atteinte à l'honneur ou entraîner du désordre.

Tout supérieur qui rencontre un inférieur troublant la tranquillité publique, ou dans une tenue indécente, doit employer son influence ou même son autorité pour le faire rentrer dans l'ordre, à quelque corps ou à quelque arme qu'il appartienne. Toutefois, il doit, autant que possible, éviter de se commettre avec lui, particulièrement lorsque l'inférieur est en état d'ivresse; il cherche à le faire arrêter par ses camarades et, au besoin, par la garde.

A moins de nécessité absolue, la punition encourue par un homme ivre ne doit lui être signifiée que lorsque l'état d'ivresse a cessé.

Droit de punir.

302. Le droit de punir s'exerce en toutes circonstances de temps et de lieu ; il n'est suspendu que dans certains cas prévus par les règlements spéciaux. Tout militaire peut être puni par un militaire d'un grade supérieur au sien, quels que soient l'arme et le corps de celui-ci. Toutefois, les sous-officiers élèves officiers des écoles militaires jouissent, en dehors de l'école dont ils font partie, des droits attribués aux adjudants par le présent règlement.

Nul ne peut être puni de plusieurs peines simultanément, ni successivement pour une seule et même faute.

En l'absence des officiers de la compagnie, le sergent-major ou un adjudant peut faire mettre provisoirement à la salle de police tout soldat ou caporal qui trouble l'ordre, ou qui commet une faute nécessitant une répression immédiate. Dans les mêmes conditions, ces mêmes sous-officiers peuvent prescrire la consigne à la chambre à un sous-officier qui leur est inférieur en grade. Le capitaine de la compagnie détermine la durée de la punition.

L'officier commandant par intérim une compagnie a le droit d'infliger les mêmes punitions que le capitaine.

Le capitaine commandant par intérim le bataillon a le droit d'infliger les mêmes punitions que le chef de bataillon.

L'officier supérieur commandant par intérim le

régiment a le droit d'infliger les mêmes punitions que le colonel.

Tout capitaine, lieutenant ou sous-lieutenant, commandant un détachement, a le droit d'infliger les mêmes punitions que les officiers supérieurs; l'officier supérieur commandant un détachement a les mêmes droits, à cet égard, que le colonel, sauf en ce qui concerne le renvoi des soldats de la 1re à la 2e classe et les privations d'emploi, ainsi que la réprimande avec mise à l'ordre, réservée au chef de corps seul.

Tout sous-officier, caporal ou soldat commandant un détachement a le droit d'infliger, dans ce détachement, les mêmes punitions que les lieutenants ou sous-lieutenants.

Si un chef de détachement croit nécessaire d'infliger une punition plus grave que celle qu'il peut prononcer, il en réfère au colonel, et, en cas d'urgence, au général commandant la subdivision de région.

Tout militaire qui, en raison de son ancienneté, exerce incidemment un commandement, a sur ses égaux en grade, dans l'exercice de son commandement, le même droit de punir que celui qu'il possède sur ses inférieurs immédiats; dans ce cas, le sous-lieutenant a les droits du lieutenant et le soldat les droits du caporal.

Dans les bataillons formant corps, le chef de bataillon a les mêmes droits que le colonel dans son régiment.

Le capitaine commandant provisoirement ou par intérim un bataillon formant corps a le droit d'infliger les mêmes punitions que le chef de corps, excepté en ce qui concerne le renvoi des soldats de la 1re à la 2e classe et les privations d'emploi.

Dans les compagnies formant corps, l'officier commandant a le droit d'infliger les mêmes punitions que le chef de bataillon dans un régiment.

Dans les compagnies de discipline, le droit de punir s'exerce dans les mêmes conditions que dans les autres corps de troupe de l'armée.

Le commandant du régiment peut augmenter ou diminuer les punitions; il peut en changer la nature et même les faire cesser. Dans ce dernier cas, il fait sentir à celui qui a puni l'erreur qu'il a commise et le charge de lever la punition; il le punit lui-même, s'il est reconnu qu'il y ait eu de sa part abus d'autorité, et lève la punition.

Le capitaine, dans sa compagnie, peut augmenter les punitions infligées par ses subordonnés directs, et même en aggraver la nature; il en rend compte. Lorsqu'il juge qu'il y a lieu de diminuer une punition, il en fait la demande au colonel par la voie du rapport.

L'officier commandant une compagnie de discipline a, à l'égard des disciplinaires, en matière de modification de punition, les mêmes droits qu'un colonel dans son régiment.

Le droit de consigner au quartier la totalité ou une fraction du régiment n'appartient qu'aux officiers généraux sous les ordres desquels il se trouve, au commandant d'armes et au commandant du régiment. Lorsque ce dernier a jugé nécessaire d'infliger cette punition, il en informe sur-le-champ le commandant d'armes et lui en fait connaître les motifs; il en rend compte au général de brigade.

Hors le cas d'urgente nécessité, une troupe ne peut être consignée plus de vingt-quatre heures, sans l'autorisation du général commandant la subdivision de région.

Les officiers de semaine des compagnies consignées sont tenus de rester au quartier jusqu'à l'appel du soir. Le colonel peut ordonner que tous les officiers de ces compagnies se tiennent au quartier.

En ce qui concerne leur service spécial, l'adjudant-major de semaine n'est puni que par les officiers supérieurs; les officiers comptables ne peuvent l'être que par le colonel, le lieutenant-colonel ou le major.

Les officiers, sous-officiers, caporaux et soldats chargés d'emplois spéciaux ne peuvent de même être punis, en ce qui concerne leur service spécial, que par leur supérieur dans ce service.

Le médecin-major de 1re classe ne peut être puni que par le colonel ou le lieutenant-colonel; le médecin-major de 2e classe et le médecin aide-major que par les officiers supérieurs ou le médecin-major de 1re classe, sans préjudice des droits attribués par le présent Règlement à tout chef de détachement.

Les punitions que peuvent encourir les médecins sont les mêmes que celles qui peuvent être infligées aux officiers du grade dont ils ont la correspondance; les droits qu'ils ont entre eux, en matière de punition, sont également ceux de ces grades.

Les médecins peuvent infliger aux sous-officiers, caporaux et soldats à l'infirmerie, à la salle des convalescents ou à la salle de visite, ainsi qu'au caporal d'infirmerie, aux infirmiers et brancardiers régimentaires, les mêmes punitions que les officiers du grade dont ils ont la correspondance. Le médecin-major rend compte, sur le rapport médical, des punitions infligées.

Les médecins s'adressent au lieutenant-colonel lorsqu'ils ont une punition à demander contre un officier d'un grade inférieur à celui dont ils ont la correspondance, ou contre un sous-officier, un caporal ou un soldat autres que ceux qui sont désignés au paragraphe précédent. De même, les capitaines s'adressent au lieutenant-colonel lorsqu'ils ont une punition à demander contre le médecin aide-major.

Le chef de musique a, en matière de punition, sur le sous-chef de musique, les musiciens et les élèves-musiciens, dans leur service spécial, les mêmes droits qu'un capitaine. Le sous-chef de musique a sur les musiciens et les élèves-musiciens les droits que le présent Règlement accorde à l'adjudant de compagnie dans sa compagnie.

Lorsque le chef ou le sous-chef de musique ont à se plaindre d'un sous-officier, d'un caporal ou d'un soldat autre qu'un musicien titulaire ou élève, ils adressent une plainte au chef de bataillon de semaine, qui prononce.

Le colonel, les officiers supérieurs, l'adjudant-major de semaine, l'officier d'habillement et les officiers sous les ordres desquels il est placé dans un service commandé ont le droit d'infliger au chef de musique les mêmes punitions qu'aux sous-lieutenants; les autres officiers qui ont une punition à demander contre le chef de musique en réfèrent au chef de bataillon de semaine, qui prononce.

Lorsque le sous-intendant militaire a sujet de se plaindre du major, pour des faits particuliers à l'administration, il en informe le colonel, et, s'il y a lieu, demande que cet officier supérieur soit puni ; le colonel ne peut refuser que pour des considérations majeures, dont il rend compte au général de brigade.

Le général de brigade, le général de division et le général commandant le corps d'armée, sous les ordres desquels le régiment est placé, peuvent augmenter, changer, diminuer, suspendre les punitions. Ils peuvent aussi les lever.

Le général de brigade peut prolonger jusqu'à trente jours la durée de la prison ou des arrêts de forteresse ; il en rend compte au général de division.

Le général commandant le corps d'armée et le général de division, dans l'étendue de leur commandement, peuvent infliger la prison ou les arrêts de forteresse pendant soixante jours ; le général de division rend compte sur-le-champ au commandant de corps d'armée.

Tout officier général a, en dehors de son commandement, les droits du colonel ; il rend compte au général commandant le corps d'armée.

Les officiers, les sous-officiers et les caporaux de réserve ou de l'armée territoriale, lorsqu'ils sont sous les drapeaux, peuvent être punis par les officiers et sous-officiers de l'armée active qui leur sont supérieurs en grade, et ils ont, en matière de punition, les mêmes droits que les militaires de l'armée active de leur grade.

Impartialité dans les punitions.

303. Les punitions doivent être proportionnées, non seulement aux fautes, mais encore à la conduite habituelle de chaque homme, à son caractère, au temps de service qu'il a accompli et à son degré d'intelligence.

Elles doivent être infligées avec justice et impartialité, et jamais par aucun sentiment de haine ni de passion. Le supérieur doit s'attacher à prévenir les fautes ; lorsqu'il est dans l'obligation de punir, il recherche avec soin toutes les circonstances atténuantes.

En infligeant une punition, il ne se permet jamais de propos outrageants ; le calme du supérieur fait connaître qu'en punissant, il n'est animé que par le bien du service et le sentiment de son devoir.

Dispositions communes aux divers grades.

304. Dans le corps, tout officier, sous-officier ou caporal qui inflige une punition en informe l'adjudant de semaine, qui la fait communiquer par le sergent-major au capitaine de la compagnie à laquelle appartient l'homme puni, en indiquant le motif et la durée de la punition.

Tout supérieur qui inflige une punition à un militaire d'un autre corps en informe l'adjudant-major de semaine de son régiment, qui en fait rendre compte, par le rapport journalier, au major de la garnison. Celui-ci fait connaître la punition au chef de corps auquel appartient l'homme puni.

Tout militaire qui, en permission ou en congé, encourt une punition de prison est immédiatement renvoyé au régiment par le général commandant la subdivision de région.

Celui qui, étant en congé de convalescence, est signalé comme ayant une inconduite caractérisée ou s'étant rendu coupable de faits délictueux, peut, après avis conforme des médecins, être rappelé au corps ou envoyé à l'hôpital.

Les punitions des sous-officiers, caporaux et soldats se décomptent par jour : de l'heure de la garde montante à l'heure de la garde montante du lendemain ; elles commencent au moment où elles sont infligées et se terminent à l'heure de la garde montante du jour où elles doivent cesser. L'adjudant de semaine, à l'expiration des punitions, fait élargir les militaires punis et fait conduire les soldats à leur compagnie par les caporaux de semaine.

Punitions des officiers.

Nature des punitions.

305. Les punitions à infliger aux officiers pour fautes contre la discipline sont :

Les arrêts simples ;
La réprimande du colonel ;
Les arrêts de rigueur ;
Les arrêts de forteresse ;
La réprimande des généraux.

La réprimande du colonel et celle des généraux ont lieu en présence d'un ou de plusieurs officiers du grade supérieur, ou en présence d'officiers du même grade et plus anciens que l'officier réprimandé.

Arrêts simples.

306. Un officier peut être mis aux arrêts simples par tout officier d'un grade supérieur au sien, ou même d'un grade égal, si ce dernier est plus ancien et s'il a le commandement du détachement, de la garnison ou du cantonnement dont l'autre officier fait partie.

Un lieutenant peut ordonner les arrêts pendant quatre jours; un capitaine, pendant huit; un capitaine dans sa compagnie ou un officier supérieur, pendant quinze; le colonel et les généraux, pendant trente jours.

Un officier aux arrêts simples n'est exempt d'aucun service; il est tenu de garder la chambre sans recevoir personne, excepté pour affaires de service.

Arrêts de rigueur. — Arrêts de forteresse.

307. Les arrêts de rigueur et les arrêts de forteresse ne peuvent être ordonnés que par le colonel : les arrêts de rigueur pendant trente jours, les arrêts de forteresse pendant quinze, ou par les généraux dans les limites fixées à l'article 302.

Ces punitions suspendent de toutes fonctions militaires et imposent à l'officier les mêmes obligations que les arrêts simples.

Comment sont ordonnés les arrêts.

308. Les arrêts peuvent être ordonnés par écrit ou de vive voix. Dans tous les cas, un billet cacheté fait connaître, sous forme d'ordre, à l'officier puni le motif de la punition, ainsi que le jour et l'heure de l'expiration des arrêts; il est donné reçu de cet avis. Un officier d'un grade supérieur à l'officier puni, ou plus ancien que lui, peut être chargé de lui signifier verbalement les arrêts.

La punition commence dès qu'elle est infligée.

Les arrêts de rigueur et les arrêts de forteresse sont mis à l'ordre lorsque l'intérêt de la discipline l'exige.

Le général de brigade décide, sur la proposition du colonel, si l'officier puni des arrêts de forteresse doit se rendre librement au lieu de détention ou s'il doit y être conduit.

Compte rendu.

309. Tout officier qui a ordonné les arrêts à un officier de la même compagnie que lui en rend compte sur-le-champ au capitaine, qui en instruit le chef de bataillon.

Si c'est un officier d'une autre compagnie, mais du même bataillon, le compte est rendu au chef de bataillon, qui en fait informer le capitaine.

Si l'officier puni appartient à un autre bataillon, l'officier qui a ordonné la punition en rend compte directement au lieutenant-colonel, qui en fait donner avis au chef de bataillon ; celui-ci en fait prévenir le capitaine.

Les chefs de bataillon et le major rendent compte, au lieutenant-colonel, des punitions infligées aux officiers sous leurs ordres.

Le colonel rend compte des arrêts simples, sous pli cacheté, au général de brigade, en lui adressant son rapport journalier ; lorsqu'il inflige les arrêts de rigueur ou les arrêts de forteresse, il lui rend compte immédiatement.

Le compte rendu des punitions est conforme au modèle n° XXIV.

Expiration des arrêts.

310. Les arrêts simples et les arrêts de rigueur cessent à l'époque fixée pour l'expiration de la punition, et sans autre formalité.

Fautes pendant les arrêts.

311. Si un officier aux arrêts simples commet une faute, tout supérieur peut lui infliger une nouvelle punition ; le colonel peut seul changer les arrêts simples en arrêts de rigueur et ceux-ci en arrêts de forteresse.

Punitions des sous-officiers.

Nature des punitions

312. Les punitions à infliger aux sous-officiers sont :

La privation de sortir du quartier après l'appel du soir ;

La consigne au quartier ;

La consigne à la chambre ;

La réprimande du capitaine ;

La prison ;

La réprimande du colonel ;

La rétrogradation ;

La cassation ;

La suspension de la commission, la révocation et la mise à la retraite d'office pour les commissionnés.

La privation de sortir du quartier après l'appel du soir est infligée aux sous-officiers qui font preuve de paresse ou d'ignorance à l'instruction, ou qui rentrent au quartier après l'heure fixée. Elle est infligée aussi pour inexactitude dans la remise des pièces et pour légères irrégularités dans le service.

Pour les fautes de tenue, soit personnelles, soit relatives à leur troupe, les sous-officiers sont punis de la consigne au quartier.

Pour les fautes légères contre la discipline, ils sont punis de la consigne à la chambre.

Pour les fautes plus graves, entre autres celles qu'ils commettent pendant un service armé, ils sont punis de la réprimande du capitaine ou de la prison.

La réprimande du capitaine a lieu en présence d'un ou de plusieurs sous-officiers du même grade de la compagnie.

La réprimande du colonel a lieu en présence de plusieurs sous-officiers du même grade, ou du grade supérieur et rengagés si elle est infligée à un sous-officier rengagé. Elle est mise à l'ordre lorsque le bien du service l'exige (1).

La rétrogradation est infligée pour réprimer des fautes graves réitérées et l'inconduite habituelle.

La cassation des sous-officiers, ainsi que la suspension de la commission, la révocation ou la mise à la retraite des sous-officiers commissionnés sont employées, en principe, quand les autres moyens ont été épuisés.

Les sous-officiers consignés ne sont dispensés d'aucun service. Lorsque le service exige qu'ils sortent du quartier, ils en préviennent l'adjudant de semaine et reprennent leur punition aussitôt après.

La nourriture des sous-officiers consignés à la chambre leur est apportée de la cantine ou du mess.

Les sous-officiers punis de prison ne font aucun service. Des fournitures de salle de discipline leur sont affectées.

Quand cette punition excède quinze jours, elle peut être subie à la prison militaire de la place.

---

(1) Rédaction de cet alinéa modifiée conformément au décret du 30 janvier 1897.

Les mêmes dispositions sont applicables aux caporaux fourriers.

Les chefs armuriers sont passibles des mêmes peines disciplinaires que les sous-officiers.

Le sous-officier marié et autorisé à loger en ville peut subir à son domicile les punitions de consigne au quartier et de consigne à la chambre. Toutefois, le chef de corps a toujours le droit de spécifier, pour quelque motif que ce soit, que la punition sera subie au quartier.

Un contrôle vigilant doit être exercé sur les punitions qui sont subies en ville.

Les punitions de prison seront subies soit dans une chambre spéciale, éloignée autant que possible des locaux disciplinaires des caporaux ou soldats, soit à la prison militaire de la place (1).

Par qui elles sont ordonnées.

313. Les punitions sont ordonnées aux sous-officiers et aux caporaux fourriers de la manière suivante :

Par les sergents, aux caporaux fourriers et par les sergents-majors, quatre jours de privation de sortir après l'appel, ou deux jours de consigne au quartier ;

Par les sergents-majors dans leur compagnie, et par les adjudants, quatre jours de privation de sortir après l'appel ou quatre jours de consigne au quartier ;

Par l'adjudant de semaine dans son service spécial, par l'adjudant dans sa compagnie, par

---

(1) Rédaction de cet alinéa modifiée conformément au décret du 30 janvier 1897.

les sous-lieutenants et les lieutenants, huit jours de privation de sortir après l'appel, ou huit jours de consigne au quartier, ou quatre jours de consigne à la chambre;

Par les capitaines, quinze jours de privation de sortir après l'appel, ou huit jours de consigne au quartier, ou huit jours de consigne à la chambre;

Par les capitaines dans leur compagnie, et par les officiers supérieurs, trente jours de privation de sortir après l'appel, ou quinze jours de consigne au quartier, ou quinze jours de consigne à la chambre, ou huit jours de prison, ou la réprimande;

Par le colonel, trente jours de privation de sortir après l'appel, ou trente jours de consigne au quartier, ou trente jours de consigne à la chambre, ou quinze jours de prison, ou la réprimande.

Punitions des caporaux et des soldats.

Nature des punitions.

314. Les punitions à infliger aux caporaux sont :

La consigne au quartier;
La salle de police;
La prison;
La cassation;
La suspension de la commission, la révocation et la mise à la retraite d'office pour les commissionnés.

Les punitions à infliger aux soldats sont :

Les corvées supplémentaires;
L'inspection avec la garde;
La consigne au quartier;

La salle de police;
La prison;
La cellule;
La cellule de correction;
Le renvoi de la 1re à la 2e classe;
La suspension de la commission, la révocation et la mise à la retraite d'office pour les commissionnés;
L'envoi aux compagnies de discipline, aux sections de discipline pour les soldats des régiments de tirailleurs algériens, des régiments étrangers ou des bataillons d'infanterie légère d'Afrique (1).

Pour les fautes légères, les soldats sont punis par une ou plusieurs corvées supplémentaires. Pour négligence dans l'entretien de leurs effets ou de leurs armes, ils sont punis par un ou plusieurs jours d'inspection avec la garde.

Pour les fautes légères contre la discipline, les caporaux et les soldats sont punis de la consigne au quartier.

Pour manque à l'appel du soir, pour mauvais propos, désobéissance, querelles, ivresse, les caporaux et les soldats sont punis de la salle de police.

Pour les fautes plus graves, particulièrement lorsqu'elles sont commises pendant un service ou en état d'ivresse, ils sont punis de la prison; les soldats peuvent l'être de la cellule.

La cellule de correction n'est infligée qu'aux soldats des régiments étrangers ou des bataillons d'infanterie légère d'Afrique. Cette punition est subie par périodes de sept jours, avec interruption de quatre jours. Les hommes punis de la

---

(1) Rédaction de cet alinéa modifiée conformément au décret du 24 février 1895.

cellule de correction reçoivent pour nourriture le pain et deux soupes sans viande.

Les hommes qui ont vendu leurs effets sont, en attendant, s'il y a lieu, leur comparution devant le conseil de guerre, toujours mis en cellule de correction, avec interruption de quatre jours après chaque période de sept jours.

Les caporaux doivent subir leurs punitions de salle de police et de prison dans des locaux spéciaux.

Tout militaire qui, au moment de la libération de sa classe ou de son passage dans la disponibilité, a à subir tout ou partie d'une punition de prison ou de cellule, est retenu au régiment pour y subir intégralement sa punition (1).

En outre, les militaires qui, pendant la durée de leur service légal, ont subi des punitions de prison ou de cellule, sont maintenus au corps après le départ des hommes de leur classe pendant un nombre de jours égal au nombre de journées de prison ou de cellule qu'ils ont subies.

Cette disposition n'est pas applicable aux militaires qui, au moment du départ des hommes de leur classe, sont en possession du grade de sous-officier ou de celui de caporal.

Si le total de ces journées de prison ou de cellule dépasse soixante, la durée du maintien au corps est fixée par le conseil de discipline statuant en dernier ressort ; elle ne peut être inférieure à trois mois, ni supérieure à un an.

Les réservistes qui ont été punis de prison ou de cellule pendant une période d'instruction sont maintenus au corps, à la fin de la période d'in-

---

(1) Pour l'application des dispositions de cet alinéa, voir la note ministérielle du 20 août 1895.

struction, pendant un nombre de jours égal à la durée totale des punitions de cette nature qu'ils ont encourues.

Les réservistes qui se présentent en retard à l'appel d'une période d'instruction, sans justifier de motifs légitimes, sont punis de prison.

Afin de ne pas gêner l'instruction, les punitions de prison et de cellule infligées aux réservistes pendant une période d'instruction sont subies à la fin de cette période.

Les mêmes prescriptions sont applicables aux hommes de l'armée territoriale ; ils sont maintenus, s'il y a lieu, au corps de l'armée active le plus voisin.

Par qui elles sont ordonnées.

315. Les punitions sont ordonnées aux caporaux de la manière suivante :

Par le caporal fourrier, par les sergents et par les sergents-majors, quatre jours de consigne au quartier ;

Par les sergents-majors dans leur compagnie et par les adjudants, huit jours de consigne au quartier ;

Par l'adjudant de semaine dans son service spécial, par l'adjudant dans sa compagnie, par les sous-lieutenants et par les lieutenants, huit jours de consigne au quartier ou quatre jours de salle de police ;

Par les capitaines, quinze jours de consigne au quartier ou huit jours de salle de police ;

Par les capitaines dans leur compagnie et par les officiers supérieurs, trente jours de consigne au quartier, ou quinze jours de salle de police, ou huit jours de prison ;

Par le colonel, trente jours de consigne au quartier, ou trente jours de salle de police, ou quinze jours de prison.

Les punitions sont ordonnées aux soldats de la manière suivante :

Par les caporaux, deux jours de consigne au quartier ;

Par le caporal fourrier, par les sergents et par les sergents-majors, quatre jours de consigne au quartier ;

Par les sergents-majors dans leur compagnie et par les adjudants, huit jours de consigne au quartier ;

Par l'adjudant de semaine dans son service spécial, par l'adjudant dans sa compagnie, par les sous-lieutenants et par les lieutenants, huit jours de consigne au quartier, ou quatre jours de salle de police ;

Par les capitaines, quinze jours de consigne au quartier, ou huit jours de salle de police ;

Par les capitaines dans leur compagnie et par les officiers supérieurs, trente jours de consigne au quartier, ou quinze jours de salle de police, ou huit jours de prison ;

Par le colonel, trente jours de consigne au quartier, ou trente jours de salle de police, ou quinze jours de prison, ou huit jours de cellule en déduction d'un nombre égal de jours de prison.

Dans les régiments étrangers et dans les bataillons d'infanterie légère d'Afrique :

Par les capitaines, quinze jours de salle de police, ou huit jours de prison ;

Par les capitaines dans leur compagnie et par les officiers supérieurs, trente jours de salle de police, ou quinze jours de prison, ou huit jours de cellule ;

Par le colonel, trente jours de prison, ou trente jours de cellule, ou vingt-huit jours de cellule de correction.

Service des hommes punis.

316. Les soldats consignés ou punis de salle de police sont employés à toutes les corvées du quartier.

Les caporaux et les soldats consignés ou punis de salle de police ne sont dispensés d'aucun service; ils assistent à toutes les séances d'exercices ou de manœuvres; ils reprennent leur punition quand leur service a cessé. Les sergents et les caporaux de semaine en sont responsables.

Le couchage des caporaux et soldats punis de salle de police se compose d'une fourniture de salle de discipline.

Les caporaux et les soldats punis de prison ne font pas de service, mais ils sont exercés pendant trois heures le matin et trois heures le soir, en peloton de punition, sous le commandement d'un sous-officier. Les soldats sont en outre employés aux corvées de propreté les plus pénibles. Les centimes de poche des caporaux et des soldats sont versés en totalité à l'ordinaire de leur compagnie, qui bénéficie également des rations de vin, d'eau-de-vie, de sucre et de café, dont l'usage leur est interdit pendant la durée de leur punition.

Lorsqu'il n'y a pas de services dans la journée, les caporaux et les soldats punis de salle de police sont exercés au peloton de punition pendant deux heures.

Les soldats punis de la cellule ne sont pas employés aux corvées de quartier, ni exercés au peloton de punition; ils sont séquestrés pendant toute la durée de cette punition.

Ils reçoivent pour nourriture le pain et deux soupes, dont une sans viande.

Les militaires détenus en prison ou en cellule ne reçoivent qu'une couverture.

Toutefois, dans les circonstances exceptionnelles (rigueur du froid, excès ou persistance de la chaleur, détention prolongée nécessitée par les formalités d'une instruction ou d'une enquête), le chef de corps a toute initiative pour modifier le régime de la prison ou de la cellule. Il peut même suspendre ou ajourner la détention en cellule et ordonner qu'elle sera subie dans un local convenablement choisi et facile à surveiller (1).

Les punitions disciplinaires de prison ou de cellule sont toujours subies au corps.

Formes pour rétrograder et pour casser les sous-officiers et caporaux, et pour faire descendre les soldats de la 1re classe à la 2e.

Rétrogradations par mesure de discipline.

317. Les adjudants peuvent être replacés dans l'emploi de sergent-major ou celui de sergent; les sergents-majors dans celui de sergent; les sergents, les sergents fourriers et les caporaux fourriers, dans le grade de caporal.

La rétrogradation est prononcée par les officiers généraux.

Lorsqu'il y a lieu de faire descendre un sous-officier ou un caporal fourrier au grade ou à l'emploi inférieur, le capitaine de la compagnie ou, s'il s'agit d'un adjudant de bataillon, l'adju-

(1) Nouvelle rédaction de cet alinéa. (Décret du 28 octobre 1896.)

dant-major de ce bataillon, dresse une plainte qui est remise au colonel après avoir été revêtue de l'avis du chef de bataillon, de celui du lieutenant-colonel et, si les faits sont relatifs à l'administration, de celui du major.

Dans les bataillons de forteresse faisant partie d'un groupe, l'avis du lieutenant-colonel est remplacé par celui du lieutenant-colonel chef de groupe.

Cette plainte est accompagnée du relevé des punitions et de l'état signalétique et des services du sous-officier.

Si la plainte est motivée principalement par une faute commise dans un poste ou pendant tout service soumis à la surveillance des adjudants-majors, le rapport de l'adjudant-major et l'avis du chef de bataillon de semaine accompagnent la plainte du capitaine de la compagnie.

Le colonel adresse le dossier au général de brigade, avec un rapport spécial.

Le général de brigade prend de nouvelles informations, entend, s'il y a lieu, le sous-officier objet de la plainte, et prononce.

La rétrogradation par mesure de discipline des sous officiers rengagés et de ceux qui sont décorés de la Légion d'honneur ou de la médaille militaire, ainsi que la rétrogradation, pour quelque motif que ce soit, du chef armurier, sont l'objet de dispositions spéciales indiquées au présent règlement (art. 319).

Les sous-officiers rétrogradés changent de bataillon; dans les bataillons formant corps, ils changent de compagnie.

Cassations.

318. Les adjudants, les sergents-majors, les

sergents, sergents fourriers les caporaux fourriers et les caporaux peuvent être cassés et replacés dans les rangs des soldats.

La cassation, portant atteinte à toute la carrière militaire, ne doit être employée qu'avec la plus grande circonspection, et pour les fautes très graves ou d'incorrigibilité bien reconnue.

Lorsqu'il y a lieu de casser un adjudant, un sergent-major, un sergent, un sergent fourrier, un caporal fourrier ou un caporal, on suit la marche tracée à l'article précédent pour la rétrogradation.

La cassation d'un caporal fourrier et d'un caporal est prononcée par le général de brigade.

La cassation d'un sergent et d'un sergent-major est prononcée par le général de division ; le général de brigade lui adresse à cet effet les pièces avec son avis et les renseignements qu'il a pris soin de recueillir.

La cassation d'un adjudant est prononcée par le général commandant le corps d'armée ; le général de brigade et le général de division lui adressent à cet effet les pièces et les renseignements indiqués plus haut.

La cassation des sous-officiers et caporaux rengagés, de ceux qui sont décorés de la Légion d'honneur ou de la médaille militaire, la suspension des effets de la commission, la révocation ou la mise à la retraite d'office des militaires de tous grades commissionnés sont l'objet de dispositions spéciales indiquées au présent règlement (art. 319). Il en est de même de la révocation des chefs armuriers.

Les sous-officiers et les caporaux cassés changent de corps. Les propositions sont adressées, par la voie hiérarchique, au commandant du corps d'armée, qui statue si le changement de corps peut s'effectuer dans l'intérieur du corps d'armée, ou qui transmet le dossier au Ministre, lequel prononce le changement de corps, si cette mesure doit avoir pour conséquence l'envoi dans un autre corps d'armée du militaire cassé (1).

Aussitôt que la cassation ou la rétrogradation d'un militaire aura été prononcée, sa première punition, considérée comme mesure préventive, doit être annulée.

Dispositions spéciales à certaines catégories de militaires.

319. La rétrogradation par mesure de discipline ou la cassation des sous-officiers rengagés, la suspension des effets de la commission, la révocation ou la mise à la retraite d'office des sous-officiers commissionnés sont prononcées par le général commandant le corps d'armée, sur l'avis conforme du conseil d'enquête des sous-officiers, convoqué et composé comme il est indiqué au décret prévu par l'article 6 de la loi du 18 mars 1889.

La cassation des caporaux rengagés, la suspension des effets de la commission, la révocation ou la mise à la retraite d'office des caporaux et soldats commissionnés sont également prononcées par le général commandant le corps d'armée, sur l'avis conforme du conseil de discipline, convoqué et composé comme il est dit à l'article 325 ci-après.

Pour les sous-officiers, caporaux et soldats décorés de la Légion d'honneur ou de la médaille

(1) Rédaction de ce paragraphe modifiée conformément au décret du 26 novembre 1894.

militaire, la rétrogradation ou la cassation, la suspension des effets de la commission, la révocation ou la mise à la retraite d'office sont prononcées par le Ministre, sur l'avis conforme du conseil d'enquête, en ce qui concerne les sous-officiers, ou du conseil de discipline en ce qui concerne les caporaux et les soldats.

Le changement de corps des sous-officiers et caporaux cassés, décorés de la Légion d'honneur ou de la médaille militaire, est également prononcé par le Ministre (1).

La rétrogradation, pour quelque motif que ce soit, ou la révocation des chefs armuriers sont également prononcées par le Ministre, sur l'avis conforme du conseil d'enquête; la révocation prononcée, le militaire passe, s'il y a lieu, dans un corps de troupe pour y parfaire le temps de service qu'il doit encore à l'État.

Renvoi des soldats de la 1re classe à la 2e classe.

320. Les soldats de 1re classe, les tambours et les clairons sont remis soldats de 2e classe sur l'ordre du colonel, d'après le rapport du capitaine, l'avis du chef de bataillon et celui du lieutenant-colonel.

Le colonel prononce aussi le renvoi dans une compagnie des soldats du petit état-major et de la section hors rang, sur le rapport du commandant de la section, l'avis du major et celui du lieutenant-colonel.

---

(1) Rédaction de ce paragraphe modifiée conformément au décret du 26 novembre 1894.

Attributions des commandants de détachement.

321. En campagne ou loin du territoire, les officiers supérieurs commandant des fractions détachées du corps d'armée prononcent le renvoi des soldats de la 1re à la 2e classe, la réprimande avec mise à l'ordre, et les privations d'emploi, et rendent compte au colonel; ils adressent directement au général de brigade sous les ordres duquel ils sont placés les rapports et pièces relatifs aux rétrogadations et aux cassations; ils rendent compte au colonel.

En tout temps, lorsque le colonel est avec une partie du régiment hors de France, l'officier supérieur qui commande la portion du régiment restée à l'intérieur se conforme aux mêmes dispositions.

Dispositions concernant les punitions des sous-officiers, des caporaux et des soldats.

322. Les punitions sont portées sur les feuillets de punition et sur les livrets matricules.

Les rétrogradations, les cassations, les renvois de la 1re à la 2e classe, les privations d'emploi, les suspensions de commission, les révocations et les mises à la retraite d'office des commissionnés, les envois dans les compagnies de discipline sont mis à l'ordre du régiment. Il en est de même de toute autre punition grave que le colonel juge, dans l'intérêt de la discipline, devoir porter à la connaissance de tous.

Les dossiers concernant les rétrogradations, les cassations, les renvois de la 1re classe, les privations d'emploi et les envois dans les compagnies de discipline sont déposés aux archives du régiment.

CHAPITRE XLVIII.

MISE EN NON-ACTIVITÉ ET MISE EN RÉFORME DES OFFICIERS.

Mise en non-activité par retrait ou suspension d'emploi.

323. Lorsque les officiers commettent des fautes qui, sans être de nature à entraîner la perte du grade ni à rendre justiciable d'un conseil de guerre, sont néanmoins assez graves pour ne pouvoir être réprimées par les punitions spécifiées au chapitre précédent, ils peuvent être mis en non-activité ou en réforme.

La non-activité, c'est-à-dire l'exclusion temporaire du service, est prononcée par décision du Président de la République, sur le rapport du Ministre de la guerre.

Les causes qui peuvent motiver la mise en non-activité par mesure de discipline, moins graves que celles qui peuvent donner lieu à la réforme, c'est-à-dire à l'exclusion définitive de l'armée, sont laissées à l'appréciation de l'autorité militaire supérieure.

L'officier mis en non-activité par suspension d'emploi n'est pas remplacé pendant un an, et peut être replacé dans son corps avant l'expiration d'une année.

L'officier mis en non-activité par retrait d'emploi est dans cette position pour un temps non limité; mais cette situation ne peut être prolongée plus de trois années, sans qu'un conseil d'enquête soit appelé à donner son avis sur la question de savoir si l'officier doit être mis en réforme.

Lorsque le chef de corps estime qu'un officier ne peut être maintenu en activité, soit pour inconduite, soit pour fautes dans le service ou défaut de capacités, il expose les torts de l'officier d'une manière détaillée dans une plainte qu'il remet au général de brigade. Il spécifie si, dans son opinion, l'officier doit être mis en retrait ou seulement en suspension d'emploi. Il joint à la plainte un relevé des punitions de l'officier, une copie des feuillets du personnel de l'officier, et, s'il y a lieu, les pièces relatives aux faits sur lesquels la plainte est appuyée.

Le dossier est transmis hiérarchiquement par le général de brigade, le général de division et le général commandant le corps d'armée au Ministre de la guerre. Chacun de ces officiers généraux donne son avis écrit signé, tant au sujet des torts qui sont reprochés à l'officier, que de la mesure demandée contre lui.

L'officier en non-activité reste soumis aux règles de discipline générale et de subordination, sous la surveillance du général commandant la subdivision de région où il est autorisé à résider (1).

---

(1) Les chefs de musique peuvent être suspendus de leur emploi soit par mesure de discipline, soit pour cause d'infirmités ou maladie.

La durée de la suspension est limitée à trois ans au maximum ; cette position ne donne droit à aucune solde.

Les chefs de musique susceptibles d'être suspendus de leur emploi par mesure de discipline passent, au préalable, devant une commission d'enquête de régiment. (Décret du 5 octobre 1872, art. 7.)

Les chefs de musique en suspension d'emploi sont soumis, tous les six mois, à une inspection ou à une contre-visite médi-

Mise en réforme. — Conseil d'enquête.

324. La réforme peut être prononcée par le Président de la République sur la proposition du Ministre de la guerre : par mesure de discipline, directement et sans passer par la position de non-activité, pour inconduite habituelle, fautes graves dans le service ou contre la discipline, fautes contre l'honneur; indirectement, à raison de la prolongation de la non-activité pendant trois ans, pour cause de discipline ou de santé.

Dans ces deux cas, la réforme ne peut être prononcée que sur l'avis d'un conseil d'enquête.

Lorsqu'un officier en activité, ou en non-activité, est dans le cas d'être envoyé devant un conseil d'enquête, il est procédé dans les formes prescrites par le décret du 29 juin 1878.

Le procès-verbal est adressé au Ministre de la guerre.

L'avis du conseil ne peut être modifié qu'en faveur de l'officier.

L'officier en réforme est libéré des obligations de l'état d'activité ou de non-activité.

Les officiers de réserve et de l'armée territoriale, soumis à des règles spéciales, peuvent perdre le grade qui leur a été conféré par l'une des causes énumérées et dans les formes prescrites par le décret du 31 août 1878.

---

cale. Si, à l'expiration de la troisième année de suspension d'emploi, un chef de musique n'est pas jugé susceptible d'être remis en possession de son emploi, il est révoqué. Le temps passé par les chefs de musique dans la suspension d'emploi ne compte pas pour la retraite. (Décret du 26 juin 1886.)

CHAPITRE XLIX.

CONSEIL DE DISCIPLINE POUR LES SOLDATS.

Envoi des soldats aux compagnies de discipline (aux sections de discipline, pour les soldats des régiments de tirailleurs algériens, des régiments étrangers et des bataillons d'infanterie légère d'Afrique) (1).

325. Les soldats des différents corps de troupe sont susceptibles d'être envoyés aux compagnies de discipline (ou aux sections de discipline, pour les soldats des régiments de tirailleurs algériens, des régiments étrangers et des bataillons d'infanterie légère d'Afrique), dans les cas suivants :

1° Directement par le Ministre de la guerre, lorsqu'ils prennent part à des actes collectifs d'indiscipline, ou que, sans tomber sur le coup des dispositions du paragraphe 2° ci-après, ils commettent une ou plusieurs fautes dont la gravité, en raison de leur caractère particulier ou des circonstances qui les accompagnent, rend insuffisante la répression par les simples peines disciplinaires ;

2° Par les généraux de division (ou, pour les troupes non endivisionnées, par les généraux commandant les corps d'armée) et d'après l'avis d'un conseil de discipline, lorsque, sans avoir commis de délits justiciables des conseils de guerre, ils tiennent une conduite dépravée ou persévèrent, par des fautes et des contraventions que les simples peines disciplinaires ne peuvent plus réprimer, à porter le trouble et le mauvais

(1) Nouvelle rédaction. (Décret du 13 avril 1898.)

exemple dans le corps dont ils font partie, ou lorsqu'ils se mutilent volontairement après leur incorporation, ou enfin lorsqu'ils persistent à simuler des infirmités, dans le but de se soustraire au service.

Lorsqu'un commandant de compagnie estime qu'un soldat sous ses ordres doit être envoyé aux compagnies de discipline, il adresse, à ce sujet, un rapport écrit à son chef hiérarchique, en relatant les fautes du soldat, les peines de simple discipline qui lui ont été infligées et les récidives qui donnent à sa conduite habituelle un caractère de persévérance dangereux pour l'ordre et la police du corps.

Pour le militaire qui s'est mutilé volontairement ou qui simule une infirmité, les certificats de visite et de contre-visite sont toujours joints à ce rapport.

Le chef de bataillon adresse ce rapport avec son avis au lieutenant-colonel, qui le transmet avec son avis au colonel.

Dans les cas prévus par le paragraphe 1°, le colonel ou, lorsqu'il est absent, le commandant du régiment, transmet immédiatement ce rapport au Ministre avec son avis, par la voie hiérarchique.

Dans les cas prévus par le paragraphe 2°, il convoque un conseil de discipline composé de :

Un chef de bataillon, président;

Les deux plus anciens capitaines de compagnie, membres;

Les deux plus anciens lieutenants, membres, tous pris hors du bataillon auquel appartient le soldat inculpé.

Dans un détachement commandé par un officier supérieur, le conseil de discipline est aussi convoqué par le chef de corps sur la demande du commandant de détachement; il est formé comme ci-dessus, si c'est possible; dans le cas contraire, il est composé :

Du plus ancien capitaine, président;

De quatre lieutenants ou sous-lieutenants désignés par ordre d'ancienneté dans chaque grade, membres, tous pris, autant que possible, en dehors de la compagnie à laquelle appartient le soldat inculpé.

Dans un bataillon de forteresse faisant partie d'un groupe, le conseil a la même composition que pour un détachement commandé par un officier supérieur; tous les membres sont pris exclusivement dans le bataillon de l'inculpé; l'avis du lieutenant-colonel est remplacé sur le rapport du commandant de la compagnie par l'avis du commandant du groupe auquel il appartient de transmettre le dossier au chef de corps de qui relève le bataillon.

Dans un bataillon formant corps, le conseil de discipline est composé comme dans le dernier cas ci-dessus.

Lorsque le détachement ou le bataillon formant corps est commandé par un capitaine, le capitaine le plus ancien après lui préside le conseil, à l'exclusion de celui qui commande la compagnie de l'inculpé.

Si le corps ou le détachement ne présente pas, en officiers, les ressources suffisantes pour la formation du conseil, le général de brigade ou le général commandant la subdivision de région, suivant le cas, auquel il en est rendu compte, désigne, pour composer ou pour compléter le conseil de discipline, des officiers d'autres corps de la garnison, et, à leur défaut, des officiers appartenant à la garnison la plus voisine.

Le conseil de discipline se réunit au jour, au lieu et à l'heure fixés par l'ordre de convocation, mis à l'ordre du régiment. Les officiers sont en tenue du jour.

Lecture du dossier est faite au conseil.

Le commandant du bataillon et le capitaine sous les ordres desquels se trouve la compagnie dont le soldat fait partie, sont successivement consultés.

Lorsqu'ils se sont retirés, le soldat, en tenue du matin sans armes, amené par la garde, est entendu dans sa défense. Il doit toujours comparaitre en personne.

Le conseil délibère, vote, et rédige ensuite son avis motivé (mod. XXV), le signe et le remet en trois expéditions au colonel.

Le conseil de discipline émet un simple avis dont le général commandant le corps d'armée ou le général commandant la division, suivant le cas, peut modifier les conclusions, mais seulement en faveur du militaire objet de la plainte.

Toutefois, cet avis doit être rédigé de manière à résumer tous les éléments qui ont servi à former l'opinion des membres du conseil ; les services du militaire y sont énumérés avec toute la concision possible, ainsi que la nature des fautes où il est retombé le plus souvent, le nombre de punitions qu'il a encourues et l'espace de temps durant lequel ces punitions lui ont été infligées. Cet avis doit aussi résumer très clairement les explications fournies par le militaire en vue de sa défense.

Si cet avis est favorable au soldat, le colonel en rend compte au général de brigade.

S'il est défavorable, le colonel transmet les trois expéditions avec son avis motivé au général de brigade ; il y joint : le rapport du capitaine de la compagnie, revêtu de l'avis du chef de bataillon et de celui du lieutenant-colonel; l'ordre de convocation; l'état signalétique et des services du soldat et le relevé de ses punitions, établis en double expédition, et, s'il y a lieu, les certificats de visite et de contre-visite.

Le général de brigade adresse ces pièces, avec son avis, au général de division, ou au général commandant le corps d'armée, suivant le cas, qui prononce d'urgence et qui, s'il y a lieu, fait diriger le soldat sur le port d'embarquement désigné par les instructions spéciales. Le soldat attend en cellule la décision de l'autorité militaire supérieure.

Quand le général de division ou le commandant de corps d'armée, suivant le cas, juge ne pas devoir donner suite à l'avis du conseil, il peut infliger au soldat que cette demande concerne une punition disciplinaire. Dans tous les cas, le général de division rend compte au général commandant le corps d'armée.

Pour tout homme envoyé aux compagnies de discipline, il est adressé au Ministre, par la voie hiérarchique, une copie de l'avis émis par le conseil de discipline, contenant l'avis des autorités militaires et la décision du général, qui statue en dernier ressort.

En principe et à moins de circonstance exceptionnelle, on doit éviter l'envoi aux compagnies de discipline, pour le fait d'inconduite habituelle, d'un soldat qui ne compte pas une année révolue de service ou qui n'a plus que six mois de service à faire pour atteindre le terme légal de son passage dans la réserve.

Le conseil de discipline est convoqué et fonctionne comme il vient d'être prescrit, lorsqu'il s'agit de caporaux rengagés dont la cassation est demandée, de caporaux et simples soldats commissionnés dont la mise à la retraite d'office ou la révocation sont proposées, et de soldats dont le maintien sous les drapeaux est demandé, soit parce qu'ils ont subi, pendant la durée de leur service légal, plus de soixante jours de prison ou de cellule, soit parce qu'ils ne remplissent pas les conditions de conduite déterminées par le Ministre pour être renvoyés dans leurs foyers après l'expiration du temps de service auquel ils avaient été primitivement astreints.

Le caporal ou le soldat intéressé doit toujours comparaître en personne devant le conseil de discipline pour y fournir ses explications et être entendu dans sa défense.

Le conseil statue en dernier ressort sur la durée du maintien au corps des hommes ayant plus de soixante jours de prison ou de cellule.

Dans tous les autres cas, il émet un simple avis, sur le vu duquel le commandant du corps d'armée statue par délégation des pouvoirs du Ministre.

CHAPITRE L.

RÉTROGRADATION VOLONTAIRE.

Prescriptions générales.

326. La rétrogradation volontaire d'un sous-officier à un emploi inférieur ou au grade de caporal, suivant le cas, et la remise volontaire du grade de sous-officier ou du grade de caporal sont prononcées conformément aux prescriptions des articles 317 et 318 concernant la rétrogradation des sous-officiers et la cassation des sous-officiers et des caporaux.

Toutefois, l'application de ces mesures ne nécessite en aucun cas la convocation préalable d'un conseil d'enquête ou de discipline, et la plainte du capitaine est remplacée par une demande écrite faite par l'intéressé, sur laquelle le capitaine émet son avis.

L'inscription de la rétrogradation ou de la remise volontaire du grade est faite sur les livrets.

CHAPITRE LI.

CERTIFICAT DE BONNE CONDUITE ET ATTESTATION DE REPENTIR.

Certificat de bonne conduite.

327. Un certificat de bonne conduite (modèle XXVI) est délivré aux militaires qui se sont bien conduits pendant la durée de leur service; mention de l'obtention ou du refus de ce certificat est faite sur les livrets.

Il n'en est pas délivré aux militaires qui ont moins d'un an de présence sous les drapeaux, et il est mentionné sur les livrets que ces militaires n'ont pas à justifier de l'obtention du certificat de bonne conduite.

Le certificat de bonne conduite est accordé ou refusé sur la proposition d'une commission spéciale composée comme il suit :

Dans un régiment : le colonel, président; un lieutenant-colonel ou, à son défaut, le plus ancien des chefs de bataillon présents, un chef de bataillon, un capitaine, un lieutenant, membres;

Dans un bataillon détaché faisant partie d'un groupe, la composition est celle indiquée au paragraphe précédent, la présidence étant exercée par le lieutenant-colonel commandant le groupe ou, à son défaut, par le chef de bataillon commandant le bataillon de l'intéressé, et les quatre autres officiers étant pris exclusivement dans ce bataillon.

Dans les portions centrales ou, s'il y a lieu, les dépôts du régiment fractionné : le lieutenant-colonel, président, ou, à son défaut, un chef de bataillon ou le major, suivant que l'un ou l'autre est plus ancien de grade ; deux capitaines, dont le plus ancien des capitaines présents, deux lieutenants, membres ;

Dans un bataillon formant corps : le chef de corps, président ; deux capitaines, dont le plus ancien des capitaines présents, deux lieutenants, membres.

A défaut d'un ou de plusieurs des officiers des grades ci-dessus mentionnés, la commission se complète par l'adjonction du plus anciens des officiers présents dans le grade immédiatement inférieur.

Dans un bataillon détaché, la commission est composée comme dans un bataillon formant corps, avec cette différence qu'elle est présidée par le commandant du bataillon au lieu du chef de corps.

Dans une compagnie formant corps : le commandant de la compagnie, président ; un lieutenant et un sous-lieutenant ou, à défaut, un autre lieutenant, membres.

En cas d'absence d'un des officiers ci-dessus mentionnés, la commission fonctionne à l'aide des membres présents, au nombre de deux au moins dont, dans tous les cas, le président.

Les officiers qui ne sont pas de droit membres de la commission sont désignés par le chef de corps.

Le président seul signe le certificat.

Les punitions à mentionner sur le certificat sont, à l'exclusion de toutes autres, celles de prison et de cellule encourues durant les deux dernières années de présence sous les drapeaux et dont la durée totalisée dépasse quinze jours. Cette mention est, s'il y a lieu, remplacée par le mot « néant » et non par des guillemets ; le certificat ne doit jamais être raturé, ni gratté, ni surchargé.

Le général commandant la brigade dont le corps fait partie, ou, à son défaut, le général de brigade commandant la subdivision, gouverneur ou adjoint au gouverneur de la place dont le corps ou le bataillon détaché dépend au point de vue de la discipline, approuve ou rejette la délivrance du certificat de bonne conduite. Toutefois, si la commission persiste dans une opinion contraire à celle de cet officier général, celui-ci en rend compte au général de division commandant la division dont le corps fait partie, ou, s'il y a lieu, au général de division gouverneur de la place ou commandant le groupe de subdivisions dont dépend, au point de vue de la discipline, le corps ou le bataillon détaché (1).

Le certificat de bonne conduite n'est jamais délivré en copie ou duplicata. Il ne peut être délivré aucune autre attestation de bons services ou de moralité.

Le certificat ne peut être refusé aux sous-officiers, aux caporaux et aux soldats de 1re classe et assimilés. Cependant, lorsque la commission

---

(1) Rédaction de cet alinéa conforme à celle arrêtée par le décret du 10 février 1896.

juge que l'un des militaires dont il s'agit se trouve, au moment de son renvoi, indigne d'obtenir un certificat de bonne conduite, le chef de corps en réfère au général commandant le corps d'armée, qui statue.

Le militaire réadmis au service après interruption dépose aux archives du corps le certificat qu'il possède; s'il quitte le service avant l'expiration de l'année, il ne reçoit pas de nouveau certificat. S'il reste plus d'un an dans le nouveau régiment, il reçoit un certificat nouveau pour tout le temps de son service; le premier est annulé.

Attestation de repentir.

328. Les soldats libérés dans les compagnies de discipline ne peuvent, dans aucun cas, prétendre à un certificat de bonne conduite; mais lorsqu'ils n'ont pas été réintégrés dans un régiment uniquement en raison du peu de temps de service qui leur restait à faire, il peut leur être délivré une attestation de repentir, qui remplace pour eux le certificat de bonne conduite.

Par analogie, une attestation de même nature peut être délivrée aux soldats qui, sortant des compagnies de discipline, sont réintégrés dans un régiment et y restent moins d'un an. Cette attestation est conservée au corps et ne leur est remise à leur passage dans la réserve ou dans l'armée territoriale, que s'ils ont continué à se bien conduire; autrement, la pièce est renvoyée pas la voie hiérarchique au commandant de la compagnie de discipline pour être gardée dans les archives.

S'ils restent plus d'un an dans le régiment, ils

peuvent obtenir, comme les autres militaires, un certificat de bonne conduite.

CHAPITRE LII.

RÉCLAMATIONS.

Prescriptions générales.

329. Les réclamations individuelles sont les seules autorisées.

Réclamations par suite de punitions.

330. Des punitions injustes ou trop sévères pouvant être infligées par suite de rapports inexacts, d'informations mal prises ou par des motifs particuliers étrangers au service, les réclamations sont admises en se conformant aux règles suivantes :

Quel que soit l'objet de la réclamation, elle ne peut être portée qu'aux officiers ou aux généraux sous les ordres immédiats desquels se trouve placé le militaire qui la fait.

Tout militaire recevant l'ordre d'une punition doit d'abord s'y soumettre; mais il lui est permis d'adresser une réclamation dès que la punition a commencé. Les sous-officiers, les caporaux et les soldats doivent adresser leurs réclamations au capitaine; les officiers doivent adresser les leurs au colonel.

Un homme qui réclame en état d'ivresse ne peut être entendu.

Le colonel et les capitaines doivent écouter avec calme les réclamations qui leur sont adressées, en vérifier avec soin l'exactitude et y faire droit quand elles sont fondées ; mais ils peuvent infliger une punition nouvelle à celui qui a réclamé sans de justes motifs ou dans des termes contraires à la discipline.

Réclamations relatives à des effets.

331. Quand un sous-officier, un caporal ou un soldat croit avoir à se plaindre de la qualité d'un effet qui lui a été donné, il le présente sans tarder au capitaine. Si sa réclamation n'est pas accueillie, il peut la soumettre au chef de bataillon et même au colonel.

Manière de réclamer auprès du colonel, des généraux et du Ministre.

332. Lorsque les réclamations qu'ils ont adressées n'ont pas été accueillies par le capitaine, les soldats, caporaux et sous-officiers sont autorisés à s'adresser au colonel, soit par écrit, soit verbalement.

Les militaires de tous grades peuvent également adresser des réclamations aux généraux, mais seulement après avoir réclamé auprès du colonel, à moins que leur réclamation ne le concerne personnellement.

Ils peuvent de même, pour des objets concernant l'administration, réclamer verbalement ou par écrit auprès du conseil d'administration, avec recours, s'il y a lieu, au général commandant le corps d'armée et au Ministre de la guerre.

Les réclamations que les militaires de tous grades peuvent avoir à présenter au général inspecteur sont toujours formulées par écrit.

Les réclamations par écrit, visées au présent

article, doivent toujours passer par la voie hiérarchique, sans pouvoir être retenues par les autorités intermédiaires, qui les accompagnent d'un avis motivé s'il y a lieu; les militaires qui ont des réclamations verbales à adresser au colonel ou au conseil d'administration doivent, au préalable, faire prévenir de leur intention le colonel ou le président du conseil d'administration, par la voie hiérarchique (1).

CHAPITRE LIII.

CASERNEMENT ET COUCHAGE.

Casernement.

Dispositions générales.

333. Le casernement d'un régiment comprend tous les locaux affectés soit au logement, soit au service, soit à l'instruction des troupes.

L'état d'assiette détaillé du logement est arrêté de concert entre le commandant d'armes, le chef du génie, le sous-intendant militaire et un médecin-major de la garnison.

Le major est chargé de la direction du service du casernement; il a sous ses ordres, pour en suivre les détails, un lieutenant; à la portion principale, le porte-drapeau.

Dans un détachement, le chef de ce détachement dirige lui-même ce service; il a sous ses ordres un officier ou un sous-officier.

---

(1) Alinéa additionnel. (Décret du 30 mars 1893.

Prise de possession.

334. L'officier de casernement qui précède le corps se présente, à son arrivée, chez le commandant d'armes, pour lui remettre une situation de l'effectif et connaître les bâtiments assignés au régiment.

L'officier de casernement, accompagné d'un adjoint du génie, et, s'il y a lieu, de l'officier de casernement du corps qui occupait antérieurement les bâtiments, visite les locaux ; il vérifie l'état descriptif des lieux, détaillé par chambre et portant inventaire des objets mobiliers, dont une expédition lui est présentée.

Cette expédition, après avoir été rectifiée au besoin, est complétée par l'inscription des outils et des ustensiles qui, sans faire partie des chambres ou autres locaux, sont remis au régiment. Elle est signée par l'officier de casernement et par l'adjoint du génie, visée par le sous-intendant militaire et déposée au bureau du génie. Une copie en est donnée à l'officier de casernement.

En cas de difficultés dans la prise de possession du casernement, l'officier de casernement consigne ses observations sur l'état des lieux et signe. S'il s'agit de l'installation de la troupe, le sous-intendant fait droit aux observations, ou décide s'il y a lieu de passer outre. Si les difficultés concernent l'entretien des bâtiments ou du mobilier incombant au service du génie, le chef du génie décide ; lorsqu'il s'agit d'un casernement entretenu par les occupants, il est statué, sur les contestations relatives aux travaux qui incombent aux corps, conformément aux indications du règlement spécial sur l'entretien du casernement par les corps de troupe.

Les corps sont tenus de se conformer aux décisions prises par le sous-intendant ou le chef du génie, mais ils ont le droit de faire valoir leurs réclamations auprès de l'autorité supérieure.

Le numéro de chaque chambre, sa destination, le nombre des lits qu'elle peut contenir quand elle est affectée au logement des troupes, le numéro de chaque écurie et le nombre de chevaux qu'elle peut contenir sont inscrits au-dessus de la porte d'entrée. Ces inscriptions ne peuvent être changées que dans le cas où une modification dans l'assiette du logement est autorisée par le Ministre.

Assiette du logement.

335. Le major reçoit de l'officier de casernement les renseignements qui lui permettent de prendre les dispositions nécessaires pour l'assiette du logement, conformément au règlement sur le service du casernement.

Le logement du régiment doit toujours être assis selon l'ordre des bataillons et des compagnies.

Des locaux spéciaux sont affectés aux tables des sous-officiers, et, quand les ressources de casernement le permettent, des salles spéciales sont désignées pour les repas des hommes, ainsi qu'une salle de réunion et de lecture pour les sous-officiers.

État des objets de casernement.

336. Le major fait dresser et arrêter par les commandants de compagnie l'état de ce que contiennent les locaux de leur compagnie, et, par les

chefs de service, l'état des objets de casernement mis à leur disposition.

Ces états sont remis à l'officier de casernement.

Tableau du logement.

337. Dès que le régiment est établi, l'officier de casernement remet au major un état général indiquant le logement de chaque officier logé dans les bâtiments militaires, celui du petit état-major, de la section hors rang, des bataillons, des compagnies.

Le major, après avoir vérifié et visé cet état, le remet au lieutenant-colonel, qui le donne au colonel.

Ramonage.

338. Le ramonage des cheminées est exécuté à la diligence et à la charge du service du génie.

Remise du casernement au départ.

339. Tout régiment qui évacue un logement pour quelque motif, et avec quelque précipitation que ce soit, doit rendre la totalité des locaux qu'il a occupés dans un état de propreté tel, qu'un autre corps puisse les occuper immédiatement.

Si le régiment est obligé, par exception, de partir avant que cette opération soit faite, le nettoyage des locaux est effectué à ses frais, à la diligence du chef du génie ou du nouveau corps occupant, si les locaux doivent être réoccupés immédiatement.

Lorsqu'un régiment ou des officiers quittent un logement, l'adjoint du génie fait, avec le porte-drapeau ou avec les officiers partants, et, s'il y a lieu, avec le porte-drapeau du corps entrant, la visite des locaux qui doivent lui être remis, et il vérifie avec eux l'état descriptif des lieux pour reconnaître les dégradations et les pertes.

Si un régiment part sans qu'il ait été procédé à la visite des bâtiments évacués, et sans qu'il ait pu être désigné un officier du régiment pour y assister, l'état des lieux est vérifié d'office. A cet effet, sur l'invitation du sous-intendant militaire, le régiment est représenté dans cette vérification par le commandant d'armes ou par un officier désigné par ce dernier, et, à défaut d'officier, par le maire de la localité ou par son délégué.

Le sous-intendant militaire, lorsque le chef du génie l'a informé de la remise des clefs, délivre un certificat en vertu duquel le régiment est déchargé de toute responsabilité relative à son logement, sauf le payement des dégradations et des pertes régulièrement constatées.

A leur départ d'une garnison, les régiments ne peuvent conserver aucun local sous quelque prétexte que ce soit.

Logement chez l'habitant.

340. En cas d'insuffisance des bâtiments militaires destinés au logement des troupes, il y est suppléé au moyen de maisons ou établissements loués par le service de l'intendance, de concert avec le service du génie, ou au moyen du logement des officiers et des hommes de troupe chez l'habitant.

A défaut de bâtiments militaires, le logement est fourni de la même manière, dans les villes, villages, hameaux et maisons isolées, aux troupes détachées ou cantonnées, ainsi qu'aux troupes de passage et aux militaires isolés.

Le logement chez l'habitant comporte l'installation des hommes, des animaux et du matériel dans les parties des maisons, écuries, remises ou abris des particuliers, reconnues, à la suite d'un recensement, comme pouvant être affectées à cet usage, et fixées en proportion des ressources de chaque particulier; les conditions d'installation afférentes aux militaires de chaque grade, aux animaux et au matériel se rapprochent, autant que le permettent les circonstances locales, de celles qui sont déterminées par le règlement sur le service du casernement, et par le titre III du présent règlement.

Cantonnement.

341. Le cantonnement des troupes en station ou en marche est l'installation des hommes, des animaux et du matériel dans les maisons, établissements, écuries, bâtiments ou abris de toute nature appartenant soit à des particuliers, soit aux communes ou aux départements, soit à l'Etat.

Il n'est pas tenu compte des conditions d'installation attribuées, en ce qui concerne le logement, aux militaires de chaque grade, aux animaux et au matériel; mais on utilise, dans la mesure du nécessaire, la contenance des locaux, sous la réserve que les propriétaires ou détenteurs conservent toujours le logement qui leur est indispensable.

Dispositions communes au logement chez l'habitant et au cantonnement.

342. Dans une place de guerre ou une ville de garnison, le commandant d'armes se concerte

avec l'autorité civile pour que les fractions constituées soient logées dans des quartiers contigus, et que les maisons inhabitées, si elles sont désignées pour être occupées par la troupe, soient ouvertes à l'avance et pourvues du nécessaire.

L'officier devançant la troupe remet la situation d'effectif au commandant d'armes, qui lui donne ses ordres.

Dans tous les cas, lorsque les maires sont requis de loger ou de cantonner des militaires, ils suivent l'état indicatif des ressources de chaque maison, dressé conformément à la loi.

Les troupes sont responsables des dégâts et des dommages occasionnés par elles dans leurs logements ou cantonnements.

Les habitants qui auraient à se plaindre à cet égard doivent adresser leurs réclamations, par l'intermédiaire de la municipalité, au commandant de la troupe, afin qu'il y soit fait droit si elles sont fondées.

Les réclamations doivent être adressées et les dégâts constatés, à peine de déchéance, avant le départ de la troupe, ou trois heures après au plus tard; un officier est laissé à cet effet par le commandant de la troupe.

Si, en cas de départ inopiné, aucun officier n'a été laissé en arrière pour recevoir les réclamations, tout individu qui croit avoir à se plaindre de dégâts commis porte sa plainte au juge de paix ou, à défaut, au maire de la commune.

Couchage.

Dispositions générales.

343. Le service du couchage est assuré, en temps de paix, par l'entreprise des lits militaires.

Il a pour objet de procurer aux militaires logés dans les locaux dont dispose le ministère de la guerre les effets de couchage et d'ameublement qui leur sont nécessaires ; de fournir et d'entretenir les capotes de sentinelle, ainsi qu'une partie du mobilier des corps de garde.

Dans un détachement, son chef dirige lui-même le service ; il a sous ses ordres un officier ou un sous-officier.

Les troupes couchant sous la tente ne reçoivent de matériel du service des lits militaires que si le Ministre en donne l'ordre.

Distributions.

344. Les distributions aux corps et aux détachements se font par compagnie, en présence de l'officier chargé du service du couchage et d'un officier délégué par le commandant de la compagnie, qui doivent examiner les effets et faire suspendre la distribution de ceux qu'ils jugent ne pas être en bon état de service. S'ils constatent l'existence de taches qui ne nuisent pas à la mise en service des effets, ils exigent l'apposition de la marque « Vu » sur chacune d'elles ; lorsque cette marque n'est pas suffisamment visible, ils invitent le préposé à la renouveler.

Si le préposé s'y refuse, les officiers font suspendre la distribution et rendent compte immédiatement au major.

Celui-ci avise le sous-intendant militaire, qui prononce, après examen, la réception des effets.

Les parties prenantes individuelles, les régiments et les détachements, doivent prendre ou faire prendre au magasin livraison du matériel qu'ils sont autorisés à recevoir, et ils doivent en effectuer eux-mêmes le transport du magasin aux pavillons ou aux casernes.

Le transport des fournitures est effectué par les soins de l'entrepreneur et à ses frais :

Si le quartier est éloigné du magasin de plus de 2 kilomètres ; dans les places de Paris, Lille, Lyon et Marseille, quelle que soit la distance qui sépare le magasin du pavillon ou quartier.

Responsabilité des parties prenantes.

345. Les parties prenantes individuelles, les corps et les détachements sont responsables envers l'entrepreneur des pertes, mises hors de service et dégradations provenant de négligence ou de malveillance qu'ont éprouvées les mobiliers et les effets pendant tout le temps qu'ils les ont eus à leur disposition. Les corps ou détachements sont également responsables, dans les mêmes conditions, des pertes, mises hors de service et dégradations du matériel affecté, le cas échéant, au couchage des hommes de la réserve et de l'armée territoriale ; mais ils ne sont pas responsables des dégradations provenant de l'emploi normal, de l'user naturel ou du peu de soin que l'entrepreneur aurait apporté dans leur entretien.

Les pertes et les dégradations provenant de force majeure dûment constatée sont à la charge de l'Etat.

Les troupes ne doivent se servir d'aucun effet de literie hors des locaux affectés à leur casernement ; elles ne doivent jamais les employer à un autre usage que celui auquel ils sont destinés.

Les chefs de corps veillent à ce qu'il ne soit occupé aucun effet de literie hors des casernes, à l'exception de ceux que les soldats ordonnances des officiers montés peuvent avoir en ville, sous la responsabilité des officiers près desquels ils servent; ils font exercer la plus sévère surveillance dans les chambrées, afin de prévenir tout usage abusif de nature à hâter la détérioration des effets.

Les sous-officiers mariés autorisés à loger en ville ne peuvent utiliser le matériel des lits militaires.

Fournitures d'infirmerie.

346. Les fournitures d'infirmerie sont timbrées des lettres I R ; ce timbre est apposé en présence du sous-intendant militaire. Ces fournitures ne doivent pas être employées au couchage des militaires en santé, sauf par ordre du sous-intendant militaire.

Lorsque le nombre de ces fournitures est insuffisant, il y est suppléé par des fournitures de troupe ; mais les effets de literie accidentellement affectés au service de l'infirmerie ne peuvent être remis à l'usage des hommes en santé qu'après avoir été assainis.

Outre les manutentions périodiques, les matelas et les traversins des fournitures d'infirmerie sont cardés, les enveloppes et la laine sont désinfectées, toutes les fois que, le médecin chef de service en ayant reconnu la nécessité, le sous-intendant militaire en donne l'ordre.

Échange des draps de lit, des sacs à coucher, des serviettes, etc. Manutentions.

347. Les draps de lit sont échangés, savoir:

Draps des fournitures d'officier, tous les quinze

jours, du 1er mai au 30 septembre ; tous les vingt jours, du 1er octobre au 30 avril ;

Draps des fournitures occupées par les officiers et médecins de semaine couchant au quartier, toutes les semaines, pendant toute l'année ;

Draps et sacs à coucher des fournitures de soldat et d'infirmerie, du 1er mai au 30 septembre, tous les vingt jours, et du 1er octobre au 30 avril, tous les trente jours.

Les draps affectés aux fournitures d'infirmerie régimentaire, aux fournitures de lit d'officier et de soldat, ainsi que les sacs de couchage occupés par des hommes atteints de maladies contagieuses sont échangés dans les vingt-quatre heures, toutes les fois que le médecin le juge nécessaire.

L'échange des serviettes et des taies d'oreiller qui font partie des ameublements d'officier et d'adjudant a lieu toutes les semaines ; celui des rideaux de vitrage, tous les six mois.

Les draps et les sacs à coucher, quelle qu'en soit la date de distribution, sont échangés toutes les fois que la fourniture dont ils font partie doit passer d'un homme à un autre.

Si l'état de propreté des effets d'échange est jugé insuffisant par le chef de corps ou de détachement, l'entrepreneur est tenu de les remplacer dans un délai de huit jours.

Les mutations individuelles des hommes de troupe ne donnent lieu à réintégration que si l'absence doit se prolonger au delà d'un mois ou si l'homme entre à l'hôpital.

Les matelas, traversins, oreillers, couvertures, etc., sont l'objet de manutentions périodiques constatées par une marque indiquant le numéro du trimestre. En outre, des manutentions d'échanges accidentels sont opérées par les soins et aux frais de l'entrepreneur toutes les fois que la nécessité en est reconnue, sur l'ordre du sous-intendant militaire.

Les fournitures de lit occupées sont désinfectées par les soins du corps ou de l'entrepreneur toutes les fois que le médecin en reconnaît la nécessité.

Échange du foin et de la paille.

348. Le foin des sommiers des fournitures de lit de soldat et d'infirmerie est renouvelé tous les ans. Le renouvellement de la paille s'opère en entier tous les six mois pour les lits de troupe et d'infirmerie, et tous les quatre mois pour les fournitures de salle de discipline.

La paille est transportée au quartier par les soins de l'entrepreneur ; la vieille paille lui appartient et doit être enlevée le jour même du renouvellement.

Visite de la literie de la troupe.

349. L'officier chargé du service du couchage visite la literie quand il le juge nécessaire ; dans ce cas, il en fait soumettre la demande au colonel, qui fixe le jour et l'heure.

Le préposé des lits militaires peut, avec l'agrément du chef de corps ou de détachement, circuler dans les locaux habités par la troupe, pour constater l'entretien et la conservation du mobilier et du matériel. Sa visite ne peut donner lieu à imputation, à moins qu'il ne s'agisse de remplacements périodiques ou que les parties occupantes ne demandent des remplacements ou réparations rendus nécessaires par des dégradations provenant de leur fait.

L'inventaire annuel est fait en présence de l'officier de casernement et de l'un des officiers de la compagnie.

Matériel auxiliaire de couchage.

350. Dans certaines circonstances particulières, le service du campement assure le couchage au moyen d'un matériel auxiliaire du service des lits militaires, qui se compose : de deux sacs tentes-abris tenant lieu de draps, d'un sac à paille (traversin) en toile, d'une paillasse et d'une couverture par homme.

La paille est distribuée à raison de 10 kilogrammes par paillasse et de 2 kilogrammes par traversin, et renouvelable tous les mois. Ces quantités sont allouées lorsque les enveloppes sont placées sur le sol, dont elles doivent alors être isolées au moyen de paillassons. Il est perçu 14 kilogrammes de paille par paillasse et 2 kilogrammes par traversin, lorsque les effets sont placés sur des châlits ; ces quantités sont renouvelables tous les quatre mois. Les couvertures sont lavées quand la nécessité en est reconnue par le sous-intendant militaire. Les toiles à paillasse et à traversin sont lavées à chaque renouvellement de paille.

Les sacs de couchage sont échangés tous les mois, comme les draps de lit.

En hiver, les troupes reçoivent, dans la proportion indiquée par le général commandant le corps d'armée, des couvertures ou des demi-couvertures à titre de supplément.

Réintégration en magasin.

351. Tout régiment ou détachement et tout officier quittant définitivement la garnison sont

tenus de réintégrer, avant leur départ, dans le magasin des lits militaires, le matériel qu'ils ont reçu.

Toutefois, les corps ou détachements qui s'absentent pour deux mois au maximum sont autorisés à conserver, pendant leur absence, le matériel mis à leur disposition.

Les réintégrations sont toujours précédées du recensement du matériel et de la constatation des pertes et détériorations. Ces opérations ont lieu la veille ou le jour même du départ pour le matériel à réintégrer, le jour même du départ, et immédiatement après l'évacuation des locaux pour le matériel à laisser à demeure. Elles s'effectuent en présence du préposé, de l'officier chargé du service du couchage et d'un officier de la compagnie.

Dans le cas où la partie occupante ne peut effectuer ces opérations, elle est représentée d'office par un officier, ou, à défaut, par un adjudant de la garnison, désigné par le major de la garnison sur la demande du sous-intendant.

Le transport du matériel à reverser à titre de réintégration ou d'échange n'incombe à l'entrepreneur que dans les cas spécifiés à l'article 344, ou lorsque le corps ou détachement reçoit son ordre de route la veille seulement du jour fixé pour le départ, lorsque les réintégrations ont lieu sur la demande du préposé, lorsque le mobilier a été réformé par le sous-intendant ou, enfin, en cas de mobilisation.

Paille de couchage.

352. La paille de couchage est due aux troupes campées, baraquées ou logées dans des locaux non pourvus de fournitures de couchage.

La ration est renouvelée tous les quinze jours ou à chaque changement de position ; elle peut être diminuée de moitié lorsque le séjour ne doit pas dépasser trois jours.

CHAPITRE LIV.

HYGIÈNE DES HOMMES.

Soins de propreté personnelle.

353. Chaque jour, au lever, les hommes doivent se nettoyer la tête, se rincer la bouche et se laver avec soin la figure et les mains ; la serviette employée doit être propre ; il est interdit de se servir des serviettes d'un camarade.

Le linge de corps est changé une fois au moins par semaine ; quand le linge sale n'est pas envoyé immédiatement au blanchissage, il est séché, plié et placé dans la poche du havresac à ce destinée.

Il est donné un bain par aspersion tous les quinze jours au minimum. Une fois par semaine au moins, on procède au lavage des pieds et des jambes : il est d'ailleurs fait de même chaque fois que cela est jugé nécessaire, notamment à la suite des marches militaires ; les officiers s'assurent de l'exécution de ces prescriptions.

Aération des chambres.

354. L'air des chambres doit être constamment renouvelé : le jour, au moyen des fenêtres ; la nuit, au moyen des appareils de ventilation ouverts dans la mesure prescrite.

Après le lever, et lorsque les hommes sont habillés, toutes les fenêtres d'un même côté sont ouvertes. Dès que les hommes sont sortis, les chambres sont aérées le plus possible. On ferme les fenêtres un instant quand les hommes rentrent ayant chaud.

Dans les pays fiévreux, les fenêtres sont toujours fermées la nuit, surtout en été.

Tenue des chambres (1).

335. Au réveil, on découvre les lits en relevant et ployant successivement au pied du lit les différentes parties de la fourniture; les lits restent découverts au moins pendant une heure.

Les chambres sont nettoyées; les armoires et les planches à pain, les planches à bagages, les râteliers d'armes, les tables, les bancs, les poêles sont essuyés: les ordures sont descendues et déposées dans la partie du quartier désignée.

Tous les samedis, les planchers sont lavés et frottés avec du sable humide, additionné d'une petite quantité de potasse ou de soude, ou, s'il y a lieu, d'un désinfectant; les vitres sont nettoyées; les couvertures et les matelas sont battus au grand air.

Tous les ans, au besoin tous les six mois, les murailles intérieures sont blanchies avec de l'eau de chaux additionnée de colle et, au besoin, d'un désinfectant.

Au printemps, et plusieurs fois pendant l'été, si cela est nécessaire, le mobilier des chambres est lavé avec de l'huile de pétrole, étendue d'eau dans la proportion de un dixième, pour détruire les insectes. Les locaux contaminés sont, toutes les fois que la nécessité en a été reconnue, soumis à des mesures de désinfection.

---

(1) Consulter l'Instruction du 30 mars 1895 sur l'hygiène des hommes de troupe. (Annexe.)

Il est, en outre, procédé, deux fois par an, à la destruction des insectes au moyen de la poudre de pyrèthre.

Les prescriptions hygiéniques indiquées pour la tenue des chambres doivent être observées pour la tenue des paliers, des corridors et de toutes les autres parties du casernement des hommes.

Le chauffage des chambres doit être entretenu modérément.

Il est défendu de mettre du linge entre la paillasse et le matelas, de manger sur les lits, d'y déposer des aliments, de se coucher sur les lits avec la chaussure aux pieds, de fumer dans les chambres pendant la nuit, d'y cracher et d'y vider les pipes ailleurs que dans les crachoirs, et d'y entrer avant d'avoir décrotté ses chaussures.

On s'abstient, autant que possible, de nettoyer et surtout de battre les effets dans les chambres.

Cours. — Cuisines. — Corps de garde. — Salles de discipline. — Lieux d'aisances.

356. Le sol des cours doit être entretenu avec un soin d'autant plus rigoureux qu'elles sont plus étroites ou plus encaissées. Toute accumulation de fumier ou d'immondices est interdite dans le voisinage des parties du casernement habitées.

Les cuisines doivent être aérées le plus possible et maintenues dans un état de propreté rigoureux. On évite la stagnation des eaux ménagères et des débris. Les ustensiles, les tables, le sol, le magasin aux vivres sont l'objet d'une surveillance constante.

Le corps de garde doit être très largement aéré ; le mobilier est tenu en bon état de propreté. En hiver, le feu est entretenu sans exagération, et le poêle est surmonté d'un bassin plein d'eau pour prévenir le dessèchement de l'air. Le chef de poste veille à ce que les hommes qui vont prendre la faction ne se groupent pas près du foyer, afin qu'ils ne soient pas surpris par un brusque refroidissement.

Les salles de discipline doivent être spécialement surveillées, au point de vue de la propreté, de la ventilation et de la disposition du baquet de propreté. Les odeurs qui se dégagent du baquet sont corrigées par l'addition d'huile lourde de houille.

Les lieux d'aisances, quel que soit le système adopté, exigent une surveillance permanente. Les tuyaux doivent bien fonctionner ; on s'assure qu'il ne s'y produit ni fissures ni infiltrations. Les fosses fixes sont désinfectées journellement par le lait de chaux, l'huile lourde de houille ou, à leur défaut, par le sulfate de fer.

Les latrines de nuit sont surveillées tout spécialement au point de vue de la propreté des locaux et de la désinfection des tinettes.

Habillement.

357. Les effets d'habillement doivent être assez larges pour ne pas gêner la circulation du sang, pour ne pas comprimer certaines parties du corps, ou y déterminer des frottements irritants, et pour ne pas intercepter la transpiration ou le passage de l'air. Les manches doivent avoir de larges entournures.

La coiffure ne doit pas être trop étroite.

La cravate ne doit pas être serrée.

Les chaussures doivent être adaptées à la conformation du pied ; elles ne doivent présenter à l'intérieur ni aspérités, ni saillies, ni coutures mal effacées, ni vis métalliques ou chevilles en bois mal rasées. Elles doivent avoir 2 centimètres environ de longueur de plus que le pied lui-même ; leur largeur doit être suffisante, à la partie antérieure, pour que les doigts ne chevauchent pas l'un sur l'autre et que le gros orteil ne dévie pas. L'empeigne doit avoir assez d'ampleur pour permettre au pied de s'étendre en posant à terre et de se cambrer en se relevant.

Il faut réprimer la tendance que les hommes ont à se trop couvrir.

Pendant la nuit, les soldats ne doivent pas se couvrir la tête avec le drap de lit.

Alimentation. — Boissons.

358. Les hommes font deux repas principaux par jour ; autant que possible, ils doivent avoir pris le café avant le travail du matin.

Le capitaine veille à ce que la préparation et la nature des aliments soient aussi variées que possible.

Le pain, la viande, les légumes, le café constituent la base de l'alimentation du soldat.

Autant que possible et surtout pendant les chaleurs, on fait usage de légumes rafraîchissants.

L'eau constitue la boisson habituelle du soldat; toutes les fois qu'elle n'est pas irréprochable, elle est filtrée ou soumise à l'ébullition. Quand les fonds de l'ordinaire le permettent, le capitaine doit améliorer le régime alimentaire en augmentant le taux de la ration de viande, en faisant distribuer des aliments supplémentaires et, exceptionnellement, des rations de vin.

Lorsqu'il y a dans une caserne de l'eau de diverses provenances, l'eau de boisson et l'eau de lavage sont indiquées par des écriteaux explicites.

Pendant la saison des chaleurs et quand on est obligé de faire bouillir l'eau, il est avantageux de ne la laisser consommer que sous forme d'infusion de thé ou de café, qui constitue une boisson rafraîchissante et tonique.

Il est interdit de boire à la cruche dans les chambres ; on doit toujours se servir du quart. La cruche doit être rincée avec soin avant d'être remplie ; elle est toujours munie d'un couvercle.

Recommandations spéciales pour les marches et les manœuvres.

359. Avant de faire une marche, les hommes s'assurent que leurs effets ne les gênent pas ; ils se munissent des ingrédients nécessaires pour parer aux accidents de la marche. Ils veillent surtout à la chaussure, qui doit avoir été portée, brisée, être souple aux pieds, dont les ongles, les cors ou durillons peuvent être une cause de douleur. Les hommes susceptibles de se blesser graissent les parties délicates avant chaque marche avec du suif, ou tout autre ingrédient autorisé.

Les pieds doivent être l'objet de soins constants ; dès qu'une partie quelconque est pressée douloureusement, il faut remédier à la gêne produite, en quittant les chaussures, s'il est possible, et graisser fortement la partie lésée et la partie de la chaussure qui frotte. S'il y a écorchure, il faut enduire la plaie de l'ingrédient autorisé et la protéger avec un linge ; on évitera soigneusement que le linge ne fasse des plis dans le soulier.

Les hommes qui ont des ampoules doivent les traverser, au moyen d'une aiguille, d'un fil graissé, laisser le fil dans l'ampoule et graisser ensuite.

Chaque jour à l'arrivée on doit se nettoyer les pieds avec un linge légèrement humide et les essuyer. Il ne faut pas se laver les pieds à grande eau.

On ne saurait trop surveiller l'usage de la boisson pendant les marches ; en principe, il faut boire le moins possible, se gargariser si la soif est trop vive.

L'ingurgitation rapide de grandes quantités d'eau pendant les marches est souvent suivie d'accidents graves et même de mort.

A la grande halte ou à l'arrivée, il est prudent de manger un peu avant de boire.

Quand on est en transpiration, on doit boire lentement et à petites gorgées. On doit s'abstenir de boissons alcooliques qui ne donnent qu'une excitation factice et passagère, et prendre de préférence du café et du thé mélangés avec une grande quantité d'eau. On évite le vin doux, le cidre nouveau, le poiré. Si l'eau à employer comme boisson est trouble, on la passe à travers un linge pour enlever les impuretés et les sangsues.

Autant que possible, on ne part pas à jeun ; on réserve toujours quelque aliment pour la grande halte ; il ne faut manger de fruits, même très mûrs, qu'avec modération.

A l'arrivée, on fait la soupe. Si l'on ne peut préparer la soupe, on fait griller la viande du repas du soir, et l'on s'assure qu'elle est parfaitement cuite, particulièrement la viande de porc, qu'il ne faut pas craindre de faire cuire une seconde fois.

On évite au repos les endroits humides ou trop frais, et, si l'on est en transpiration, on se prémunit contre le vent ; on se donne du mouvement, si l'on sent qu'on se refroidit ; on se garde de s'étendre sur l'herbe.

Lorsque le soleil est trop chaud, il faut se garantir la tête avec un mouchoir, en l'interposant entre la tête et la coiffure, de telle manière que la partie postérieure fasse l'office de couvre-nuque.

A la suite d'une longue marche, d'un exercice fatigant, après la pluie, et particulièrement pendant les grandes chaleurs, en arrivant, on ne doit pas se dévêtir, à moins qu'on ne veuille changer de linge ; dans ce cas, on le fait sans perdre de temps et en se garantissant des courants d'air. Après une grande fatigue suivie de transpiration, un repos complet et immédiat est pernicieux ; le mouvement fait éviter les refroidissements.

On doit se déshabiller pour se coucher, si l'on dispose d'un lit ; les membres reposent mieux et le corps reprend sa souplesse. Si l'on n'a pas de lit, il faut ôter sa chaussure, se déshabiller en partie ou tout au moins desserrer toutes les parties des vêtements et se couvrir le mieux possible en évitant les courants d'air. On se couche tôt pour reposer le nombre d'heures nécessaires.

Dans les cantonnements, on ne doit jamais se coucher sur la terre même, mais, autant que possible, sur de la paille, du foin ou des copeaux ; il ne faut pas se dévêtir ; mais il faut se couvrir la tête avec la calotte de coton en l'enfonçant jusque sur les yeux.

Troupes campées ou bivouaquées.

360. L'intérieur des tentes doit être tenu dans le plus grand état de propreté. Le sol ne doit pas être creusé, mais décapé seulement : on extrait les herbes et les racines, on creuse une rigole au pied de la tente pour l'écoulement des eaux, et l'on ménage un rebord sur lequel on puisse étendre les effets quand il fait beau.

Si de la paille est distribuée, on la répartit également sur le sol intérieur, principalement sur la partie où les hommes doivent placer la tête. Si l'on n'a pas de paille, on ramasse de l'herbe sèche, de la mousse, du foin, des feuilles sèches pour éviter le contact du sol.

Il ne faut jamais se coucher sur des plantes aromatiques ou odorantes, ni sur des joncs ou plantes vertes qui croissent dans les endroits marécageux.

Dès que le soleil paraît, les tentes sont ouvertes et relevées du côté du soleil ; la paille est remuée et exposée au grand air ; les effets sont sortis, étendus et battus, ainsi que les couvertures.

La tente et les alentours sont balayés avec soin ; les ordures sont portées au loin, brûlées ou enterrées.

Des feuillées réglementaires sont installées à proximité des tentes.

Il est défendu d'uriner auprès des tentes et de sortir la nuit de la tente sans être entièrement vêtu et chaussé.

La vie au bivouac exige des précautions très grandes ; il faut se garantir le mieux possible du froid et de l'humidité, et la nuit se tenir les pieds près du feu.

CHAPITRE LV.

HYGIÈNE DES CHEVAUX.

Denrées qui composent la ration du cheval. — Avoine, foin, paille, carottes, farine d'orge, son.

361. La ration habituelle du cheval se compose d'avoine, de foin et de paille.

Si ces denrées font défaut, ou si la santé des chevaux l'exige, des substitutions peuvent être faites. Les denrées de substitution employées le plus habituellement sont : les carottes, la farine d'orge et le son.

Dans certaines circonstances, on donne encore aux chevaux des mashs et du vert.

Mashs.

362. Les mashs sont donnés aux chevaux en mauvais état d'embonpoint, fatigués, à appétit capricieux, à ceux échauffés par l'avoine ou atteints d'inflammation chronique de l'intestin.

Le mash varie dans sa composition selon la nature des cas qui en réclament l'emploi.

Les adjudants-majors, après avoir pris l'avis du vétérinaire chargé du service, rendent compte des chevaux auxquels il conviendrait de donner des mashs. Le colonel décide et provoque les substitutions nécessaires à leur préparation.

Les mashs sont préparés à l'infirmerie régimentaire.

Vert.

363. Chaque année, au printemps, on donne

du vert aux chevaux, soit à l'écurie, soit à la prairie.

Le vétérinaire est toujours consulté à ce sujet.

Si la localité le permet, les chevaux prennent le vert en liberté ; ils sont déferrés et parqués, pendant le jour, dans une prairie. Pendant la nuit, ils sont logés dans des écuries, ou sous des hangars, où ils reçoivent en deux repas, le matin et le soir, la ration d'avoine qui leur est attribuée.

Si le vert ne peut pas être pris en liberté, il est donné à l'écurie. Les chevaux reçoivent alors, outre le vert, les rations d'avoine et de paille qui leur sont attribuées. L'herbe, coupée quelques heures d'avance seulement, est conservée à l'abri dans un lieu bien aéré, étendue sur une couche de paille, pour éviter qu'elle ne se salisse au contact du sol, et pour prévenir la fermentation. Elle n'est pas conservée plus de vingt-quatre heures et on la donne par petites portions, afin que les chevaux la mangent mieux et ne s'en dégoûtent pas.

Le vert produisant des déjections abondantes, les écuries doivent être bien aérées et tenues avec une extrême propreté ; la litière doit être relevée et séchée tous les jours ; le pansage doit être prolongé, à cause de l'activité plus grande des sécrétions. Pendant toute la durée de ce régime, les chevaux ne sont promenés qu'au pas.

Si l'état de la température fait craindre que le vert ait une influence pernicieuse sur la santé des animaux, on suspend le régime.

Repas des chevaux.

364. Les repas principaux, surtout ceux

d'avoine, doivent être donnés aux chevaux trois heures au moins avant le travail. Si le travail a lieu le matin, on donne aux chevaux, afin qu'ils ne sortent pas à jeun, un quart de la ration de foin.

L'appétit que témoigne le cheval doit être attentivement observé, car il indique son état de santé et la manière dont il supporte le travail.

Abreuvoir.

365. Les chevaux doivent, en principe, boire deux fois par jour en été, et une fois en hiver.

Les auges sont remplies au moins une heure avant qu'on amène les chevaux à l'abreuvoir.

Les chevaux ne doivent pas boire ayant chaud. On doit éviter également de les faire boire quand ils sont à jeun, ou quand ils ont l'estomac plein. En tout cas, il faut toujours leur couper l'eau, c'est-à-dire les empêcher de boire d'un seul trait, surtout si l'eau est froide, ou lorsque, après un travail pénible, les chevaux sont pressés par la soif, ou quand on est forcé de les faire boire à jeun.

Ces prescriptions sont particulièrement recommandées : leur inobservation peut causer de graves accidents.

Aération des écuries. — Bains d'air.

366. Quoique constamment assurée, l'aération des écuries doit varier avec l'état de la température.

Autant que possible, les prescriptions suivantes doivent être observées :

En été, les portes et les fenêtres doivent être

largement ouvertes, de nuit et de jour; s'il fait du vent quand les chevaux rentrent du travail, on ferme les portes pendant une heure et demie ou deux heures, tout en évitant d'élever la température de l'écurie au point de faire transpirer les chevaux;

En hiver, pendant les temps calmes, et toutes les fois que la température extérieure le permet, on laisse les fenêtres ouvertes nuit et jour. Quand le vent souffle avec violence, les portes restent fermées du côté du vent. Les portes et les fenêtres sont toujours fermées pendant une heure et demie ou deux heures après la rentrée des chevaux. Enfin, quand la température s'abaisse, l'adjudant-major donne les ordres que la rigueur du froid paraît exiger.

Il faut veiller à ce que les chevaux qui rentrent isolément ne soient pas exposés aux courants d'air, et fermer, à cet effet, les portes près desquelles ils sont placés.

Propreté des écuries. — Soins à donner à la litière.

367. Les écuries doivent toujours être tenues dans le plus grand état de propreté; le sol doit être balayé; le crottin enlevé à mesure qu'il tombe et porté hors des écuries.

La litière, maintenue en permanence sous les pieds des chevaux, ne doit être relevée pour permettre d'en retirer le fumier que lorsque l'ordre en est donné, généralement deux fois par mois. Pendant cette opération, il faut, autant que possible, faire sortir les chevaux des écuries et, dans tous les cas, ouvrir toutes les portes et toutes les fenêtres.

Soins à donner aux chevaux avant le travail.

368. Avant de monter à cheval, le soldat doit donner un coup de brosse en chiendent, ou de bouchon, sur tout le corps du cheval, pour enlever la poussière ou le crottin dont il serait souillé; puis passer la brosse humide sur les crins, sur la tête et sur les pieds.

Recommandations pour la marche. Soins à donner aux chevaux à leur rentrée.

369. A moins de nécessité contraire, toute marche doit être commencée et terminée au pas.

Dans les haltes, les chevaux ne doivent pas, autant que possible, être exposés aux courants d'air, surtout si l'on est forcé de les arrêter lorsqu'ils ont encore chaud.

Lorsque la marche a été d'une certaine durée, les chevaux ne doivent pas être dessellés de suite ; on les laisse sellés d'autant plus longtemps que la marche a été plus longue.

A moins de circonstances exceptionnelles, les chevaux ne doivent pas être ramenés en sueur au quartier.

En rentrant le soldat attache son cheval hors de l'écurie et cure les pieds. Il prend une poignée de paille dans chaque main, frotte énergiquement l'encolure, la poitrine, le ventre, les flancs, et particulièrement l'emplacement de la selle lorsque le cheval est dessellé ; puis il étend la couverture sur le dos du cheval. Il brosse ensuite, avec la brosse en chiendent, les cuisses et les jambes, en allant de haut en bas, passe l'éponge mouillée sur les yeux, les naseaux, le fourreau et l'anus ; lave les paturons et les sèche soigneusement avec l'époussette. Si la queue est crottée, il frotte les crins les uns contre les autres et trempe le fouet dans l'eau.

Il rentre ensuite le cheval à l'écurie et lui met la couverture retournée pendant un temps dont la durée est réglée suivant la saison, la température des écuries et le travail auquel le cheval a été soumis.

Au retour du bain ou de l'abreuvoir, les jambes et toutes les parties mouillées sont bouchonnées avec soin.

Pansage.

Art. 370. Le pansage a pour but de débarrasser la peau des corps étrangers qui la souillent et d'en faciliter les sécrétions.

Le pansage doit être exécuté avec une grande activité.

Le cheval étant sec, ou ayant été bouchonné, est attaché par le bridon, le frontal relevé, la sous-gorge débouclée pour permettre de nettoyer la tête.

Par exception, et si le cheval a le poil un peu fort, le soldat se sert de l'étrille; prenant l'étrille de la main droite, il la passe légèrement à rebroussepoil sur toutes les parties charnues en commençant par la croupe, et étrillant le côté droit d'abord, le gauche ensuite. La tête, le bord inférieur de l'encolure, la base de la queue, les hanches, l'épine dorsale, le fourreau, les mamelles, la face interne des cuisses et des avant-bras, les parties inférieures des membres ne doivent jamais être touchés par l'étrille.

Si le cheval a le poil fin, ou s'il est tondu, l'emploi de l'étrille est inutile. Le soldat, à l'aide de la brosse en chiendent, ou du bouchon, fait tomber le plus gros de la crasse; puis, prenant l'étrille de la main gauche, les dents en dessus, et la brosse à cheval de la main droite, il brosse la tête, puis l'encolure et tout le côté droit, et exécute la même opération du côté gauche, en recommençant par la tête, en ayant soin, après chaque coup de brosse, donné d'abord à rebrousse-poil, puis dans le sens du poil, de passer la brosse sur l'étrille pour enlever la crasse. Quand l'étrille en est chargée, il la frappe légèrement sur le sol, en arrière du cheval.

Le soldat panse les membres de même, en commençant toujours par la partie supérieure; puis il repasse avec l'époussette sur toutes les parties du corps, pour lisser et lustrer le poil.

Le soldat brosse ensuite le toupet et la crinière qu'il ramène par mèches, successivement sur le côté droit, puis sur le côté gauche; il nettoie la queue, en la séparant par mèches, et en brosse le tronçon pour éviter les démangeaisons qu'y produirait la crasse.

Enfin, il passe la brosse en chiendent légèrement mouillée sur tous les crins, éponge le cheval comme il est prescrit, frictionne les canons et les boulets en les frottant vivement avec les deux mains à plat, en sens inverse, de haut en bas et de bas en haut, et termine le pansage en curant les pieds et en examinant la ferrure.

Hygiène des membres.

371. Les membres du cheval doivent être l'objet d'une attention constante. Si, en massant les canons et les boulets, le soldat sent de la chaleur sur quelque partie d'un membre, ou s'il s'aperçoit

d'un peu d'engorgement, il en rend compte immédiatement, et le cheval est conduit à la douche. Si la chaleur ou l'engorgement ne diminue pas le cheval doit être présenté à la visite du vétérinaire.

Les paturons doivent être tenus très propres, afin d'éviter les crevasses ; on n'y laisse séjourner ni boue, ni sable, ni poussière, et le soldat signale la plus légère excoriation qu'il y remarque.

Après un travail sur un terrain dur, on fait passer les chevaux à l'eau jusqu'aux genoux, toutes les fois que cela est possible ; puis, à la rentrée au quartier, on bouchonne les parties mouillées, on sèche les paturons et on les frictionne.

Toute tare doit être soignée aussitôt qu'elle apparaît.

Soins à donner aux pieds.

372. Les pieds du cheval doivent être l'objet d'une égale attention.

Ils doivent toujours être tenus très proprement ; et si, par exception, on les graisse, ils doivent être lavés fréquemment.

En envoyant son cheval à la forge, l'officier qui en est détenteur appelle, quand il y a lieu, l'attention du vétérinaire sur les remarques que lui a suggérées l'examen du pied du cheval depuis la dernière ferrure.

Les sabots dérobés, cerclés ou fendillés doivent être graissés avec de l'onguent de pied.

Soins à donner au dos du cheval.

373. Avant de seller, ainsi qu'en dessellant, le

soldat examine le dos de son cheval et passe la main sur l'emplacement de la selle, pour s'assurer qu'il n'y a aucune sensibilité. Si le dos est sensible, il en rend compte immédiatement.

Entretien des crins de la crinière et de la queue.

374. En principe, on ne coupe les crins des paturons qu'aux chevaux communs.

La crinière doit être coupée au passage de la têtière et à la base de l'encolure. La queue est coupée de manière que, tendue verticalement, les crins arrivent à quatre travers de doigt au-dessus de la pointe du jarret.

Il ne faut pas toucher aux crins qui recouvrent le bourrelet du pied du cheval et aux longs poils qui se trouvent autour des yeux, des naseaux, des lèvres et dans l'intérieur des oreilles.

Bains.

375. Si les localités s'y prêtent, il est bon de faire prendre aux chevaux des bains d'eau de mer ou d'eau douce, dès que la saison et la température le permettent. On prend, à cet effet, l'avis du vétérinaire.

Les pieds des chevaux sont graissés avant la baignade, et les membres séchés au retour.

Tonte des chevaux.

376. Les chevaux peuvent être tondus avant l'approche des premiers froids. On ne tond, ni l'emplacement de la selle, ni les membres au-dessous des genoux et des jarrets ; les poils qui

ont échappé à l'action de la tondeuse ne doivent pas être brûlés.

Après la tonte, les chevaux sont placés, autant que possible, dans une partie de l'écurie éloignée des fenêtres et des portes, et restent couverts pendant une semaine. Ceux qui sont logés dans des hangars non fermés conservent leurs couvertures nuit et jour.

La tonte n'est, du reste, qu'une mesure exceptionnelle.

CHAPITRE LVI.

DISTRIBUTION.

Prescriptions générales.

377. Toutes les denrées fournies par l'administration et destinées aux hommes ou aux chevaux sont, avant d'être délivrées aux parties prenantes, reconnues sous le rapport de la qualité et du poids par un officier dit de distribution et désigné à cet effet.

Les distributions de fourrages sont reconnues par l'adjudant-major de semaine (art. 54).

Toutes les denrées achetées par la commission des ordinaires sont reçues par le capitaine de semaine de cette commission. Le médecin du corps qui fait partie de la commission doit être appelé à se prononcer sur la qualité des denrées quand elle fait naître des doutes.

Rassemblement et conduite des corvées pour les distributions de vivres non perçus au compte de l'ordinaire.

378. Aux heures indiquées, l'adjudant de se-

maine fait battre ou sonner aux fourriers de distribution ; les fourriers et les caporaux de semaine, en tenue du matin ou en tenue du jour, selon l'heure, réunissent les hommes commandés, qui sont en tenue de corvée. Le capitaine, aidé de l'adjudant, les rassemble ainsi que les voitures par espèce de corvée et répartit les officiers. Les diverses corvées sont ensuite mises en marche sous la conduite du plus élevé en grade, qui fait maintenir l'ordre et le silence.

Les officiers se rendent isolément aux points de distribution.

Sur l'ordre de l'officier de distribution, le fourrier de chaque compagnie fait entrer les hommes dans le magasin, compte en présence du préposé et reçoit les rations ; il demeure responsable de toute erreur. Il ramène ensuite les hommes de corvée au quartier et fait la répartition des denrées.

Si plusieurs distributions ont lieu en même temps, le fourrier va à celle de pain ; il est suppléé par des caporaux pour les autres.

Rassemblement et conduite des corvées pour les distributions de fourrages. — Devoirs de l'adjudant-major de semaine.

379. L'adjudant-major de semaine assiste toujours à la distribution de fourrages lorsqu'il n'est pas constitué de commission des fourrages.

A l'heure fixée, il fait réunir par le caporal conducteur les soldats ordonnances des officiers montés et les soldats conducteurs en tenue de corvée avec les voitures nécessaires. Le caporal prend ensuite le commandement de la corvée et la conduit en ordre au magasin à fourrages, où elle n'entre qu'après que l'adjudant-major chargé de la distribution en a donné l'ordre.

L'adjudant-major surveille l'opération ; s'il croit s'apercevoir de quelque fraude ou erreur, il doit faire compter de nouveau ou peser ; si, dans le cours de la distribution, il reconnaît des denrées qui ne sont pas susceptibles d'être distribuées, il suspend la distribution et procède comme il est prescrit article 380.

Le caporal fait charger le fourrage sur les voitures, et ramène au quartier les voitures et la corvée qui les accompagnent. Il fait placer les fourrages dans le magasin et l'avoine dans les coffres.

Examen des denrées.

380. Le capitaine ou l'officier chargé de recevoir une distribution reçoit du trésorier le bon relatif à cette distribution, et, s'il y a lieu, le détail de ce qui revient à chaque compagnie (article 97). Il remet le bon avant la distribution à l'officier d'administration comptable chargé du service, ou à l'entrepreneur, selon le cas. Si la répartition n'a pas été faite par le trésorier, il l'établit de concert avec l'officier d'administration ou l'entrepreneur.

Le capitaine ou l'officier examine ensuite les denrées préparées pour la distribution ; il s'assure qu'elles possèdent les qualités requises ; il peut provoquer toutes les explications qu'il croit nécessaires pour établir son opinion.

Il requiert la vérification des poids et des mesures des denrées ; la distribution des liquides a lieu à la mesure ; celle des autres denrées s'effectue à la balance. Les excédents de poids prolitent à la partie prenante ; en cas de différence en moins, le poids est complété par l'addition des quantités nécessaires.

Le capitaine ou l'officier ne laisse entrer les hommes dans le magasin et procéder à l'enlèvement des denrées que lorsqu'il en a reconnu la qualité et le poids.

Inscriptions à faire sur le registre de distributions.

381. Avant de faire commencer la distribution, le capitaine ou l'officier chargé de recevoir une distribution indique sur un registre ouvert à cet effet, dans chaque magasin, si les denrées sont bonnes ou susceptibles de quelque observation critique. Si, en libellant son opinion, il déclare que ces denrées sont mauvaises ou même médiocres, il ne doit pas les recevoir.

L'inscription de cet avis est obligatoire pour tout officier chargé de recevoir une distribution.

Pendant le cours et même à la fin de la distribution, l'officier peut exprimer sur le registre un avis supplémentaire.

Refus des denrées.

382. Si, dans l'examen préalable des denrées et même dans le cours de la distribution, l'officier chargé de suivre une distribution reconnaît que des denrées ne sont pas acceptables, il arrête la distribution. Dans ce cas, les denrées sorties du magasin sont réputées bonnes et acquises aux parties prenantes.

L'officier chargé de recevoir la distribution fait prévenir le capitaine de distributions, qui rend compte immédiatement au major ; celui-ci informe aussitôt le commandement d'armes et le colonel, et avise le sous-intendant militaire. A défaut de major, les démarches sont faites directement par le capitaine de distributions.

Le commandant d'armes convoque le plus tôt possible la commission.

Commissions.

383. Dans toutes les places où il est fourni des approvisionnements ou fait des distributions, des commissions sont constituées pour juger les contestations qui peuvent s'élever entre la partie prenante d'une part, et l'officier d'administration comptable du service ou l'entrepreneur, de l'autre.

Ces commissions sont composées ainsi qu'il suit :

1° *Service des vivres* (vivres-pain, vivres de campagne, vivres-viande, liquides) *et du chauffage.* — Un chef de bataillon ou d'escadrons d'un des corps de la garnison ou du corps de passage, ou, à défaut d'un officier supérieur de ce grade, l'officier inférieur du grade le plus élevé; les deux capitaines les plus anciens, et le médecin le plus élevé en grade ou le plus ancien de grade des corps de la garnison ou de passage ; deux notables idoines choisis, l'un par le commandant d'armes, l'autre par le comptable ou l'entrepreneur à la ration, sur une liste dressée à l'avance par l'autorité municipale.

2° *Service des fourrages.* — L'officier du corps de cavalerie ou d'artillerie de la garnison ou de passage le plus élevé en grade après le commandant d'armes ou le major de la garnison, suivant que la commission est présidée par l'un ou l'autre de ces deux officiers ; les deux capitaines les plus anciens et le vétérinaire ayant le rang le plus élevé des corps de cavalerie ou d'artillerie de la garnison ou de passage ; deux notables idoines choisis, l'un par le commandant d'armes, l'autre par le comptable ou l'entrepreneur à la ration, sur une liste dressée à l'avance par l'autorité municipale.

Le sous-intendant militaire ayant la surveillance administrative du service des subsistances, ou son suppléant, est membre des commissions. Il est toujours entendu dans les observations qu'il formule, tant sur le fond même du litige qu'au point de vue de l'application du cahier des charges et des dispositions légales et réglementaires.

Les commissions sont convoquées et présidées par le commandant d'armes ou le major de la garnison.

Elles ont pour objet de prononcer sur l'acceptation ou le refus des denrées.

En cas de refus, elles prescrivent, s'il y a lieu, les manutentions à faire subir aux denrées pour les rendre acceptables.

Elles peuvent proposer le rejet définitif des denrées, leur expulsion des magasins ou leur destruction complète par enfouissement, jet à l'eau ou incinération, dans le cas où ces denrées auraient été reconnues nuisibles à la santé des hommes ou des chevaux.

Le général commandant le corps d'armée statue sur ces propositions, après avis exprimé par le directeur du service de l'intendance. Il rend compte au Ministre.

Les commissions prononcent à la majorité des voix ; en cas de partage, la voix du président est prépondérante. Il est passé outre à l'absence d'un ou deux membres, pourvu qu'ils aient été régulièrement convoqués.

En cas d'urgence, et s'il y a impossibilité de remplacer immédiatement la denrée, le commandant d'armes peut, nonobstant le refus prononcé par la majorité, ordonner qu'il soit donné suite à la distribution.

En route, dans les localités qui ne sont pas des villes de garnison, les commissions se réunissent sur l'invitation du colonel ou du chef de détachement ; elles se composent du chef de détachement, président; des deux officiers, sous-officiers, caporaux ou soldats qui marchent hiérarchiquement après lui ; du maire ou de son délégué, et de deux idoines désignés par le maire ; elles prononcent sur l'admission ou le refus des denrées à la majorité des voix ; en cas de partage, la voix du chef de détachement est prépondérante.

Transmission des décisions des commissions.

384. Les décisions prononcées *ou proposées* par les commissions et la suite qui y a été donnée sont constatées par des procès-verbaux dressés en une seule expédition. Ces procès-verbaux, *établis* par le sous-intendant militaire ou son suppléant et mentionnant les observations motivées de ce fonctionnaire, sont signés par tous les membres. L'original reste aux archives du sous-intendant militaire ou de son suppléant ; une copie est envoyée au directeur du service de l'intendance, une seconde au corps intéressé, une troisième au commandant d'armes, qui la transmet, par la voie hiérarchique, au général commandant le corps d'armée.

Denrées sorties des magasins. — Denrées avariées.

385. La vente et le rachat des rations sont interdits entre la partie prenante et l'officier d'administration comptable ou l'entrepreneur.

Aucune denrée reçue en distribution et sortie du magasin ne peut y être rapportée pour y être échangée ; et, après la sortie du magasin, aucune plainte n'est admise, tant sous le rapport de la qualité que sous celui de la pesée ou du mesurage.

Toutefois, il est fait exception à cette règle pour les conserves de viande ou de légumes ainsi que pour les balles de foin pressé. Lorsque ces denrées sont reconnues avariées, lors de leur mise en consommation, et dans le délai prévu, elles peuvent être échangées immédiatement, après entente entre le colonel ou le chef de détachement et le sous-intendant militaire, et, à défaut d'entente, il est statué par les commissions dans les formes ordinaires.

Quand des rations distribuées sont avariées ou détruites dans les magasins du régiment ou dans les camps par un événement de force majeure, une distribution extraordinaire est faite en remplacement de ces rations. Un procès-verbal relatant les causes de la perte ou de l'avarie tient lieu de bon de distribution, sauf imputation à qui de droit.

Caractères distinctifs des denrées (1).

386. Le pain doit être d'une blancheur franche

(1) Les membres des commissions peuvent consulter avec fruit les notices annexées au règlement sur le service des subsistances militaires.

et uniforme, intermédiaire entre celle du pain de première qualité et de deuxième qualité de la boulangerie civile ; la cuisson doit être complète ; la mie et la croûte ont alors les caractères ci-après : mie bien ouverte, sèche, légère, élastique, ne s'égrenant pas ; croûte supérieure adhérente à la mie, lisse, fine, d'une couleur fraîche tirant sur le jaune foncé, sans soufflures, ni éclatements, ni déchirures, ni crevasses ; croûte inférieure légèrement brune, bien formée, n'ayant pas plus de 4 millimètres d'épaisseur. L'odeur doit être douce, le goût parfait, la saveur agréable et l'aspect appétissant ; quelques-uns de ces caractères cessent d'être exigibles lorsque les conditions de la fabrication du pain viennent à être modifiées en vertu d'ordres spéciaux du Ministre ou du général commandant le corps d'armée.

La viande doit avoir une couleur rouge vif qui dénote sa fraîcheur ; être ferme sans être dure, entremêlée de graisse, d'une odeur presque nulle, et n'offrir aucune partie saignante, gluante, livide ou blafarde.

Les viandes salées qui sont distribuées quelquefois en remplacement de viande fraîche, ou qui sont acquises directement par les corps, ne doivent jamais être mises en consommation qu'après un examen attentif. Elles doivent toujours être soumises à une cuisson complète.

L'altération de la morue salée se signale le plus souvent par une teinte rosée du tissu musculaire.

La bonne qualité du café cru se reconnaît aux caractères suivants : les grains doivent être pleins, entiers, égaux, secs, durs, sonores et lisses, et difficiles à casser sous la dent ; d'une couleur franche et uniforme; d'une odeur parfumée; d'un goût sans âcreté, fortement herbacé, participant de l'arome qui doit se développer abondamment par la torréfaction. Le café ne doit pas être torréfié au four.

Le vin ne doit avoir reçu aucune mixtion, même d'esprit-de-vin ou de toute autre substance employée quelquefois pour lui donner une force, une couleur ou une qualité apparentes. Il doit être droit en goût et parfaitement limpide.

L'eau-de-vie doit être transparente, droite en goût et parfaitement limpide. Quand on en frotte quelques gouttes entre les mains, l'évaporation s'opère promptement et laisse un parfum aromatique.

Quelles que soient sa variété et son origine, l'avoine est recevable pourvu qu'elle remplisse les conditions suivantes : il faut qu'elle soit pesante; qu'elle coule facilement des doigts; que son écorce soit mince, brillante et lustrée, sans rides; que son odeur soit presque insensible; que son amande, blanche et adhérente à l'écorce, laisse, en l'écrasant dans la bouche, une saveur agréable et farineuse; qu'elle soit débarrassée de ses balles ou calices, et exempte de graines étrangères à sa production. Le mélange naturel d'orge ou de graines fourragères telles que : sauve, coquelicot, jacée, bluet rend l'avoine non recevable, s'il excède un vingtième, sauf proportion inférieure fixée par le cahier des charges. Bien que le poids de l'avoine ne soit pas seulement un indice certain de ses qualités nutritives, l'hectolitre d'avoine ne doit pas peser moins de 45 kilogrammes. Toute avoine mouillée, germée, moisie, charbonnée ou cariée doit être refusée.

Le bon foin se reconnaît aux signes suivants : couleur légèrement verte; odeur agréable et aromatique; tiges rondes, noueuses, fines et flexibles, difficiles à casser et garnies, autant que possible, de leurs feuilles et de leurs fleurs; saveur douce et plus ou moins sucrée. Quand on secoue le bon foin, il se sépare facilement et sans déchets. Il doit être très propre, sans poussière, et ne jamais renfermer ni déchets ni ramassis de magasin.

Les plantes qui composent le bon foin doivent appartenir, pour les neuf dixièmes au moins, aux familles des graminées et des légumineuses. Le sainfoin, la luzerne peuvent entrer pour moitié dans la ration de foin, sauf dispositions contraires des cahiers des charges qui régissent les fournitures.

Les foins très secs, lavés, vasés, rouillés, moisis, échauffés ou ayant une mauvaise odeur, doivent être refusés, et l'on ne doit pas oublier que l'usage du foin moisi est toujours suivi de maladies graves, telles que : morve, farcin, pousse, etc.

Le foin pressé, en tenant compte de la préparation qu'il a subie, doit présenter les mêmes qualités que le foin ordinaire.

A moins de circonstances exceptionnelles, la paille de froment est la seule dont on fasse usage pour la nourriture des chevaux.

La bonne paille se reconnaît aux caractères suivants : les tuyaux sont minces, flexibles et luisants; leur couleur est d'un blanc mat ou d'un jaune doré; les épis sont garnis de leurs balles ou calices. L'odeur de la paille doit être agréable. La qualité de la paille augmente avec le nombre des plantes herbacées de bonne qualité qu'elle contient. Toute paille terreuse, roulée, cariée ou charbonnée, doit être refusée.

La farine d'orge doit être fraîche, d'un blanc jaunâtre, grossièrement moulue; d'une odeur douce. Elle s'altère, se pique et se charançonne promptement.

Le son doit provenir de la mouture du froment; il doit être frais, inodore, d'une saveur douce. Il est d'autant meilleur qu'il contient plus de farine. En principe, la farine d'orge doit lui être préférée.

CHAPITRE LVII.

ORDINAIRES DES CAPORAUX ET DES SOLDATS.

Dispositions générales.

387. En garnison, en marche ou en manœuvres, la réunion d'hommes de troupe, vivant en commun, au moyen de prestations qui leur sont allouées individuellement, constitue un ordinaire.

En principe, il est formé par compagnie un ordinaire, dirigé par le capitaine de la compagnie, qui fait surveiller les détails de ce service par le plus ancien lieutenant de la compagnie.

Toutefois, le chef de corps peut, s'il le juge nécessaire, en raison de la réduction des effectifs, d'une disposition particulière des cuisines ou de tout autre motif, ordonner la réunion de plusieurs compagnies pour former un seul ordinaire. Dans ce cas, l'une des unités est désignée, à tour de rôle et généralement tous les trois mois, par le chef de corps ou de détachement, pour assurer les détails de l'administration ou de la gestion. Le commandant de cette unité a seul la direction des achats, de la préparation et de la distribution des aliments. Les autres unités conservent la disposition d'une partie du boni déterminée par le chef de corps, au moyen de laquelle les commandants de ces unités peuvent faire à leurs hommes des distributions supplémentaires de liquides ; ces unités continuent de tenir leurs livrets d'ordinaire, mais en n'y inscrivant pour les achats communs que la part contributive de la compagnie. Le détail des dépenses relatives à ces achats figure seulement sur le livret d'ordinaire de l'unité qui gère l'ordinaire.

Enfin, lorsque des circonstances particulières l'exigent, il est formé plusieurs ordinaires par compagnie.

Les fonds de l'ordinaire servent à l'achat des denrées alimentaires que l'Etat ne fournit pas, au blanchissage du linge et à la fourniture des ingrédients nécessaires à l'entretien des effets et de certains autres objets déterminés par les règlements.

Toutes les denrées, excepté le pain de munition, sont en commun ; il en est de même des ingrédients de propreté, soit qu'on les emploie en commun, soit qu'on les distribue à chaque homme.

En principe, tous les caporaux et tous les soldats vivent à l'ordinaire. Le capitaine et, sur la proposition du médecin chef de service, le colonel peuvent seuls accorder la permission de ne pas vivre à l'ordinaire. Le capitaine en rend compte au rapport. Mais il ne peut la refuser à l'homme marié dont la femme a obtenu l'autorisation de résider au régiment. Les sous-officiers, les caporaux et les soldats autorisés à ne pas vivre à l'ordinaire sont néanmoins tenus d'y effectuer un versement invariable d'un centime par jour, pour part contributive aux menues dépenses étrangères à l'alimentation (fourniture du cirage, de l'éclairage, etc.).

Les hommes admis au régime spécial de l'infirmerie continuent de compter à l'ordinaire pour l'inscription aux recettes de toutes les allocations qui leur sont dues. Ces mêmes allocations sont ensuite portées en dépenses et versées à la masse de l'infirmerie (art. 68).

Fonds de l'ordinaire.

388. Les fonds de l'ordinaire comprennent les fonds courants et les fonds d'économie.

Les fonds courants sont fournis par les recettes journalières de toute nature et ont pour but d'assurer, concurremment avec les denrées fournies par l'Etat, la subsistance de la troupe, et de pourvoir aux dépenses réglementaires diverses que l'ordinaire doit supporter.

Les fonds d'économie sont la réserve alimentée par les bénéfices faits sur les recettes ; ils servent à améliorer l'ordinaire ; on les désigne communément sous le nom de boni.

Il n'est pas fixé de limite dans l'importance des fonds d'économie, mais il appartient au chef de corps de veiller à leur formation judicieuse. Il doit, en outre, prendre les ordres du général de brigade, au sujet du taux du boni qui peut être conservé par les commandants d'unités administratives ; le surplus doit toujours être déposé dans la caisse du corps, par le capitaine, le 1er de chaque mois. Tout ou partie des sommes versées ne peut être retiré de chez le trésorier qu'avec l'autorisation du chef de corps.

Il n'est jamais fait de décompte des fonds

d'économie. Cependant, si, à la suite de circonstances particulières, telle que la présence des réservistes, quelques unités d'un corps ont réalisé des bonis d'une importance exceptionnelle, le chef de corps peut, avec l'autorisation du général commandant le corps d'armée, prescrire la répartition de ces bonis entre toutes les unités du corps de troupe. Cette répartition ne doit porter que sur les sommes économisées grâce aux circonstances dont il s'agit, en laissant toujours aux unités qui les ont fournies un boni supérieur à celui qui existait avant que ces circonstances se soient produites.

Si, après une période d'instruction de l'armée territoriale en unités constituées, il reste une somme disponible aux ordinaires de ces unités, cette somme sert à former un fonds d'économie dans les conditions déterminées par la décision présidentielle et par l'instruction ministérielle du 1er mars 1892 pour les corps qui se constitueront à la mobilisation. Lorsque ce fonds a atteint un avoir de un franc pour chaque homme des unités non constituées en temps de paix, le reliquat du boni doit être partagé entre les hommes qui ont vécu à l'ordinaire. Il en est de même pour les corps qui viendraient à être licenciés.

Quand, par suite de circonstances particulières, une unité administrative cesse momentanément de former un ordinaire, le chef de corps peut, après avoir pris les ordres du général de brigade, autoriser des prélèvements sur les fonds d'économie, pour faciliter à chaque homme les moyens de subsister isolément. Ces prélèvements ne doivent pas excéder, dans leur ensemble, la moitié du montant du boni qui existait au moment où l'ordinaire a cessé de fonctionner.

Sauf l'exception indiquée à l'article 390 ci-après, toute imputation, non prévue par le présent règlement, faite aux fonds courants ou aux fonds d'économie, engage la responsabilité de l'officier qui l'a prescrite ou tolérée.

Recettes de l'ordinaire.

389. Les recettes de l'ordinaire sont de deux sortes : les recettes ordinaires et les recettes additionnelles.

Les recettes ordinaires sont :

1° Le prélèvement sur la solde à verser à l'ordinaire par chacun des caporaux et des soldats qui y vivent, lequel doit être calculé de manière à laisser au moins 0 fr. 05 par jour au soldat comme sou de poche ;

2° L'indemnité représentative totale de la ration de viande fraîche ;

3° Le versement journalier d'un centime à faire par les sous-officiers, les caporaux et les soldats ne vivant pas à l'ordinaire, pour part contributive aux dépenses étrangères à l'alimentation ;

4° Le versement fait par les sous-officiers, les caporaux et les soldats ne vivant pas à l'ordinaire, pour le sucre et le café perçus par eux à titre remboursable, quand ils prennent le café à l'ordinaire ;

5° L'indemnité représentative de la ration hygiénique d'eau-de-vie ;

6° Les indemnités accordées dans des circonstances particulières. Dans les unités faisant ordinaire, les recettes qui précèdent sont toujours inscrites au livret d'ordinaire, où il est fait ensuite dépense des denrées et liquides achetés pour les hommes. Dans les unités ne faisant pas ordinaire, les allocations revenant à chaque homme lui sont comptées en même temps que la solde ;

7° Dans les compagnies de discipline, la moitié du produit de chaque journée de travail.

Les recettes additionnelles sont :

1° Les centimes de poche des caporaux et des hommes punis de prison ou de cellule. Toutefois, lorsque les militaires ont été incarcérés sous de simples présomptions, et que leur punition est levée, leurs centimes de poche leur sont restitués. En outre, en cas de mouvement de troupe, la recette est suspendue pendant les journées de route ;

2° Les centimes de poche des caporaux et des soldats irrégulièrement absents le dernier jour ou au moment du payement du prêt et de ceux décédés dans le courant du prêt ;

3° Le produit de la vente des issues diverses (os, eaux grasses, issues, boîtes vides de conserves, etc.) provenant de l'ordinaire ;

4° Le prix de blanchissage du linge des sous-officiers, des caporaux et des soldats ne vivant pas à l'ordinaire, lorsqu'ils usent de la faculté de faire blanchir leur linge avec celui de la troupe ;

5° La moitié de la valeur des moins-perçus en pain constatés en fin d'exercice après balance avec les trop-perçus ;

6° Versements provenant de prêts d'ustensiles ou d'objets de cuisine faits aux unités de l'armée territoriale.

L'ordinaire profite, en outre, des ressources que donnent les jardins potagers, quand le corps en possède, et des produits qui, par suite de circonstances exceptionnelles, peuvent lui être attribués.

Il profite également des rations de vin, d'eau-de-vie, de sucre et de café perçues par les caporaux et les soldats punis de prison ou de cellule.

Les chefs de corps et les capitaines veillent, en outre, à ce que les ordinaires profitent effectivement des économies à réaliser sur la nourriture des hommes qui, comptant à l'ordinaire, n'y prennent pas leur repas, par suite de permission ou d'abandon volontaire. A cet effet, il doit toujours être défalqué des achats journaliers les quantités de denrées revenant à ces hommes, qui doivent, autant que possible, faire connaître au sergent-major qu'ils ne prendront pas part à un ou plusieurs repas. Lorsque cet avis est notifié après les achats au caporal d'ordinaire, les quantités achetées en trop viennent en déduction des achats ultérieurs. Si quelques gamelles préparées ne sont pas retirées, le caporal d'ordinaire en fait distribuer le contenu entre les hommes qui le demandent.

Dépenses de l'ordinaire.

390. Les dépenses qui peuvent être imputées à l'ordinaire sont les suivantes :

A. *Dépenses normales.*

1° Achat de pain de soupe, de viande fraîche, de vin, de liqueurs et boissons hygiéniques et de toutes denrées (autres que le pain de repas) nécessaires à la nourriture des hommes ;

2° Remboursement du prix du café et du sucre perçus à titre remboursable ;

3° Versement à la masse de l'infirmerie de toutes les perceptions faites pour les hommes admis au régime spécial ;

4° Achats des instruments nécessaires au perruquier pour la coupe des cheveux et de la barbe ;

5° Dégradations aux percolateurs, lorsqu'elles proviennent de l'inexpérience des hommes chargés du fonctionnement de ces appareils ;

6° Part proportionnelle du prix d'achat des registres tenus par la commission des ordinaires ; prix du livret d'ordinaire ;

7° Eclairage des chambres ; objets divers nécessaires à l'entretien des chambres, des armes et des effets de toute nature ;

8° Dépenses nécessitées par les soins de propreté corporelle et le blanchissage ;

9° Eclairage des cuisines et entretien des ustensiles ;

10° Part proportionnelle par compagnie des dépenses faites pour les jardins potagers ;

11° Acquisition des sabots-galoches pour les cuisiniers, de la brosse pour le pain de soupe et des paniers pour la viande (1) ;

12° Achat de manettes pour le transport des gamelles dans les chambres ou de récipients pour le transport du café ;

13° Menues dépenses à l'occasion de la fête nationale et des anniversaires célébrés par le corps en vertu d'une autorisation du commandement jusqu'à concurrence de 20 francs par unité administrative ;

---

(1) Alinéa modifié conformément à la décision présidentielle du 15 octobre 1895 relative au service du chauffage.

14° Achat, entretien et nettoyage des effets des cuisiniers, des aides-cuisiniers et des soldats chargés des percolateurs ;

15° Payement au cuisinier ou au chauffeur-mécanicien des cuisines à vapeur du prix de la ration de viande lorsque cette denrée est distribuée en nature.

B. *Dépenses accidentelles.*

1° Achat de cosmétique hygiénique du marcheur ;

2° Versement à la masse de l'infirmerie, en cas d'insuffisance, sur l'ordre du chef de corps et avec l'autorisation du général de brigade ;

3° Achat de filtres à café pour les troupes dépourvues de percolateurs ;

4° Achat de machines à peler les pommes de terre ;

5° Menus frais pour l'aménagement des tables et des bancs en vue d'organiser des réfectoires ou de permettre aux hommes de manger assis dans les chambres ;

6° Achat de vaisselle collective ou individuelle et de récipients pour la boisson et pour le transport du café du percolateur à la chambrée ;

7° Achat et entretien d'une balance légère ou d'une romaine pour chaque groupe d'unités faisant la cuisine dans le même local ;

8° Frais de remplacement du sable et des bougies destinés aux filtres Chamberland ;

9° Frais de rôtissage de la viande en vue de varier la nourriture des hommes.

Ces derniers frais, qui se subdivisent comme il suit, ne doivent jamais excéder les fixations ci-après, savoir :

a) Dépenses de première mise pour achat de vaisselle : 17 centimes par homme vivant à l'ordinaire ;

b) Dépense annuelle d'entretien : 11 centimes par homme vivant à l'ordinaire ;

c) Dépense journalière, s'il y a lieu, pour les frais de cuisson, toutes les fois qu'il est fait du rôti : 0 fr. 035 par homme vivant à l'ordinaire. Cette dépense ne devra plus exister si des rôtissoires viennent à être installées dans les cuisines sur des fonds autres que ceux de l'ordinaire.

Les dépenses énumérées ci-dessus sous la rubrique A doivent être engagées lorsque l'occasion s'en présente. — Quant aux dépenses énumérées sous la rubrique B, il appartient aux chefs de corps de ne les autoriser qu'autant qu'ils le jugent utile et que l'état des bonis le permet.

Lors d'un changement de garnison, les corps ou fractions de corps sont autorisés à emporter avec eux, ou à céder à ceux qui les remplacent, les ustensiles achetés sur les fonds des ordinaires, désignés dans le présent article.

Dans les cas où ces ustensiles sont emportés, les frais d'emballage sont à la charge des ordinaires et les dépenses de transport à la charge de l'Etat.

Dans le cas de cession, la remise et la reprise sont effectuées comme il suit :

Si l'arrivée du nouveau corps coïncide avec le départ de l'autre, la cession est faite à l'amiable. Dans le cas contraire, les ustensiles, après avoir été lavés et nettoyés avec soin, sont laissés, sur inventaire, à la garde du service du génie. Le nouveau corps les reprend à son arrivée et sur le vu de l'inventaire.

Quant aux allonges de table, aux tabourets, etc.,

dont les frais de confection auraient été supportés par les ordinaires du corps partant, ils sont toujours laissés sur place et repris ensuite, sur inventaire, par le corps arrivant.

Les contestations qui pourraient s'élever au sujet de la valeur des ustensiles et objets laissés sur place sont résolues par le général de brigade.

Lorsque l'état des bonis est prospère, les chefs de corps peuvent, en outre, avec l'assentiment du général de brigade, autoriser les capitaines à engager d'autres dépenses que celles énumérées sous les rubriques A et B, pourvu qu'elles se rattachent directement à l'alimentation des hommes et qu'elles tendent à améliorer leur bien-être.

Ces dépenses exceptionnelles doivent être calculées de manière qu'elles ne fassent jamais descendre les bonis au-dessous du chiffre de 2 francs par homme.

Cuisines. — Locaux. — Mobiliers.

391. L'ordinaire des compagnies est habituellement préparé dans des cuisines communes; un percolateur pour la préparation du café est fourni par les soins du service du génie.

Des magasins pour le combustible et pour le dépôt des provisions sont, autant que possible, mis à la disposition des ordinaires.

Le mobilier des cuisines est fourni, soit par le service du génie, soit sur les fonds de la masse d'habillement et d'entretien, dans les conditions spécifiées par le règlement sur la gestion des ordinaires.

Il est interdit, en garnison, de se servir des

ustensiles de campement pour les besoins de l'ordinaire.

Cuisiniers.

392. Dans chaque compagnie ou fraction de compagnie formant ordinaire, un soldat est désigné à tour de rôle pour être chargé de la préparation et de la cuisson des aliments. Le même soldat ne peut remplir les fonctions de cuisinier pendant plus de trois mois ; il ne peut y être appelé deux fois dans la même année. Toutefois, dans chaque bataillon, un cuisinier de profession remplit les fonctions de cuisinier chef, et il peut être maintenu en permanence. Il est chargé de guider et de former les autres cuisiniers, tout en exerçant lui-même l'emploi de cuisinier d'une compagnie. Il est affecté alternativement, tous les trois mois, à la cuisine d'une unité différente.

Le cuisinier chef et les cuisiniers ordinaires comptent à l'ordinaire de la compagnie dont ils préparent les aliments. Ils reçoivent le prêt franc, y compris le montant des indemnités représentatives de liquide et, de plus, la valeur de la ration de viande, lorsque cette denrée est distribuée en nature.

Le cuisinier chef porte une toque en toile blanche et, par-dessus des effets de cuisine, un tablier à bavette également en toile blanche. Les cuisiniers portent de la même manière un tablier à bavette et une toque en toile bleue. Il en est de même des aides de cuisine.

Le cuisinier est responsable de l'entretien et de la propreté du matériel, des ustensiles et des effets de cuisine, ainsi que du lavage des gamelles individuelles, immédiatement après chaque repas et, s'il y a lieu, de la vaisselle.

Il est secondé par un aide de cuisine, qui est relevé toutes les semaines.

Un ou plusieurs soldats sont, en outre, désignés par le chef de corps pour la préparation du café au moyen des percolateurs. Ils ont la responsabilité de l'entretien et de la propreté du matériel qui leur est confié.

Le cuisinier, son aide et les chauffeurs mécaniciens sont exempts de tout service.

Les soldats chargés des percolateurs sont exempts des parties du service fixées par le chef de corps. Chacun d'eux porte un tablier et une toque en toile cachou.

Chaque cuisinier, aide-cuisinier ou soldat chargé du percolateur doit être pourvu d'une collection de trois tabliers et de trois toques.

Le chef de corps arrête le modèle-type des toques et tabliers à bavette.

Le conseil d'administration achète ou fait confectionner ces effets, qui sont ensuite livrés aux compagnies, suivant les besoins. Les dépenses d'achat et de confection sont supportées par la masse d'habillement et d'entretien.

La valeur des effets livrés aux compagnies est remboursée à la masse par les fonds des ordinaires de ces unités. Ces fonds supportent, en outre, les frais d'entretien et de nettoyage de ces effets.

Consignes à afficher dans les cuisines et dans le local du percolateur.

393. Il est affiché, dans chaque cuisine, par les soins du président de la commission des ordinaires, une consigne sur la manière de conduire le feu et de surveiller le chauffage des fourneaux

de cuisine, et de préparer la soupe et les aliments divers; et dans le local du percolateur, une consigne sur la manière de préparer le café, et d'entretenir et de nettoyer le percolateur et les ustensiles.

On affiche aussi dans les cuisines, tous les matins, le nombre d'hommes pour lesquels chaque cuisinier doit préparer les aliments.

Gestion des ordinaires.

394. Les corps peuvent se procurer les denrées nécessaires à l'alimentation des hommes vivant à l'ordinaire :

1° Par des achats effectués directement pour chaque compagnie à la diligence du capitaine et de ses agents;

2° Par des achats effectués, pour toutes les unités du corps ou du détachement, par une commission dite des ordinaires.

La commission des ordinaires agit pour les unité du corps réunies dans la garnison.

Pour la viande, cependant, le chef de corps peut, s'il doit en résulter des avantages, autoriser l'achat direct pour chaque unité administrative par les soins du commandant de cette unité.

Lorsque le corps est chargé d'assurer lui-même la constitution et l'entretien d'une partie des approvisionnements de mobilisation, il est tenu de passer avec les fournisseurs des marchés d'une certaine durée, un an par exemple.

Dans les marches à l'intérieur et en temps de manœuvres, les ordinaires sont gérés par compagnie, en dehors de tout concours de la commission des ordinaires. La préparation des aliments est faite dans chaque escouade sous la surveillance du caporal.

Composition de la commission des ordinaires.

395. Il n'est pas constitué de commission des ordinaires dans les compagnies formant corps, ni dans les détachements ne comptant pas trois officiers, outre le chef du détachement.

Dans les autres cas, il est organisé une commission, nommée par le chef de corps ou de détachement, et composée comme il suit :

Dans un régiment :

Un chef de bataillon, président;
Quatre capitaines, membres;
Un lieutenant, secrétaire, avec voix consultative, secondé par un sous-officier.

Dans un bataillon formant corps et dans les détachements :

Trois officiers y compris le président;
Un lieutenant, secrétaire, avec voix consultative, secondé par un sous-officier.

Le médecin chef de service du corps ou du détachement fait partie de la commission avec voix consultative. Le chef de corps ou de détachement n'en fait jamais partie.

Les chefs de bataillon sont appelés à la présidence de la commission d'après leur rang d'ancienneté; les capitaines, membres, sont pris à tour de rôle d'après l'ordre des compagnies.

Lorsque, dans une même place, se trouvent réunis plusieurs détachements trop peu importants pour que chacun constitue une commission des ordinaires ou plusieurs unités administratives isolées, le général commandant le corps d'armée peut, sur la proposition du commandant d'armes, autoriser la formation d'une commission des ordinaires appelée à agir pour le compte de ces différentes fractions. En principe, cette commission est composée comme celles qui sont instituées dans les bataillons formant corps ; le nombre des membres en est cependant augmenté, s'il est nécessaire, de manière que chaque fraction de corps soit autant que possible représentée dans la commission.

La commission des ordinaires est constituée trois fois par an, le 1er janvier, le 1er mai et le 1er septembre; le président et le secrétaire sont nommés à ces dates. Les membres sont renouvelés par moitié six fois par an : dans le régiment deux membres et dans les bataillons formant corps et dans les détachements un membre aux mêmes dates que le président et le secrétaire ; les deux autres membres ou l'autre membre, selon le cas, et le sous-officier aux dates intermédiaires du 1er mars, du 1er juillet et du 1er novembre.

Lorsque, par application des dispositions de l'article 387 qui précède, le chef de corps a ordonné la réunion de plusieurs compagnies pour former un seul ordinaire, il fait autant que possible coïncider l'époque du déplacement de la direction des ordinaires groupés avec la date de la reconstitution de la commission des ordinaires.

En dehors des renouvellements périodiques et en cas de mutation ou d'empêchement, le chef de corps pourvoit au remplacement du membre absent ou empêché, en se conformant aux dispositions générales prescrites au présent article.

Toutefois, le chef de corps peut, s'il le juge utile, désigner l'officier d'approvisionnement du corps pour remplir en permanence les fonctions de secrétaire de la commission des ordinaires.

Fonctionnement de la commission.

396. La commission des ordinaires a pour mission d'acheter, de recevoir et de distribuer des denrées ou objets nécessaires aux ordinaires; mais elle n'a pas à s'immiscer dans l'administration et la comptabilité des ordinaires des compagnies, dont la surveillance appartient au chef de bataillon pour les compagnies sous ses ordres.

Devoirs des membres de la commission.

397. Un membre de la commission est délégué chaque semaine, par le président, d'après l'ordre d'ancienneté, pour la réception des denrées de l'ordinaire; si la commission comprend des officiers de grades différents, les membres concourent pour ce service sans distinction de grade. Le médecin est exempt de ce service; mais il doit être appelé pour se prononcer sur la qualité des denrées quand elle fait naître des doutes, et il s'en assure, surtout avant les distributions, quel que soit le mode de fourniture.

Cette prescription est essentielle en ce qui concerne la viande.

Le membre délégué de la commission assiste aux livraisons. Il refuse les denrées ou objets qu'il ne juge pas de bonne qualité et en exige le remplacement immédiat. En cas de contestation, il en rend compte au président, qui convoque la commission. Celle-ci prononce et, s'il y a lieu, fait acheter au compte des fournisseurs les quantités de denrées ou le nombre d'objets nécessaires. Ces dispositions doivent faire l'objet de stipulations spéciales dans les cahiers des charges ou dans les marchés.

Le secrétaire de la commission des ordinaires est chargé de la tenue de la comptabilité et de toutes les écritures. Il n'a pas de caisse et ne peut être dépositaire de fonds que pour un temps très court (vingt-quatre heures au maximum), seulement pour payer des achats faits au comptant.

Chaque jour, à l'issue du rapport, chaque capitaine fait remettre au secrétaire de la commission une note indicative, relevée sur le livret d'ordinaire, des quantités de denrées nécessaires pour le lendemain. Le capitaine doit signer cette note, de même que toutes celles qu'il est tenu de faire remettre au secrétaire de la commission.

Le secrétaire inscrit les quantités accusées par chaque note sur un carnet qu'il tient à cet effet, et il avise les fournisseurs de l'importance des livraisons à effectuer le lendemain à l'heure qu'il leur indique.

Le capitaine fait établir, la veille du jour du prêt, et signe, après vérification contradictoire, la note des dépenses effectuées pour l'ordinaire de l'unité pendant le prêt courant. Cette note est remise le jour même, à heure fixe, par le sergent-major, au secrétaire de la commission.

Cet officier établit alors, en deux expéditions, le bordereau général des sommes dues aux fournisseurs. Il remet ces deux expéditions au trésorier, qui, pour effectuer lui-même le payement, retient, sur le prêt du lendemain, à chaque compagnie, la somme représentant sa quote-part de dépense.

Il signe sur les livrets d'ordinaire les dépenses de chaque compagnie pour constater leur exactitude.

Lorsque, selon les prévisions de l'article 394, les achats de viande sont faits par le caporal d'ordinaire, le chef de corps ou de détachement peut, s'il le juge convenable, prescrire de procéder au payement des fournitures d'après le même mode. Dans ce cas, les capitaines doivent faire parvenir directement au trésorier la note indicative des sommes à payer.

De même, lorsque la commission des ordinaires procède à des achats en gros pour l'ensemble des compagnies, les payements sont toujours effectués par le trésorier, qui, à cet effet, retient aux compagnies les sommes nécessaires, d'après un bordereau établi par le secrétaire de la commission, ou qui leur fait des avances dans la limite du montant des bons déposés dans la caisse du corps.

Dans les compagnies formant corps et dans les compagnies détachées n'ayant pas de conseil d'administration, si, au lieu de faire opérer par achat de gré à gré à la diligence du caporal d'ordinaire, le capitaine a passé des conventions, il doit payer lui-même les fournisseurs tous les cinq jours en observant les formalités imposées au trésorier pour le payement des achats faits par les commissions des ordinaires.

Les registres relatifs à la comptabilité de l'ordinaire sont arrêtés par le secrétaire de la commission le dernier jour de chaque mois, sauf le registre du jardin potager, qui n'est arrêté que tous les trois mois.

Dans les cinq premiers jours de chaque mois, le secrétaire présente à la vérification de la commission un compte rendu sommaire embrassant l'ensemble des opérations de la commission pendant le mois précédent, tant pour les matières que pour les deniers.

Les pièces justificatives nécessaires, notamment toutes les factures-quittances des fournisseurs, sont jointes à l'appui des comptes rendus mensuels.

Du 1er au 5 du mois qui suit celui auquel les opérations se rapportent, et après vérification en séance de la commission, le président vise les registres, le compte rendu mensuel et toutes les pièces à l'appui, et transmet au chef de corps ce dernier document avec les justifications voulues.

Le sous-officier adjoint au secrétaire est chargé, sous la surveillance de ce dernier, des écritures, de l'emmagasinement des denrées et de leur distribution, de la surveillance des jardins potagers et des percolateurs. Ce sous-officier est exempt de service.

CHAPITRE LVIII.

TABLES.

Tables des officiers.

398. Le lieutenant-colonel est spécialement chargé de la surveillance des tables des officiers ; il s'assure que les officiers payent leurs dépenses régulièrement tous les mois.

Les officiers supérieurs et le médecin-major de 1re classe vivent ensemble.

Les capitaines, le médecin-major de 2e classe forment une ou plusieurs tables ; les lieutenants, les sous-lieutenants, le médecin aide-major et le chef de musique en forment une ou plusieurs autres.

Dans les détachements, les officiers supérieurs peuvent manger avec les capitaines. En route et aux manœuvres, tous les officiers vivent à la même table ou par fractions constituées.

Les officiers mariés dont la famille réside dans la garnison sont autorisés à vivre chez eux ; cette autorisation subsiste quand leur famille s'absente momentanément.

Lorsque des officiers de différents grades vivent ensemble, les dépenses sont toujours réglées d'après le taux habituel des pensions des différents grades.

L'officier le plus élevé en grade, ou le plus ancien dans le grade le plus élevé, est le président de la table ; il use de son autorité pour y maintenir l'ordre et la bonne harmonie.

Ces dispositions sont applicables à l'armée territoriale.

Table des sous-officiers.

399. Les adjudants, le sous-chef de musique et le chef armurier vivent ensemble par bataillon ; il en est de même des sergents-majors. En détachement, un adjudant peut vivre avec les sergents-majors.

Les sergents, les fourriers et les caporaux fourriers vivent également par bataillon ; les sous-officiers du petit état-major de la section hors rang et du dépôt vivent aux tables des sous-officiers de leur grade désignées par le colonel.

Il est affecté par régiment des locaux spéciaux pour la pension des sous-officiers. Il peut être accordé à chaque cantinière un soldat de 2e classe pour le service de la table des sous-officiers.

Le prix des pensions des sous-officiers est proportionné à leur solde et réglé par le lieutenant-colonel.

Les sous-officiers mariés dont la famille réside dans la garnison peuvent être autorisés à manger chez eux.

En détachement, quand il n'y a pas de cantinière, on met à la disposition des sous-officiers un soldat et les locaux nécessaires pour leur permettre de faire préparer leurs aliments et de vivre en pension ; ce n'est qu'en cas d'absolue nécessité qu'ils tirent leur subsistance de l'ordinaire des soldats.

Les corps peuvent organiser des mess pour les sous-officiers après en avoir demandé l'autorisation au Ministre.

Chaque adjudant-major surveille et dirige pour son bataillon tout ce qui regarde la table des sous-officiers ; il exige que les dépenses en soient régulièrement payées. A cet effet, il est placé dans les pensions un cahier servant à recevoir, chaque jour de prêt, les quittances des cantinières. L'adjudant-major vise ce cahier tous les quinze jours.

Réceptions de corps.

400. Les réceptions de corps n'ont lieu qu'avec l'autorisation du commandant d'armes.

CHAPITRE LIX.

DETTES.

Dettes des officiers.

Devoirs du lieutenant-colonel.

401. Le lieutenant-colonel tient la main à ce qu'aucun officier ne se livre à des dépenses qui le mettent dans le cas de contracter des dettes.

Les officiers qui font des dettes sont sévèrement punis ; il est fait mention de leur inconduite sous ce rapport sur les feuillets du personnel. S'ils ne tiennent pas compte des avertissements qui leur sont donnés, ils sont signalés au Ministre.

Retenues sur la solde.

402. Lorsque des officiers font des dettes, soit pour leur nourriture, soit pour leur logement, leur tenue ou d'autres fournitures relatives à leur état, la totalité de leur traitement, moins ce qui est nécessaire pour les dépenses courantes et indispensables, est employée à les acquitter.

Le colonel, sur le compte qui lui en est rendu par le lieutenant-colonel, donne des ordres pour que le payement soit fait dans le plus bref délai possible.

Lorsque des officiers ont des dettes d'une nature autre que celles indiquées ci-dessus, l'action de l'autorité militaire est exclusivement disciplinaire.

Les actions en recouvrement de créances sont du ressort des magistrats civils ; les officiers et les juges militaires ne peuvent en prendre connaissance qu'à l'armée et hors du territoire ; ils ne peuvent non plus apporter aucun obstacle à la poursuite et à l'exécution des jugements.

Les retenues sur la solde ont lieu de plein droit, quand elles sont ordonnées par le Ministre de la guerre ou requises en vertu d'oppositions ou de saisies judiciaires. Elles n'excluent, dans aucun cas, l'action des créanciers sur les biens meubles et immeubles de leurs débiteurs suivant les règles établies par les lois.

Les indemnités de toute nature, les gratifications et le traitement de la Légion d'honneur et de la médaille militaire ne sont pas passibles de retenues.

Les armes, les chevaux, les livres, les instruments d'étude, les effets d'habillement et d'équipement dont les règlements prescrivent que les officiers soient pourvus, ne peuvent être ni saisis ni vendus au profit des créanciers.

Dettes des sous-officiers, des caporaux et des soldats.

Vigilance des officiers.

403. Les officiers, et particulièrement les capitaines, doivent exercer une surveillance constante pour empêcher les sous-officiers, les caporaux et les soldats de faire des dettes ; ils punissent avec sévérité ceux qui en contractent.

La rétrogradation et même la cassation ou la révocation sont encourues par les sous-officiers et les caporaux en cas de récidive.

Les créanciers sont sans recours sur la solde.

404. Il est interdit aux sous-officiers, aux ca-

poraux et aux soldats de contracter, sous quelque prétexte que ce soit, aucun emprunt, dette ou engagement, et les créanciers sont sans recours légal sur leur solde.

Toutefois, il peut être formé des oppositions sur l'indemnité ou prime de rengagement due aux sous-officiers rengagés, mais non sur les intérêts.

CHAPITRE LX.

OFFICIERS ET SOUS-OFFICIERS MALADES.

Prescriptions générales.

405. Les officiers qui ne peuvent faire leur service pour cause d'indisposition sont tenus de garder la chambre pendant au moins vingt-quatre heures.

Les lieutenants et les sous-lieutenants informent sur-le-champ leur capitaine ; les capitaines, leur chef de bataillon ; les officiers comptables, le major ; les officiers supérieurs, les médecins, le porte-drapeau et le chef de musique, le lieutenant-colonel.

En outre, les officiers de semaine et ceux qui sont employés à un service spécial préviennent directement leur supérieur immédiat dans leur service.

L'officier malade a le droit de se faire soigner chez lui ; mais, dans des circonstances spéciales, sur l'avis du médecin-major, le colonel peut ordonner l'entrée de l'officier à l'hôpital.

L'officier qui se fait soigner chez lui est tenu de se fournir de médicaments.

Les sous-officiers autorisés à loger en ville,

malades, doivent se présenter à la visite à la caserne, si leur état de santé le leur permet.

S'ils ne peuvent sortir, ils sont, sur leur demande, visités et soignés par un médecin du corps. Dans ce cas, ils sont tenus de garder la chambre au moins vingt-quatre heures.

Les médicaments leur sont fournis par les soins de l'infirmerie régimentaire ; mais, en cas de maladie quelque peu sérieuse ou prolongée, ils doivent être envoyés à l'infirmerie ou à l'hôpital.

TITRE III.

ROUTES DANS L'INTÉRIEUR.

CHAPITRE LXI.

DISPOSITIONS PRÉLIMINAIRES.

Préparation à l'exécution de la route.

406. Pour disposer les hommes à la route, il est fait, plusieurs jours avant le départ, des marches militaires avec armes et bagages.

Le colonel ordonne toutes les mutations que nécessite le mouvement ; il répartit les médecins par colonne et désigne, pour chacune d'elles, un vaguemestre qui est muni d'une commission délivrée par le conseil d'administration.

Il donne des ordres pour que les appointements des officiers et la solde de la troupe soient perçus ; pour que les ordinaires soient réglés et arrêtés à la veille du départ de chaque colonne, et pour que le cautionnement des fournisseurs leur soit remis. Il fixe le prélèvement sur les bonis que peuvent retirer les commandants de compagnie de la caisse du trésorier pour l'amélioration de la nourriture pendant la route. Il prend les mesures nécessaires pour que la distribution des bons de tabac soit assurée. Il règle tout ce qui est nécessaire au transport des bagages des officiers, des effets non emportés par la troupe, et la remise des différents services.

Le colonel désigne l'officier chargé de devancer les colonnes.

Les capitaines prescrivent toutes les dispositions nécessaires pour la bonne exécution de la route.

Officier devançant les colonnes.

407. Un ou deux jours au moins avant le départ de la première colonne, l'officier désigné pour devancer la colonne prend les ordres du colonel et se conforme, dans chaque gîte d'étape, aux dispositions suivantes : 1° il se présente, à son arrivée, chez le commandant d'armes qui lui donne les instructions ; il lui remet une situation numérique du régiment ou des différentes colonnes ; il va ensuite chez le maire ;

2° Il fait préparer le logement de manière que l'ordre constitutif soit observé et que les officiers, leurs chevaux, les sous-officiers, les caporaux et les soldats de la même compagnie soient logés. autant que possible, dans la même rue ou dans le même quartier. Il demande, pour les caporaux, des maisons où la soupe puisse être faite et mangée commodément par escouade. Il recommande qu'il ne soit pas délivré de billets de logement pour les maisons qui ne sont pas habitées; que les habitants qui ne logent pas les militaires chez eux fassent connaître à l'avance les maisons où ils les envoient, afin que les billets soient faits en conséquence et que les militaires puissent s'y rendre directement ; que les habitants soient prévenus de l'heure probable de l'arrivée de la troupe, afin qu'il y ait dans chaque maison quelqu'un chargé de recevoir les soldats qui doivent y loger ;

3° Il s'assure que les ordres relatifs au pain, aux fourrages ou aux voitures destinées aux transports à la suite du corps ont été donnés et sont en voie d'exécution ; que les gîtes renferment les ressources nécessaires pour l'alimentation des colonnes. Dans le cas contraire, il y remédie autant que possible et en informe immédiatement le chef de la première colonne. Si, dans certaines localités, il est reconnu nécessaire de passer des marchés pour des denrées autres que le pain de ration, les maires interviennent dans la fixation du prix de ces denrées. Les marchés doivent exprimer que les distributions se feront par escouade, et, dans chaque cantonnement, si le régiment ou les bataillons sont divisés ;

4° Avant son départ de chaque gîte d'étape, il laisse à la mairie une lettre pour le chef de la colonne qui arrive le premier ; il l'informe des mesures prises pour le logement, les vivres et les transports ainsi que des marchés, s'il en a passé.

Le chef de bataillon, après avoir ajouté ses observations au bas de cette lettre, la remet à la mairie pour le chef de la colonne suivante.

Si quelque partie de la troupe doit être détachée en avant, en arrière ou sur les côtés du lieu d'étape, l'officier qui a devancé la troupe veille à ce que le maire ne loge que dans le gîte d'étape et ses annexes, et lui demande un guide pour chaque détachement; il prend les mesures nécessaires pour que le chef de la colonne en soit prévenu à temps, et que le pain y soit porté avant l'arrivée de la troupe. Il lui indique les points où, pour ne pas faire de chemin inutile, les détachements doivent se séparer de la colonne, et ceux où ils peuvent rejoindre le lendemain.

Chaque chef de colonne donne à temps le même avis à celui qui marche après lui.

Lorsque la première colonne doit faire séjour, l'officier qui a devancé attend la colonne pour prendre connaissance des mutations; les chefs des autres colonnes le préviennent à temps par écrit.

Le commandant d'un bataillon ou d'un détachement qui doit faire route isolément désigne un officier pour devancer la troupe et remplir les mêmes fonctions.

Tenue.

408. L'ordre de l'avant-veille du départ prescrit la tenue pour la route.

Livres de comptabilité des compagnies. Contrôles et états pour les routes.

409. Les sergents-majors de chaque bataillon réunissent, dans une caisse ou dans un ballot, leurs registres et papiers de comptabilité; cette caisse est placée sur une des voitures qui marchent avec le bataillon.

Les effets des soldats qui ne peuvent être mis

dans le sac, et ceux qui appartiennent à la compagnie en général, sont réunis dans des ballots étiquetés au numéro de la compagnie et déposés au magasin de la compagnie.

Les sergents-majors ne conservent que leurs carnets de comptabilité trimestrielle; ils font établir en double expédition les listes par camarades de lit et font préparer tous les états nécessaires pendant la route; ils reçoivent du trésorier les imprimés des feuilles de prêt, bulletins de recherches, billets d'hôpital, etc.

Chaussures.

410. Les capitaines passent une revue de la chaussure et y font faire les réparations nécessaires. Chaque homme doit être pourvu de deux bonnes paires de chaussures. Celles qui sont neuves ou nouvellement réparées doivent avoir été portées avant le départ.

Une caisse contenant des chaussures est placée sur les voitures, pour les besoins qui peuvent survenir pendant la route.

Si les bataillons voyagent séparément, il en est remis à chaque chef de bataillon une certaine quantité proportionnée à la longueur de la route.

Chevaux malades.

410 *bis* (1). Les chevaux malades qui ne peuvent être mis en route sont désignés quelques jours avant le départ et mis en subsistance dans un corps de la garnison. Ils sont confiés à la gendarmerie, s'il n'y a pas de corps de troupe dans la localité. Ces chevaux sont renvoyés à leur

(1) Article additionnel. Décret du 12 janvier 1898.

corps, par les voies ferrées, dès que leur état le permet.

Service de semaine.

411. En route à l'intérieur, le service de semaine est assuré comme en garnison ; les tours commencés au départ se continuent.

Logement.

Composition et départ du logement et de la garde de police.

412. Le logement est composé des adjudants de bataillon, du plus ancien adjudant de compagnie du dépôt, s'il y a lieu, des fourriers, des caporaux adjoints aux fourriers, du nombre de soldats par compagnie, de la musique et de la section hors rang strictement nécessaire pour les corvées.

La garde de police est commandée par un lieutenant ou un sous-lieutenant; elle est composée d'un sergent, d'un tambour ou clairon et du nombre d'escouades reconnu nécessaire.

Le logement et la garde de police partent à l'heure fixée par le chef de la colonne, sous les ordres d'un capitaine de compagnie qui est commandé chaque jour pour ce service et désigné sous le nom de capitaine de logement.

Dans l'hypothèse visée par l'article 439, le capitaine de logement est remplacé par un adjudant-major.

Devoirs du capitaine de logement.

413. Dès son arrivée, le capitaine de logement se rend chez le commandant d'armes, pour le

prévenir de l'heure présumée de l'arrivée de la colonne et prendre ses ordres. Il va ensuite chez le maire.

Il s'assure que le logement est fait conformément aux principes prescrits; il répartit le service entre les adjudants de bataillon. Il va reconnaître les denrées ; s'il y a lieu de se plaindre de leur qualité ou de leur poids, il en réfère immédiatement au commandant d'armes si l'on se trouve dans une ville de garnison, au colonel ou au chef de détachement dans le cas contraire (article 383).

S'il n'y a pas de médecins dans la colonne, il requiert, au nom du chef de la colonne, un médecin civil pour la visite du jour.

Il reconnaît un lieu où la colonne doit rompre et qui doit être aussi le lieu pour les rassemblements; il prend à la mairie la lettre laissée pour le chef de la colonne par l'officier qui a devancé, et tous les renseignements qui peuvent être nécessaires; il s'assure que les voitures destinées aux transports ont été commandées et pourront être chargées le soir même; il se rend au-devant du chef de la colonne.

Devoirs de l'officier de garde.

414. L'officier commandant la garde de police l'établit dans le poste et fait placer une sentinelle devant le logement du colonel ou de l'officier supérieur chez qui le drapeau est déposé; il reconnaît le local pour les hommes punis, et un emplacement convenable pour décharger et placer les équipages; il envoie un soldat au-devant d'eux pour les conduire.

A l'arrivée de la colonne, il se rend à la mairie

pour recevoir les réclamations concernant le logement ; il y reste au moins deux heures.

Devoirs des adjudants de bataillon.

415. L'adjudant de chaque bataillon distribue les billets de logement aux fourriers ; il remet à un fourrier désigné d'avance ceux de l'adjudant-major et du médecin de son bataillon ; il visite les logements du chef, de l'adjudant-major et du médecin de son bataillon.

L'adjudant de semaine remet au fourrier de la section hors rang, ou, à défaut, à un fourrier désigné, les billets de logement du major, du trésorier, de l'officier d'habillement, du porte-drapeau ; il remet au musicien désigné celui du chef de musique.

Un adjudant de bataillon, désigné par le capitaine, visite le logement du colonel et du lieutenant-colonel.

L'adjudant de semaine établit l'état indiquant le logement des officiers de l'état-major, des médecins, des capitaines de compagnie, des adjudants et du vaguemestre ; cet état est affiché au poste de police.

Il va au-devant de la colonne jusqu'à la dernière halte et la conduit sur la place.

Dans la journée, il va reconnaître le chemin le plus court pour se rendre du lieu où l'on a rompu les rangs à la sortie du gîte, dans la direction à suivre le lendemain.

Il est accompagné du caporal sapeur ou du caporal tambour ou clairon.

Devoirs des fourriers et des caporaux adjoints aux fourriers.

416. Aussitôt que les fourriers ont reçu les billets de logement, ils inscrivent au dos les noms des hommes auxquels ils sont destinés, en ayant soin de ne loger ensemble que des hommes d'une même escouade. Ils logent un tambour ou un clairon dans la même maison que l'adjudant de compagnie ou près de lui; les ordonnances et les chevaux, autant que possible, dans la même maison que les officiers de leur compagnie, dont ils reconnaissent le logement.

Le fourrier de la section hors rang ou le fourrier désigné reconnaît le logement du major, du trésorier, de l'officier d'habillement et du porte-drapeau ; le musicien désigné, celui du chef de musique.

Les fourriers dressent un état du logement de la compagnie ; ils remettent cet état au capitaine à son arrivée, après l'avoir communiqué aux officiers.

Ils se rendent ensuite au lieu où la colonne doit rompre pour y attendre leur compagnie.

Il est défendu aux fourriers, sous peine de cassation, de faire avec les habitants aucun trafic de billets de logement. Les billets non employés sont remis à l'officier de garde pour être rendus à la mairie.

Les caporaux adjoints aux fourriers vont à la distribution du pain et le font porter, suivant les ordres donnés par le capitaine de logement, soit au lieu où la colonne doit rompre, soit au centre du quartier que la compagnie doit occuper.

Départ et marche.

Rassemblement.

417. A moins de nécessité absolue, la colonne

ne se met pas en route avant le jour ; lorsque le trajet est court, le colonel retarde l'heure du départ pour laisser plus de repos à la troupe.

Le logement part habituellement une heure avant la colonne.

Une demi-heure avant l'heure fixée pour le départ du logement, le tambour ou le clairon de garde fait la batterie ou la sonnerie : « Aux champs en marchant ». A ce signal, le logement et la garde montante se rassemblent devant le poste de police et partent à l'heure fixée.

Une demi-heure avant l'heure fixée pour le départ de la colonne, les tambours et les clairons battent et sonnent le rappel dans les quartiers occupés par la troupe ; s'il y a plusieurs corps dans le gîte d'étape, ces sonneries sont précédées du refrain particulier du régiment.

Le colonel rapproche les heures de ces batteries et sonneries lorsqu'il le juge nécessaire ou que les soldats ont acquis l'habitude de se réunir avec ordre et célérité.

Il exerce souvent le régiment à se rassembler à l'heure et au lieu indiqués sans batteries ni sonneries. Au rappel, les compagnies se rassemblent promptement au lieu où elles ont rompu la veille ; les caporaux font l'appel de leur escouade, le rendent à l'adjudant de compagnie, et celui-ci à l'officier de semaine. S'il manque quelqu'un, l'adjudant remet le nom à l'officier de la garde descendante ; si l'on soupçonne qu'un homme a déserté, il en est donné avis sur-le-champ au commandant de la gendarmerie, et le signalement est envoyé aussitôt que possible.

Pendant le rassemblement, le capitaine, aidé des officiers de la compagnie, passe rapidement l'inspection ; elle porte principalement sur l'état de la chaussure, le paquetage et les armes. Dès que la compagnie est formée, le capitaine la conduit au lieu de rassemblement général, ou rejoint la colonne s'il y a lieu.

En arrivant, il fait son rapport au chef de bataillon ; l'officier de semaine, accompagné du sergent de semaine, rend l'appel à l'adjudant-major de semaine ; le sergent de semaine reçoit du sergent de garde les militaires punis qui doivent marcher avec leur compagnie.

La compagnie qui doit aller au drapeau se rend directement devant le logement du colonel; les tambours et les clairons du bataillon dont elle fait partie, ainsi que la musique, s'y réunissent.

Les officiers supérieurs font leur inspection pendant la marche.

En cas de réunion ou de départ imprévu, soit de jour, soit de nuit, on bat et sonne la marche particulière du régiment ; les compagnies se réunissent sur-le-champ et se rendent au lieu de rassemblement.

Si un officier, quel que soit son grade, n'est pas à la tête de sa troupe au moment où elle doit partir, le gradé le plus élevé ou le plus ancien dans le grade immédiatement inférieur la fait mettre en route à l'heure fixée.

Garde descendante.

418. A l'heure du rassemblement du régiment, l'officier de garde fait reconduire par le sergent, qui les remet au sergent de semaine, les militaires punis de salle de police et de prison.

Une partie de la garde descendante, sous le commandement du sergent, prend sous son escorte les soldats punis de cellule ; elle reçoit les soldats qui, pendant la marche, sont punis de cellule; à son arrivée, elle remet les punis au poste de police.

L'autre partie de la garde, commandée par le caporal, est chargée de l'escorte des équipages, sous les ordres du vaguemestre.

L'officier de la garde descendante reste à la mairie pendant trois heures après le départ de la troupe, pour recevoir les plaintes des habitants, et, s'il y a lieu, constater contradictoirement les dégâts et les dommages occasionnés par la troupe. L'officier réclame un certificat indiquant qu'il n'y a ni plaintes ni réclamations, ou l'état des dégâts commis.

Départ et ordre pendant la marche.

419. Le régiment se met en marche en bon ordre, par le flanc, les files doublées.

Les sapeurs marchent à la tête de la colonne.

Les tambours et les clairons marchent réunis à la tête de leur bataillon; la musique, derrière ceux du bataillon de tête; les clairons et la musique sonnent et jouent alternativement. Lorsque la colonne est hors du gîte, les tambours, les clairons et la musique cessent de jouer, le chef de la colonne fait prendre le pas de route. Les formations de marche à employer et les places à occuper par chacun sont celles que prescrit le règlement sur les manœuvres pour les colonnes de route.

Les bataillons prennent alternativement la tête de la colonne; il en est de même pour les compagnies de chaque bataillon.

La section hors rang marche avec les équipages.

Les voitures des cantinières marchent derrière leur bataillon respectif.

L'adjudant-major du bataillon de tête laisse, s'il y a lieu, et spécialement dans les marches de nuit, un caporal intelligent aux tournants ou aux embranchements. Ce caporal est relevé par chaque bataillon ; celui du bataillon de queue reste jusqu'après le passage des équipages et de l'arrière-garde ; les adjudants-majors surveillent l'exécution de ces prescriptions.

La marche doit être uniforme, c'est-à-dire qu'on doit éviter les ralentissements subits ou les brusques accélérations de vitesse ; on commence après chaque halte à l'allure de 110 pas environ par minute, qu'on augmente progressivement, s'il y a lieu, jusqu'à ce que l'allure de 120 pas à la minute soit atteinte.

Le chef de la colonne s'assure que l'officier ou le sous-officier qui est en tête a un pas bien réglé.

Afin d'éviter les à-coups, il est bon de laisser entre les compagnies une distance de 10 mètres environ.

Les bataillons prennent entre eux 40 mètres de distance au départ, comptés de la queue de chaque bataillon aux tambours et aux clairons du bataillon suivant.

Chaque capitaine surveille attentivement sa compagnie ; les chefs de section restent rigoureusement à leur place et exigent que les sous-officiers et les caporaux maintiennent les hommes dans les rangs et à leur distance, et que, dans les mauvais pas, chacun suive l'homme qui le précède.

La vitesse se ralentissant naturellement dans les montées, la tête de chaque groupe ne reprend l'allure ordinaire que lorsque la queue est arrivée en haut de la côte.

Quand on a à craindre des encombrements au passage d'un défilé, le chef de la colonne place un officier qui fait arrêter au besoin, à l'issue opposée, et ranger sur un des côtés de la route, toutes les voitures venant en sens inverse.

Lorsqu'une colonne doit passer un défilé qui l'oblige à s'allonger beaucoup, la tête de la colonne est arrêtée au delà du défilé dès qu'elle a laissé derrière elle l'espace nécessaire pour contenir la colonne avec ses distances réglementaires; elle est remise en marche assez tôt pour que les dernières subdivisions ne soient pas obligées de s'arrêter après avoir effectué leur passage.

Si la colonne doit passer sur un pont suspendu, le passage s'effectue successivement par petites fractions et en rompant le pas; les hommes marchent sur un rang à droite et à gauche; la tête de la colonne est arrêtée et remise en marche dans les mêmes conditions que ci-dessus.

Place et service des tambours et clairons.

420. Les tambours et clairons marchent réunis, sauf en ce qui est prescrit ci-dessous, à la tête de leur bataillon; ils battent et sonnent toutes les fois que la colonne passe dans une ville ou dans un village.

Un clairon est à la disposition du chef de la colonne pour faire les sonneries qu'il juge absolument indispensables et répéter celles qui viennent de la queue.

Un second clairon est sous la direction du

capitaine de la compagnie de queue pour répéter les sonneries qui viennent de la tête pour rappeler quand la queue ne peut suivre en ordre, et lorsque l'obscurité ou la difficulté des chemins produit l'allongement dans la colonne et lorsqu'il ne peut en informer autrement le chef de la colonne. Ces rappels sont répétés jusqu'à la tête de la colonne, qui est arrêtée. Dès que la queue a serré, le clairon fait la sonnerie : « Aux champs en marchant » ; à ce signal, qui est répété à la tête, celle-ci se remet en marche.

Arrière-garde.

421. L'arrière-garde de police se compose d'un caporal par compagnie; elle est commandée par un officier de la compagnie qui marche en queue ; un sergent de la même compagnie lui est adjoint. Cet officier fait arrêter tous les militaires qui sont rencontrés dans le gîte d'étape sans permission après le départ.

Pour un seul bataillon, l'arrière-garde est commandée par l'adjudant de la compagnie de queue ; elle se compose d'un sergent de compagnie et d'un caporal et d'un soldat de 1re classe de chaque compagnie. Un médecin et un infirmier régimentaire marchent avec l'arrière-garde.

Pendant la marche, l'arrière-garde se rapproche du régiment et se maintient à 100 mètres environ de la dernière compagnie et en avant des équipages ; son chef fait rejoindre tous les hommes en état de marcher. Si des hommes ne peuvent suivre, il les fait visiter par le médecin.

A l'arrivée, il s'assure que les fourriers ont laissé au poste l'indication du logement de tous les hommes qui n'ont pu marcher avec leur compagnie.

Haltes.

422. Les haltes horaires s'exécutent dans les conditions prescrites par le Règlement et l'Instruction sur le service de l'infanterie en campagne.

La grande halte se fait, autant possible, aux deux tiers de la route ou au moins à moitié chemin ; elle peut durer une heure et a lieu à proximité d'un endroit habité. Chaque compagnie prend sa place avec les intervalles et les distances réglementaires en ligne ou en colonne, forme les faisceaux et rompt les rangs sur l'ordre de son commandant.

La dernière halte se fait à l'entrée du nouveau gîte ; on y rétablit la tenue.

Lorsqu'un soldat a besoin de s'arrêter entre deux haltes, il en demande la permission à l'officier ou au sous-officier qui se trouve le plus près de lui ; il laisse son fusil à un de ses camarades et il est tenu de rejoindre promptement sous peine de punition. S'il est indisposé, le capitaine l'autorise à attendre le passage du médecin.

Rencontre d'une autre troupe.

423. Quand deux troupes se rencontrent, elles appuient réciproquement à droite; toutes deux mettent l'arme sur l'épaule droite ou le sabre à la main, et continuent à marcher si le terrain le permet.

Dans le cas contraire, une troupe voyageant à pied prend le pas sur celle qui voyage à cheval; et de deux troupes voyageant à pied, celle qui a la priorité dans l'ordre en ligne déterminé par le règlement sur le service dans les places continue sa marche; l'autre se range pour la laisser passer et repose les armes.

Dans les deux troupes, les officiers mettent l'épée ou le sabre à la main, les tambours battent, les clairons sonnent « Aux champs en marchant » et les trompettes sonnent la marche; les chefs de la colonne seuls se saluent; les officiers et les sous-officiers font observer l'ordre et le silence.

Détachements en route.

424. Les détachements en route à l'intérieur forment un service spécial qui est commandé par compagnie de la droite à la gauche, de façon qu'aucune compagnie ne soit détachée deux fois avant que toutes les autres compagnies de la même colonne l'aient été une fois. Le tour est censé épuisé à l'arrivée à destination, quel qu'ait été le nombre des compagnies détachées.

La première compagnie à détacher prend le premier détachement à partir du gîte d'étape que l'on quitte; la deuxième compagnie le second, et successivement.

L'officier qui devance la colonne et le capitaine de logement doivent être au courant des tours de ce service.

Avant de se séparer de la colonne, le commandant de chaque détachement prend les ordres du chef de la colonne; il constitue un poste de police.

Le petit état-major et la section hors rang logent toujours avec l'état-major.

Arrivée au gîte.

Ordre donné.

425. A la dernière halte, faite à l'entrée au

gîte d'étape, le colonel fait sonner à l'ordre; le cercle se compose du colonel, du lieutenant-colonel, des chefs de bataillon, du major, du médecin-major de 1re classe, des adjudants-majors, du capitaine de logement, des adjudants de bataillon, du sous-chef de musique, du tambour-major, des sergents-majors, et du sergent de semaine de la section hors rang.

Si le colonel a ordonné aux capitaines de se rendre au cercle, les sergents-majors se placent derrière eux.

Dans un bataillon voyageant isolément, le médecin aide-major et le caporal tambour ou clairon remplacent le médecin-major et le tambour-major.

Les sergents-majors remettent à l'adjudant de leur bataillon les situations-rapports de leur compagnie; le lieutenant-colonel les reçoit et les présente au colonel, qui prononce immédiatement sur leur contenu. Ces situations-rapports sont ensuite rendues aux adjudants de bataillon.

Le colonel dicte l'ordre, qui indique le lieu de rassemblement général, la tenue, le service, les distributions, l'heure et le lieu de la visite des malades et des éclopés, les appels, les revues, les visites de corps, s'il y a lieu, l'heure de la rentrée dans les logements, le prix des denrées et les autres renseignements qu'il importe de faire connaître ; le logement du colonel, des officiers supérieurs, du médecin et du vaguemestre; les lieux de réunion et les heures de repas des officiers; les ordres pour le départ du lendemain.

Le service est commandé par l'adjudant-major et par l'adjudant de semaine ainsi que par le tambour-major immédiatement après la dictée de l'ordre.

Pendant ce temps, l'appel est fait dans les compagnies par les caporaux d'escouade ; les officiers de semaine le rendent au plus ancien lieutenant de semaine, qui en fait connaître le résultat à l'adjudant-major de semaine ; il en est rendu compte au colonel.

L'ordre étant donné, la colonne est conduite sur la place, lieu de rassemblement pour le départ du lendemain.

Les capitaines donnent l'ordre, font commander le service, distribuer le pain et les billets de logement.

Si la ville a une certaine importance, les compagnies, guidées par les fourriers, sont conduites par les officiers au centre du quartier qu'elles doivent occuper. Les hommes rompent les rangs aussitôt après la distribution et se rendent à leur logement.

L'adjudant de semaine guide la compagnie commandée pour conduire le drapeau au logement du colonel.

Les fourriers remettent au poste de police : 1° les billets de logement des hommes qui ne sont pas arrivés, s'ils sont camarades de lit ; 2° l'adresse des hommes arrivés dont les camarades de lit sont en retard.

Chaque adjudant de bataillon adresse dans la journée les situations administratives, les situations-rapports des compagnies et les pièces justificatives des mutations à l'adjudant de semaine, qui établit la situation-rapport du régiment, et l'envoie avec les pièces justificatives au colonel.

Les situations et les pièces à l'appui reçoivent ensuite la destination indiquée à l'article 216.

A chaque séjour, les commandants de colonne

envoient au colonel un rapport sommaire contenant le relevé des rapports journaliers.

Si le gîte d'étape est une place de guerre ou une ville de garnison et qu'on ne doive pas y faire séjour, le chef de la colonne se présente seul et en tenue de route chez le commandant d'armes, à moins que ce dernier ne soit d'un grade inférieur au sien ; dans ce cas, il se fait remplacer par un officier du grade immédiatement inférieur à celui du commandant d'armes.

Lorsque le corps ou détachement ne fait que traverser la ville, cette visite n'est pas obligatoire.

Distributions.

426. Lorsque les distributions n'ont pu être faites avant l'arrivée de la troupe, chaque fourrier, aidé du caporal de semaine, rassemble à l'heure prescrite les hommes de corvée de la compagnie à l'endroit où elle a rompu les rangs, et les conduit au rendez-vous indiqué.

Le capitaine de logement divise les corvées, répartit les officiers commandés à cet effet et fait faire les distributions.

Lorsqu'il n'y a qu'une seule distribution, les corvées se réunissent au lieu même où elle doit se faire.

Les distributions terminées, le capitaine en rend compte au major; dans un bataillon voyageant séparément, il en rend compte au chef de bataillon.

Lorsque l'officier qui devance le régiment a passé des marchés, les capitaines font payer les fournisseurs et se font remettre les reçus.

Nourriture et logement.

427. La préparation des aliments est faite dans

chaque escouade et, autant que possible, dans les logements des caporaux; ceux-ci sont responsables du bon ordre, de la tranquillité, du respect pour les propriétés et de la politesse que les militaires doivent avoir à l'égard des habitants.

Les hôtes sont tenus de fournir pour les hommes la place au feu et à la lumière et les ustensiles nécessaires pour préparer et manger le repas. Lorsque cette préparation ne peut se faire par escouade, elle se fait dans chaque logement.

Les officiers veillent à l'exécution de ces prescriptions; le chef de bataillon s'en fait rendre compte journellement.

Il est dû pour deux caporaux et soldats et, autant que possible, pour chaque sergent, un lit garni d'une paillasse, d'un matelas ou d'un lit de plumes, d'une couverture de laine, d'un traversin et d'une paire de draps propres. Chaque adjudant, sergent-major ou tambour-major a droit à un lit.

Jamais les hôtes ne peuvent être déplacés du lit et de la chambre qu'ils occupent habituellement.

Les soldats doivent ne rien exiger de leurs hôtes, quand même ceux-ci refusent de leur donner ce qui leur est dû; ils avertissent le sergent de section, et celui-ci l'officier de peloton, qui s'adresse à la mairie pour leur faire rendre justice.

Visite dans les logements.

428. Quelques heures après l'arrivée, les officiers et les sous-officiers visitent les logements, particulièrement ceux dans lesquels on prépare

les aliments ; ils entendent les réclamations des soldats, et font droit aux plaintes des hôtes quand elles sont justes.

Les officiers reçoivent les rapports des sous-officiers et rendent compte au capitaine le lendemain matin. Si des réclamations rendaient nécessaire l'intervention du capitaine, ils l'en informeraient sur-le-champ ; le capitaine s'occuperait sans retard de faire rendre justice aux militaires.

Les officiers et les sous-officiers s'assurent chaque jour que les soldats sous leurs ordres s'occupent de leur propreté personnelle et de l'entretien de leurs chaussures, de leurs armes et de leurs effets.

Malades et éclopés.

429. Tous les jours, à l'heure fixée, les malades et les éclopés sont visités et pansés au poste de police.

Le médecin désigne :

1° Ceux qui sont autorisés à placer le havresac sur les voitures, mais qui marchent avec leur compagnie ;

2° Ceux qui, dans le même cas, sont, de plus, autorisés à marcher avec les équipages ;

3° Ceux qui sont autorisés à monter sur les voitures ;

4° Ceux qui entrent à l'hôpital.

Ces autorisations sont toujours données par écrit.

Les sergents de semaine se trouvent à cette visite, pour prendre connaissance des décisions du médecin et en informer le capitaine.

Le chef de bataillon de semaine y assiste autant que possible.

Dans un bataillon voyageant séparément, le chef de bataillon peut être remplacé à la visite par l'adjudant-major.

Les caporaux d'escouade font connaître le logement des hommes qui ne peuvent venir au poste ; un des médecins va les visiter. Le médecin-major rend compte de la visite au chef de la colonne. S'il n'y a pas de médecin militaire dans une colonne, la visite est faite par le médecin civil requis.

Les hommes qui sont autorisés à placer le havresac sur les voitures le déposent le matin, d'après les indications du vaguemestre, et rejoignent leur compagnie avant le départ.

Ceux qui sont autorisés à marcher avec les équipages et ceux qui sont autorisés à monter sur les voitures se rendent au poste après avoir répondu à l'appel de leur compagnie ; le vaguemestre les répartit.

Aucun homme n'est admis dans les hôpitaux civils ou militaires sans un billet du médecin.

Les armes et les munitions des hommes entrant aux hôpitaux sont déposées dans la caisse d'armes placée sur une des voitures du convoi.

Les autorités municipales sont invitées à donner à la gendarmerie les noms des hommes qui resteraient en arrière sans autorisation, sous prétexte de maladie. A leur retour, ces hommes seraient sévèrement punis.

Chevaux malades.

429 *bis* (1). Pendant les marches ou manœuvres, tout cheval reconnu malade pour blessures ou

(1) Article additionnel. Décret du 12 janvier 1898.

pour maladie non contagieuse, faisant prévoir une longue indisponibilité, est dirigé immédiatement, par les voies ferrées, sur le corps auquel il appartient; s'il est hors d'état de supporter le voyage, il est mis en subsistance, à défaut d'un corps de troupe, dans la gendarmerie; s'il n'y a ni corps de troupe ni gendarmerie dans la localité, le cheval est remis, avec un état signalétique, au maire; il appartient à ce dernier, aussitôt que l'état du cheval le permet, de le faire diriger sans aucun retard sur son corps, par les voies ferrées, avec le militaire préposé à sa garde.

Le commandant de la colonne rend compte aussitôt au commandant de la subdivision de région.

Lorsque les chevaux sont atteints ou suspects de maladie contagieuse, ils sont séparés pendant la route. Les maires des localités où l'on s'arrête sont prévenus de la maladie; il est demandé pour eux des locaux isolés et les militaires qui les pansent sont logés séparément. Ces chevaux sont placés en subsistance dans le corps le plus voisin.

Appel du soir et rentrée dans les logements.

430. L'appel du soir a lieu, les jours de marche, lorsque le colonel l'ordonne.

Les compagnies se réunissent suivant l'ordre, soit à l'endroit où elles ont rompu les rangs, soit au lieu du rassemblement général.

Si l'appel se fait dans le quartier de chaque compagnie, l'adjudant de compagnie se rend immédiatement après au poste de police et fait connaître le résultat à l'adjudant-major de semaine.

Dans les villes où il n'y a pas de garnison, le

colonel fixe l'heure à laquelle les caporaux et les soldats doivent être rentrés dans leur logement.

Dans les villes de garnison, les tambours et clairons se réunissent aux tambours, clairons et trompettes de la garnison pour sonner la retraite, s'il y a lieu.

Patrouilles.

431. L'officier de garde fait faire, d'après les ordres de l'adjudant-major de semaine, des patrouilles pour faire rentrer à leur logement les sous-officiers, les caporaux et soldats qui se trouveraient encore dans les rues après les heures fixées, conduire au poste les soldats ivres et ceux qui feraient du bruit. Le lendemain, au réveil, il les renvoie à leur logement.

L'adjudant-major de semaine passe au poste avant le départ, pour savoir ce qui est survenu pendant la nuit, et fait connaître aux commandants de compagnie le nom des hommes qui ont passé la nuit au poste, avec le motif de leur arrestation.

Séjours.

Inspections. — Visites de corps.

432. Aussitôt après l'arrivée au gîte où la colonne doit faire séjour, le chef de la colonne ordonne un changement de tenue.

Les commandants de compagnie prennent les dispositions nécessaires pour que les hommes s'occupent de leur propreté personnelle ; pour que la chaussure, l'armement, l'habillement et l'équipement soient réparés et mis dans le plus grand état de propreté.

Les registres de comptabilité sont mis à jour.

Le lendemain matin, aux heures fixées, il est fait un appel par les caporaux d'escouade, et une visite aux malades et aux éclopés; il en est rendu compte au rapport par les sergents-majors.

Une seconde visite des malades et des éclopés peut avoir lieu dans l'après-midi.

Une inspection est passée dans la journée et habituellement en tenue de route; elle tient lieu d'appel du soir.

Les visites de corps se font, s'il y a lieu, conformément au règlement sur le service dans les places, en tenue de route.

Quand le séjour se prolonge au delà d'un jour, l'instruction peut être reprise.

Punitions.

Officiers punis.

433. Les officiers punis marchent à leur rang; ils subissent leur punition comme en garnison, mais ils sont autorisés à prendre tous leurs repas à la table commune.

Si l'intérêt de la discipline l'exige, le chef de la colonne fait diriger l'officier puni d'arrêts de forteresse sur la prison militaire la plus voisine.

Sous-officiers, caporaux et soldats punis.

434. Les sous-officiers punis de prison, les caporaux et les soldats punis de salle de police ou de prison, marchent avec leur compagnie, ils reprennent leur punition en arrivant au gîte, et couchent dans un local spécial ou, à défaut, au poste. Les sous-officiers punis restent consignés dans leur logement.

Les soldats punis de cellule marchent sous l'escorte de la garde descendante, à dix pas derrière la compagnie de queue de la colonne ; en traversant les villes et les villages, ils portent l'arme sous le bras droit ; ils couchent toujours dans un local spécial ou, à défaut, au poste.

La garde ne met pas la baïonnette au canon.

Ceux qui sont prévenus de crimes ou de délits du ressort des tribunaux sont remis à la gendarmerie ; en attendant, ils peuvent être attachés si cette mesure est jugée nécessaire.

Les sous-officiers qui ont commis des fautes très graves peuvent être astreints à marcher sous l'escorte de la garde.

Équipages.

Commandement et garde.

435. Les équipages sont sous les ordres du vaguemestre.

Leur garde est formée par la section hors rang et par une escouade de la garde descendante sous les ordres d'un caporal ; elle forme la haie à droite et à gauche des voitures.

Dans un bataillon voyageant séparément, la garde des équipages est formée par une partie de la garde descendante.

Chargement des voitures.

436. Le chargement des bagages sur les voitures est fait par les hommes de la garde descendante et de la section hors rang, sous la direction et la responsabilité du vaguemestre. Il doit être terminé une demi-heure avant le départ du régiment.

Les voitures régimentaires reçoivent d'abord et de préférence la caisse du conseil, celle du trésorier, celles contenant les registres et les pièces de comptabilité, les cantines médicales, la caisse contenant les chaussures et les cantines à bagages des officiers.

Les autres voitures sont destinées au transport de la caisse de comptabilité des compagnies, des caisses d'armes, des havresacs des hommes autorisés à les y mettre.

Elles reçoivent, en outre, les havresacs des infirmiers régimentaires, des conducteurs des équipages, des mulets et des chevaux de main; les ustensiles de pansage, les couvertures des chevaux d'officiers, les fourrages nécessaires à la grande halte, enfin un ballot par compagnie des effets de cuisine indispensables à l'arrivée à destination; le poids de chacun de ces ballots ne doit pas excéder 10 kilogrammes.

Départ, marche et arrivée.

437. Les équipages partent avec le régiment; ils marchent de manière à ne pas s'en éloigner, mais ne dépassent jamais l'arrière-garde; les voitures prennent un mètre de distance de l'une à l'autre; elles marchent dans l'ordre suivant:

1° Voitures de cantinières, dans l'ordre de marche des bataillons, si elles ne suivent pas leur bataillon respectif;

2° Voiture régimentaire de l'état-major;

3° Voitures régimentaires des bataillons dans l'ordre de marche;

4° Voitures des convois régimentaires;

5° Voitures supplémentaires louées ou propriété d'officier.

Le vaguemestre maintient le plus grand ordre dans les équipages pendant la marche. Il ne permet à aucun homme de leur garde de s'en éloigner ; il ne laisse monter qui que ce soit sur les voitures, ni déposer un havresac sans un billet du médecin ou un ordre du chef de la colonne.

A la grande halte, il fait garder les équipages par les hommes d'escorte.

A l'arrivée au gîte d'étape, les billets de logement ne sont remis aux hommes de la garde des équipages que lorsque les voitures sont déchargées, les équipages mis à l'abri et consignés à la garde de police.

Convoi et fourrages.

438. Le vaguemestre assure le service du convoi à chaque gîte d'étape pour la route du lendemain et perçoit les fourrages.

Marches pendant les grandes manœuvres.

Dispositions générales.

439. Pendant les marches de concentration pour les grandes manœuvres et pendant celles qui suivent la dislocation, les commandants de colonne appliquent les principes ci-dessus ; ils peuvent recourir au cantonnement s'il y a insuffisance de logement dans les gîtes d'étape ; ils se conforment à cet effet aux prescriptions du service en campagne.

Dans le cours de la période des manœuvres, il est fait application des prescriptions du service en campagne, en ce qui concerne les marches et les cantonnements.

CHAPITRE LXII.

TRANSPORT PAR LES VOIES FERRÉES.

Dispositions générales.

440. Aussitôt l'ordre de mouvement reçu, le chef de corps fait rappeler par les commandants de compagnie les prescriptions de toute nature relatives à ce mode de transport. Il ajoute aux prescriptions réglementaires les ordres de détail que comporte l'exécution de chaque itinéraire, en raison du parcours ou des haltes.

Il veille, pendant l'embarquement, la route et le débarquement, à l'observation des prescriptions des règlements sur le transport des troupes par les voies ferrées et à l'instruction spéciale à l'infanterie.

CHAPITRE LXIII.

DÉTACHEMENTS.

Composition des détachements.

441. Les détachements sont toujours formés de fractions constitutives du régiment, telles que bataillons, pelotons, sections, escouades.

Il est établi pour ces détachements un tour de service entre les bataillons du régiment, et, dans les bataillons, un tour par compagnie, peloton, etc.

Responsabilité du chef d'un détachement. Par qui remplacé.

442. Tout commandant de détachement est responsable de la discipline, de l'instruction, du service et de la police dans son détachement.

Il observe scrupuleusement les règles établies au régiment et les instructions particulières qui lui ont été données ; si les circonstances l'obligent à s'en écarter, il en rend compte sur-le-champ au colonel.

Si, pendant la durée du détachement, le commandement en devient vacant, ce commandement appartient à l'officier le plus élevé en grade, et, à grade égal, au plus ancien.

Ordre et comptabilité.

443. Le commandant d'un détachement doit être muni d'un ordre de mouvement, d'une instruction écrite sur l'objet et le service de son détachement, et d'une feuille de route.

Il reçoit du major une instruction détaillée sur la comptabilité qu'il doit tenir, et les états et les pièces prescrits par les règlements d'administration.

Comptes à rendre.

444. Le chef de détachement adresse au colonel, aux époques qui lui sont prescrites, un rapport détaillé sur le service, la discipline et l'instruction du détachement. Ce rapport ne le dispense pas de rendre compte immédiatement au colonel de tout événement important ou imprévu.

Retour au régiment.

445. Lorsque le détachement rejoint le régiment, il est, à son arrivée et selon sa composition et le grade de celui qui le commande, inspecté par le colonel, le lieutenant-colonel ou le chef de bataillon.

Le commandant du détachement se présente

chez le colonel, le lieutenant-colonel, le chef de son bataillon et le commandant de la compagnie.

Il remet au lieutenant-colonel les certificats de bien-vivre qui lui ont été délivrés pendant la route.

Il règle sans délai les comptes de son détachement.

CHAPITRE LXIV.

ESCORTES.

Escorte d'honneur.

446. Le commandant d'une escorte d'honneur va, en arrivant, prendre les ordres de la personne qu'il doit accompagner. Son service fini, il ne se retire qu'après avoir de nouveau pris les ordres de cette personne.

Escorte des convois, des prisonniers, etc.

447. En ce qui touche à la garde, à l'escorte et à la marche des convois ou des prisonniers dans l'intérieur, on se conforme aux prescriptions du règlement sur le service en campagne.

Le commandant de l'escorte arrivé à sa destination prend toujours un reçu de qui de droit.

Dispositions du chapitre « Détachements » communes aux escortes.

448. Les escortes se conforment, en tout ce qui leur est applicable, aux dispositions prescrites pour les détachements.

TITRE IV.

CHAPITRE LXV.

DEVOIRS DES OFFICIERS GÉNÉRAUX RELATIVEMENT A L'EXÉCUTION DU PRÉSENT DÉCRET.

Prescriptions générales.

449. Les officiers généraux commandant les corps d'armée, les divisions et les brigades assurent l'exécution pleine et entière de toutes les prescriptions du présent règlement.

Ils veillent à ce que chacun conserve l'initiative et la responsabilité de l'emploi qui lui est confié; à cet effet, ils évitent d'intervenir trop fréquemment dans l'intérieur des régiments; leur action doit se faire sentir par une direction générale donnée à tous les services, et leur surveillance s'exercer au moyen des inspections qui leur permettent de constater les résultats obtenus.

Ils doivent s'abstenir de demander aux régiments des rapports, situations ou états dont la production n'est pas prescrite par les règlements, et tenir la main à ce que toutes les autorités qui sont placées sous leurs ordres se conforment strictement à cette prescription.

DISPOSITIONS GÉNÉRALES.

Abrogation des règlements antérieurs.

450. Sont abrogés les décrets et règlements

antérieurs sur le service intérieur des troupes d'infanterie et toutes autres dispositions contraires au présent décret.

Le Ministre de la guerre est chargé de l'exécution du présent décret.

Fait à Paris, le 20 octobre 1892.

CARNOT.

Par le Président de la République :

Le Ministre de la guerre,

C. DE FREYCINET.

INSTRUCTION MINISTÉRIELLE

DU 30 MARS 1895

SUR

L'HYGIÈNE DES HOMMES DE TROUPE

Le décret du 20 octobre 1892, sur le service intérieur des troupes, définit les prescriptions hygiéniques les plus essentielles pour la santé des hommes. Il a paru utile de les développer sur certains points par quelques recommandations particulières, qui font l'objet des dispositions suivantes :

Tenue des chambres.

(Art. 355 Inf., 346 Cav., 373 Art.)

Pour éviter de soulever et de remettre en mouvement dans l'atmosphère les poussières déposées sur les objets composant le mobilier des chambres, on essuiera ceux-ci avec un linge légèrement humide.

Dans le même but, on devra opérer avec précaution le balayage des planchers ; s'ils sont coaltarisés, il suffira généralement d'y passer une serpillière légèrement mouillée pour les nettoyer; en tout cas, il faut se garder de les laver à grande eau : celle-ci, filtrant par les interstices, met en fermentation les poussières et détritus de toute espèce, accumulés dans les entrevous, et donne naissance à une odeur désagréable et malsaine. Quel que soit le procédé employé pour le nettoyage des planchers, il sera toujours avantageux de mélanger une petite quantité d'acide phénique à l'eau ou aux diverses substances dont on fera usage.

Les réfectoires seront installés de préférence au rez-de-chaussée et l'on veillera strictement à leur propreté; celle des tables sera l'objet d'un soin tout particulier; on évitera, à l'aide de toiles cirées ou par tout autre moyen, qu'elles présentent des fentes dans lesquelles s'accumuleraient les débris d'aliments.

Le blanchiment périodique des murailles intérieures est généralement insuffisant; il vaut mieux procéder à des blanchiments partiels exécutés au fur et à mesure des besoins.

Chaque unité administrative devra disposer du nombre de poêles reconnu nécessaire et fixé dans les conditions de l'article 14 du règlement du 19 janvier 1890, sur le service du chauffage.

Dans les grands froids, le général commandant le corps d'armée accordera, sur le fonds de réserve constitué pour le chauffage, conformément aux dispositions de la circulaire du 14 mars 1894 (5e Direction, 2e Bureau), les allocations supplémentaires de combustible dont il aura reconnu l'utilité.

On évitera de faire sécher du linge ou des effets mouillés à l'intérieur des chambres habitées par les hommes.

On ne placera dans les chambres que des crachoirs de grande dimension; on les garnira de sable arrosé avec un liquide désinfectant ou antiseptique fourni par le service de santé.

Pendant les grands froids, les hommes tendent à séjourner dans les chambres pendant les heures que le service laisse libres. On devra, en conséquence, veiller strictement à l'hygiène de ces locaux, spécialement à leur aération diurne et nocturne, pour éviter les effets morbides du confinement.

Les congestions pulmonaires, cause la plus fréquente des morts rapides survenant en hiver, étant d'autant plus graves qu'elles viennent compliquer une affection préexistante, les hommes atteints de maladies des voies respiratoires (angines, laryngites, bronchites, points pleurétiques) devront être conduits d'office *à la visite médicale*. On agira de même à l'égard de ceux qui, au cours des exercices extérieurs, n'auraient pu *réagir contre le froid*.

Dans ces circonstances, il est sage de faire préparer dans chaque unité administrative, en quantité suffisante, une boisson chaude (thé ou café léger) que les hommes prendront dans les chambres, au retour de l'exercice, pour se réchauffer et se réconforter.

Cours, cuisines, corps de garde, salles de discipline, lieux d'aisances.

(Art. 356 Inf., 347 Cav., 374 Art.)

L'huile lourde de houille, le sulfate de fer ou de cuivre, le crésyl, le lait de chaux ou toute autre substance *dont l'efficacité aura été reconnue*, pourront être employés à la désinfection des baquets de propreté des locaux disciplinaires et à celle des fosses d'aisances fixes. La quantité d'huile lourde de houille à déverser dans une fosse fixe doit pouvoir constituer, sur toute la surface, une couche d'un centimètre d'épaisseur environ, capable de s'opposer à l'action de l'air sur les matières fécales.

L'opération sera renouvelée dès que l'on constatera la réapparition de l'odeur fécale. En outre, on déversera chaque jour, dans les latrines, une solution de lait de chaux, de sulfate de fer ou de cuivre, ou de crésyl, afin de désinfecter les matières recouvertes par la couche d'huile lourde de houille.

Lorsqu'il sera fait usage de tinettes mobiles du système Goux, le service de semaine surveillera strictement l'exécution du cahier des charges en ce qui concerne la garniture de ces tinettes ; il les fera enlever dès qu'elles seront pleines.

Lorsque les tinettes mobiles ne sont point garnies d'un manchon intérieur formé de matières pulvérulentes, elles dégagent des émanations putrides et dangereuses ; il faudra veiller avec soin à leur désinfection. Si, notamment, elles sont garnies de tortillons de paille, procédé tout à fait insuffisant, on les désinfectera journellement avec l'une des substances indiquées plus haut, en évitant d'employer tout désinfectant susceptible d'attaquer le métal dont les tinettes sont formées.

En cas d'épidémie transmissible par les selles (fièvre typhoïde, dysenterie, choléra), le médecin chef propose d'urgence au chef de corps les mesures nécessaires pour la désinfection permanente des latrines.

Lorsque les latrines sont éloignées des bâtiments principaux, il faut soustraire les hommes aux dangers nombreux (pleurésie, pneumonie, bronchite, angine, grippe, rhumatisme, etc.) résultant du brusque passage d'une chambre chaude à l'air froid, et, par suite, pendant l'hiver, il est nécessaire d'installer dans les escaliers des tinettes ou des latrines de nuit.

En raison de la proximité des chambres, ces latrines doivent être l'objet d'une surveillance minutieuse au point de vue de la propreté des locaux et de la désinfection des tinettes.

En attendant qu'on ait pu doter les casernements de pavillons spéciaux pour les latrines de nuit, on disposera à chaque étage, dans les escaliers, des tinettes ou des baquets bien étanches permettant aux hommes d'uriner en cas de besoin pressant. Dès le réveil, ces récipients seront enlevés, désinfectés, et replacés seulement après l'appel du soir ; on déposera, à ce moment, dans chacun d'eux, quelques cristaux de sulfate de cuivre. Ils devront être isolés du sol, et leur emplacement sera imperméabilisé dans une large périphérie.

Urinoirs. — Les urinoirs seront, chaque jour, lavés à grande eau et brossés pour éviter tout dépôt de croûtes cristallines. Une zone d'un mètre en avant des urinoirs sera imperméabilisée, et on la nettoiera journellement avec soin.

Habillement.

(Art. 357 Inf., 348 Cav., 375 Art.)

Le port des tricots, gilets de chasse, caleçons de laine, chemises et gilets de flanelle est autorisé, surtout pour les hommes habitués à faire usage de ces effets avant leur incorporation.

La ceinture de flanelle roulée ou placée double autour du ventre et sur la peau, sans être serrée, est un préservatif excellent contre les coliques, les troubles digestifs et la dysenterie causés par le froid.

Alimentation-boissons.

(Art. 358 Inf., 349 Cav., 376 Art.)

La qualité de l'eau de boisson doit être l'une des préoccupations constantes du commandement et des médecins militaires.

Il appartient au commandant d'armes de s'entendre avec la municipalité pour être informé, en temps utile, de toute substitution éventuelle de l'eau de rivière à l'eau de source alimentant habituellement les casernes, afin que l'on puisse préserver les troupes de l'action nuisible de l'eau de rivière non filtrée, cause reconnue de la plupart des épidémies de fièvre typhoïde. Lorsque, dans un casernement, il existe des eaux de provenance et de qualité différente (eau de source et eau de rivière, de puits ou de citerne), des écriteaux portant en gros caractères : « Eau bonne à boire » ou « Défense de boire cette eau », seront apposés sur les prises d'eau des infirmeries, cuisines, cantines, robinets isolés, lavabos, auges, réservoirs, puits, pompes, etc.

Toutes les fois que, même momentanément, l'arrivée de l'eau de boisson de bonne qualité sera interrompue, ou que les filtres ou appareils stérilisateurs ne pourront fonctionner, le médecin chef de service provoquera auprès du chef de corps des mesures en vue de faire prendre dans la ville, pour les besoins de la troupe, l'eau la moins défectueuse que l'on fera, en outre, bouillir avant de la distribuer aux hommes dans les réfectoires et dans les chambrées.

A cet effet, le service de santé constituera, au chef-lieu du corps d'armée et dans les hôpitaux régionaux, un dépôt d'appareils (bassines, réservoirs, cuillers, etc.), propres à faire bouillir l'eau, à l'emmagasiner pour la faire rafraîchir et à la distribuer entre les compagnies, escadrons ou batteries. Les percolateurs pourront être utilisés à cet usage.

Lorsqu'on devra faire bouillir l'eau de boisson, il sera alloué une ration de 2 grammes de thé par homme et par jour. Une réserve de cette substance sera entretenue à l'hôpital militaire destiné à approvisionner les corps de la région.

Dès l'annonce du retrait prochain de l'eau de bonne qualité, ou, à défaut de cet avis, dès l'apparition dans la troupe, des premiers symptômes paraissant se rattacher à une cause de cette nature, le chef de corps, sur la proposition du médecin chef de service, demandera d'urgence au commandant du corps d'armée l'envoi immédiat des ustensiles destinés à l'ébullition de l'eau et l'allocation d'une ration de thé. Sur l'ordre de cet officier général, le directeur du service de santé régional fera parvenir au corps les ustensiles et la quantité de thé présumée nécessaire. En cas d'urgence, le corps achètera lui-même le thé indispensable aux besoins des trois ou quatre premiers jours. La dépense sera remboursée sur les fonds du service de santé. Le combustible sera prélevé par le corps sur sa ration fixe annuelle.

Il sera rendu compte au Ministre (7e Direction) de ces dispositions, de l'état sanitaire qui les a précédées, accompagnées ou suivies, et de la dépense qu'elles ont entraînée.

Lorsqu'un puits, une pompe ou une prise d'eau auront été condamnés par ordre supérieur, le balancier sera démonté, le puits sera hermétiquement fermé, le robinet entravé, de telle sorte qu'il soit complètement hors d'usage. Les prises d'eau ainsi condamnées ne seront rouvertes que sur l'ordre du commandant de corps d'armée, ou, par force majeure, en cas d'incendie.

Les médecins militaires sont personnellement responsables de la surveillance et du bon fonctionnement des filtres (1) et des accumulateurs (instructions ministérielles des 22 juillet 1889 et 24 mars 1892) ; ils surveilleront le nettoyage et la stérilisation périodique des bougies, proposeront au chef de corps les mesures pour les pré-

---

(1) Nota. — On se reportera, pour le nettoyage et l'entretien des filtres, aux dispositions des instructions des 22 juillet 1889 et 24 mars 1892.

On a constaté quelquefois que, pour éviter que la fêlure ou la cassure d'une bougie ne soit décélée par l'excès de débit, les hommes chargés de l'entretien des filtres limitent l'écoulement en fermant presque complètement le robinet du filtre, ou en ne produisant qu'une pression insuffisante dans l'accumulateur.

Il faut éviter de garnir de filasse les robinets venant à avoir un jeu trop considérable, l'eau non filtrée pouvant, à travers cette substance, se rendre dans le récipient destiné à recueillir l'eau stérilisée. Il faut remplacer ces robinets et, en attendant, démonter le manchon pour mettre le filtre correspondant hors d'usage.

Il arrive souvent que les pompes des accumulateurs fonctionnent mal ; l'huile versée dans le cylindre attaque la surface des soupapes en caoutchouc, qui deviennent poissantes et adhèrent par suite aux parois du corps de pompe. La manœuvre du balancier devient très dure, et comme il faut longtemps pour obtenir la pression nécessaire, il arrive souvent qu'elle n'est pas atteinte et que l'eau des auges et des lavabos vient suppléer à l'insuffisance de l'eau filtrée.

Au moment du dégel, malgré les précautions prises contre la gelée, il faut examiner minutieusement chaque bougie.

server de la gelée, constitueront une réserve de bougies, de rondelles et écrous de rechange, afin de faire procéder, sans délai, aux réparations nécessaires.

Chaque chambrée disposera d'un double jeu de cruches, l'un se remplissant aux filtres, l'autre à la disposition des hommes.

Ces récipients seront munis d'un couvercle pour préserver leur contenu des poussières de la chambre ; on les rincera chaque jour soigneusement avec de l'eau filtrée et chaque semaine avec de l'eau bouillante.

Lorsqu'on sera obligé d'aller chercher de l'eau à une source éloignée ou à une fontaine de la ville, un gradé surveillera le puisage de l'eau.

Le tonneau employé à cet usage devra, autant que possible, être en *tôle* et *non en bois* ; il sera nettoyé chaque jour avec soin et même, dans la saison chaude, après chaque voyage. Sans cette précaution, les récipients s'infectent rapidement et souillent l'eau la plus pure. L'adjudant-major de semaine s'assurera de la ponctuelle exécution de cette mesure.

Recommandations spéciales pour les marches et les manœuvres.

(Art. 359 Inf., 350 Cav., 377 Art.)

Au cours des marches, l'excès de la chaleur, le froid rigoureux et prolongé, les pluies glaciales ou torrentielles ont une influence funeste sur les troupes, et l'on devra s'efforcer de garantir les hommes contre leurs effets.

En général, pendant la saison chaude, il est sage de ne pas faire marcher une troupe d'infanterie (1) de 9 heures du matin à 3 heures du soir : pour les 13 premiers corps d'armée, du 15 juin au 1er septembre ; pour les 14e, 15e, 16e, 17e et 18e corps, du 1er juin au 10 septembre ; pour le 19e corps et la Tunisie, du 1er mai au 15 septembre.

Certaines circonstances atmosphériques résultant de l'altitude, des pluies, des orages, de la douceur exceptionnelle de la température peuvent cependant motiver ou même imposer une atténuation de cette règle. D'autres circonstances peuvent, au contraire, rendre nécessaire une augmentation des mesures de précaution. Les chefs de colonne, de corps ou de détachements, responsables de la santé des troupes sous leurs ordres, tiendront compte de ces circonstances et feront sans hésiter preuve d'initiative en se rapprochant, autant que la température le permet, des heures de départ les plus propres à assurer le repos et le sommeil des hommes, ou, au contraire, si les circonstances l'exigent, en avançant l'heure du départ, en coupant l'étape par une grande halte ou un long repos, et même en provoquant à temps les ordres nécessaires pour raccourcir la marche.

Pendant les marches, lorsque la chaleur sera forte, on fera desserrer les rangs et marcher le plus possible sur les accotements des routes pour diminuer la poussière. On ralentira l'allure, tout en veillant à éviter les allongements, qui obligent

(1) Les troupes de cavalerie et d'artillerie, ne portant pas le sac, ne sont point dans les mêmes conditions physiques que l'infanterie et pourront prolonger la marche du matin jusqu'à 10 heures ; il est cependant prudent de ne le faire qu'exceptionnellement.

de temps en temps la queue de la colonne à allonger le pas pour conserver sa distance.

Avant de partir, les hommes doivent remplir leurs petits bidons à la meilleure source de la localité.

Quand le commandant de la colonne jugera utile de faire renouveler la provision d'eau en cours de route, il enverra en avant un ou plusieurs officiers montés et quelques vélocipédistes pour faire préparer de l'eau, en quantité suffisante, dans les localités où la troupe doit s'arrêter pour cette opération.

Le maire et les habitants seront invités par eux à disposer sur les bords de la route des récipients en bon état de propreté (baquets, tonneaux défoncés, seaux, cruches, arrosoirs, etc.), auxquels les hommes pourront remplir rapidement leurs bidons tout en restant en ordre de marche.

Pendant la route, on empêchera soigneusement les hommes de boire directement aux ruisseaux et fontaines.

On devra empêcher ou réprimer les excès alcooliques, qui rendent graves et même mortels les accidents dus à la chaleur ou au froid.

Troupes campées ou bivouaquées (ou cantonnées).

(Art. 360 Inf., 351 Cav., 378 Art.)

En arrivant dans la localité où le corps dont il fait partie doit cantonner, l'officier commandant le campement s'informera auprès de la municipalité ou, à défaut, auprès des habitants que leur situation met le mieux en mesure de le renseigner, si des épidémies ou épizooties sévissent ou ont sévi récemment dans la commune.

Il s'enquerra de leur nature et de leur degré d'intensité; il se fera indiquer d'une manière précise les maisons et locaux contaminés, et vérifiera ou fera vérifier par les sous-officiers qui lui sont adjoints l'exactitude des renseignements recueillis. Il n'hésitera pas à distraire complètement de la répartition du cantonnement les locaux reconnus infectés ou même suspects, et fera apposer aussitôt à toutes leurs issues des inscriptions bien apparentes portant défense d'y laisser pénétrer, suivant le cas, les hommes ou les animaux appartenant à l'armée.

On ne devra tolérer, de la part des habitants, aucun mouvement ultérieur entre les écuries ou étables contaminées et celles encore indemnes affectées au cantonnement des animaux de l'armée.

Il sera bon, surtout lorsque le pays dans lequel on opère laisse à désirer au point de vue sanitaire, d'adjoindre au campement l'un des médecins du corps; il pourra ainsi préparer toutes les propositions que paraîtra comporter la situation.

Le chef de corps ou de détachement, d'après les renseignements recueillis par l'officier chef du campement, et, s'il y a lieu, par le médecin, fera indiquer très exactement à la troupe les meilleures fontaines, sources, pompes ou puits de la commune, ainsi que ceux qui sont suspects; ces derniers seront consignés rigoureusement, et un écriteau portant la mention « défense de boire cette eau » sera immédiatement placé près d'eux en évidence; on les fera, au besoin, garder par une sentinelle.

Il faut en général se méfier des puits et pompes placés dans le voisinage des fosses d'aisances, des mares de fermes et des amas de fumier; leur eau contient presque toujours le germe de la fièvre typhoïde ou celui de la dysenterie.

Au départ du cantonnement, on se gardera d'effacer les inscriptions relatives aux locaux ou prises d'eau mises en interdit, et l'on devra inviter les habitants à les laisser subsister en vue de renseigner les troupes qui viendraient occuper successivement la localité; de plus, on remettra au maire, sous pli fermé, une note détaillée contenant tous les renseignements recueillis, au cours du séjour fait dans la commune, sur la situation sanitaire au point de vue des hommes et des animaux. Cette note devra être demandée au maire par les corps qui se succéderont dans la localité, et lui être rendue, lors du départ, complétée, s'il y a lieu.

Pour l'établissement des feuillées et leur désinfection, on se conformera rigoureusement à la circulaire ministérielle du 22 août 1889.

La vie au bivouac exige des précautions très grandes; il faut se garantir le mieux possible du froid et de l'humidité, et la nuit se tenir les pieds près du feu.

Recommandations à suivre en temps d'épidémie.

A) *Épidémie de grippe.* — Les mesures à prendre sont les suivantes : la durée des exercices en plein air, spécialement le matin, sera aussi courte que le permettront les nécessités de l'instruction; ces exercices seront réglés de telle sorte que les périodes d'immobilité soient aussi peu prolongées que possible et que les hommes soient presque continuellement tenus en mouvement. Cependant, un entraînement progressif et modéré est un des meilleurs moyens d'obtenir la résistance à l'influence épidémique.

Les exercices auront lieu, s'il est possible, dans des endroits clos et couverts (manèges, magasins, halles, etc.), déjà à l'usage des troupes ou momentanément mis à leur disposition par les municipalités.

Les postes et corvées devront être réduits au strict nécessaire. Les sentinelles seront relevées toutes les heures et devront porter leur manteau de guérite.

En dehors du quartier, les troupes à cheval devront avoir le manteau; dans l'infanterie, la veste sera toujours portée sous la capote.

En raison des complications abdominales, fréquentes dans la grippe, on fera usage de la ceinture de flanelle.

Si la maladie tend à se propager dans un corps de troupe, le général commandant le corps d'armée pourra, sur l'avis du directeur du service de santé, ordonner l'allocation temporaire d'une infusion légère de thé sucré (3 grammes de thé et 10 grammes de sucre par homme et par jour), à distribuer aux hommes matin et soir, dans l'intervalle des repas. Le combustible sera fourni par le corps.

La dépense sera remboursée au corps par le service de santé pour le thé et par le service de l'intendance pour le sucre.

Il sera rendu compte au Ministre (5e et 7e Directions) de ces allocations et des dépenses qu'elles auront occasionnées.

Des locaux d'isolement suffisants seront préparés dans chaque casernement pour recevoir en observation les malades légèrement atteints et soigner les convalescents, sans encombrer les infirmeries.

Ces locaux seront convenablement chauffés, le principal danger de la grippe venant de l'action pénétrante du froid sur les organes respiratoires déjà influencés.

Les médecins surveilleront très attentivement les malades atteints d'une affection même légère des voies respiratoires et ceux que leurs antécédents morbides et leur constitution organique signaleraient comme devant offrir moins de résistance à la maladie.

Toutes les précautions seront prises pour que les malades ne soient pas exposés à se refroidir pendant leur transport à l'hôpital.

On pourra, à titre exceptionnel, accorder des permissions dans les limites des exigences du service, surtout aux hommes faibles de constitution.

B) I. *Épidémie de choléra.* — Dès que le choléra s'est manifesté dans une ville ou aux environs d'une ville de garnison :

1° Faire bouillir l'eau de boisson dans tous les établissements militaires où la pureté de cette eau n'est pas garantie; allouer à cet effet 2 grammes de thé par homme et par jour; recommander instamment aux hommes d'éviter de boire en ville l'eau des puits, réservoirs, bornes-fontaines, etc., dont la pureté n'est pas certaine; leur rappeler que l'eau de source, l'eau filtrée et l'eau bouillie méritent seules confiance; les avertir expressément que les liqueurs alcooliques dites apéritives ou autres ne peuvent par elles-mêmes suffire à détruire les éléments nuisibles qui existent dans l'eau, et que l'eau mauvaise avec laquelle on les a mêlées reste aussi dangereuse qu'auparavant ;

2° Supprimer les distributions de lard et de biscuit, exclure de l'ordinaire les légumes aqueux, interdire aux cantiniers la vente de la charcuterie ;

3° Faire porter les ceintures de flanelle et rendre les officiers et sous-officiers responsables de l'exécution de cette prescription ; interdire le pantalon de coutil ;

4° Réduire à une heure la durée des factions ; supprimer, dans la mesure du possible, les permissions et les gardes de nuit ; ne faire aucun exercice avant le lever du soleil ;

5° Donner matelas et couvertures aux militaires punis de salle de police, de prison et cellule ;

6° Réduire la somme des exercices et fatigues ; supprimer tout travail, de dix heures du matin à deux heures de l'après-midi, dans la saison chaude ;

7° Surveiller rigoureusement, surtout au point de vue de leur régime, de l'eau qu'ils boivent et de leur habitation, les plantons, les ordonnances, les secrétaires d'état-major, sapeurs-pompiers, disséminés dans les petits postes et, en général, tous les militaires ne logeant pas ou ne vivant pas au quartier.

II. — Si la garnison elle-même est atteinte :

1° Appliquer strictement les prescriptions de la notice 7 du règlement du 25 novembre 1889 en ce qui concerne la désinfection des personnes et de tous objets ayant été en contact avec les cholériques ;

2° Veiller particulièrement à la destruction ou neutralisation immédiate des matières vomies et des selles ;

3° Prescrire aux officiers et sous-officiers de signaler immédiatement au médecin les hommes souffrants;

4° Envoyer sans retard à l'hôpital tout malade atteint de choléra ou de diarrhée suspecte;

5° Assurer la rapidité de ce transport en tenant dans les principales casernes des voitures prêtes à être attelées à la première réquisition des médecins des corps de troupe occupant ces casernes ou les casernes voisines;

6° Pendant le transport, entourer les malades de couvertures, chaufferettes, boules d'eau chaude, etc.;

7° Désinfecter ces voitures avant leur sortie de l'hôpital;

8° Consacrer dans les hôpitaux un personnel particulier et des salles spéciales : 1° aux malades atteints de choléra et de cholérine confirmés; 2° à ceux qui sont atteints de diarrhée suspecte.

Il y aura lieu également de se conformer exactement à la décision du 22 août 1889 sur l'établissement et la désinfection des feuillées, sauf toutefois en ce qui concerne les moyens de désinfection, qui ont été réglementés depuis cette époque par la notice n° 7 précitée.

Le commandement fera en outre connaître quels seraient les moyens supplémentaires d'hospitalisation et de secours qui pourraient être utilisés ou envoyés d'urgence, si la maladie menaçait de prendre de l'extension.

C) *Épidémie de typhus.* — La prophylaxie du typhus exige des mesures identiques à celles qui sont dirigées contre toutes les maladies contagieuses.

L'isolement des malades ou même celui des

sujets qui ont été exposés à la contagion s'impose avec la plus excessive rigueur; il sera pratiqué dans des locaux spéciaux d'une propreté irréprochable et largement ventilés. La réunion de plusieurs malades, dans des salles qui ne réalisent pas ces conditions, crée le danger de l'hypertyphisation par la concentration des germes morbides, et augmente les chances de contagion à l'égard du personnel. Aussi la dissémination des malades sous des tentes ou des baraques (modèle du service de santé) est-elle le moyen le plus efficace d'arrêter la propagation d'une épidémie.

Dès son arrivée à l'hôpital ou à l'ambulance, le malade sera baigné ou tout au moins lavé soigneusement sur toute la surface du corps. Autant que possible, deux lits lui seront affectés. Il les occupera alternativement ; à chaque changement de lit, la fourniture de celui qui est devenu vacant sera exposée à l'air libre.

Le personnel employé au traitement des typhiques ne communiquera pas avec les malades d'autres catégories ni avec le personnel des autres services. Les infirmiers seront pourvus de vêtements spéciaux qu'ils quitteront à la sortie des salles. Ils se laveront fréquemment la figure et les mains avec une solution antiseptique. Ceux qui ne seront pas de service ne devront pas séjourner dans les locaux réservés au typhiques et encore moins y coucher. Tous prendront de jour ou de nuit le repos nécessaire et recevront une nourriture substantielle. Jamais ils ne devront pénétrer à jeun dans les salles de malades.

La paillasse des typhiques sera incinérée, les draps et les couvertures seront immergés dans une solution de sublimé et passés ensuite à l'étuve ; les matelas et les vêtements seront, suivant les cas, incinérés ou simplement soumis à l'action de la vapeur sous pression. Les malades eux-mêmes ne seront envoyés en congé de convalescence que lorsqu'il sera certain que leur état de guérison exclut toute chance de contagion ultérieure. Les personnes que d'impérieux devoirs n'appellent pas au milieu des typhiques ne seront pas admises à les visiter ou ne les approcheront que les fenêtres étant entièrement ouvertes.

A l'aération large et continue des chambres, on ajoutera leur désinfection réitérée au moyen de fumigations sulfureuses ou de pulvérisations au bichlorure de mercure. L'agent typhogène étant très tenace, les murs des locaux qui ont abrité des malades seront désinfectés au soufre et au sublimé, puis grattés et blanchis ou tapissés à neuf. Les chambres resteront ensuite inoccupées plusieurs semaines, pendant lesquelles elles demeureront exposées aux courants d'air par l'ouverture des portes et fenêtres.

Au moment du licenciement de l'hôpital ou de l'ambulance des typhiques, les vêtements des infirmiers, ainsi que le matériel d'hôpital, seront soigneusement désinfectés. En outre, on maintiendra isolé, pendant une période de dix à douze jours, le personnel avant de lui faire rallier son poste ou de lui accorder des congés.

Toutes ces mesures, et spécialement celles relatives à la désinfection de la literie et de la chambre occupée par un homme atteint ou suspect, seront appliquées dans les corps de troupe.

La chambre elle-même sera immédiatement évacuée et ne pourra être réoccupée qu'autant que les prescriptions ci-dessus auront été rigoureusement observées.

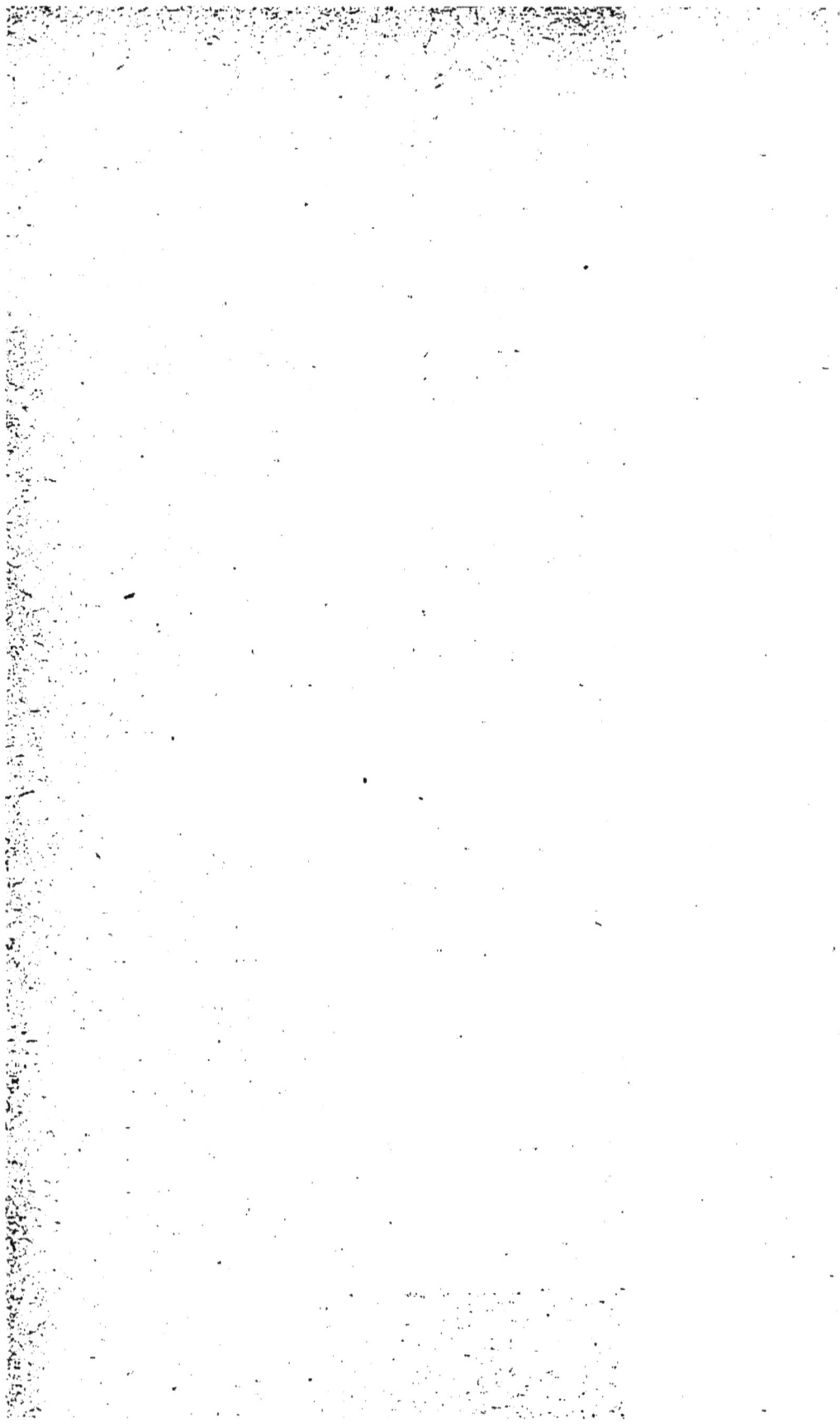

DÉCRET

DU 22 MAI 1897

relatif à l'application, aux troupes du génie, des prescriptions du Règlement sur le service intérieur des troupes d'infanterie.

Art. 1er. Le décret du 20 octobre 1892, portant règlement sur le service intérieur des troupes d'infanterie, est applicable aux troupes du génie concurremment avec le décret sur le service intérieur des troupes d'artillerie et du train pour tout ce qui concerne le service des compagnies des sapeurs-conducteurs.

Art. 2. En campagne, les droits et les devoirs du chef de corps, définis par l'article 2 du décret du 20 octobre 1892 portant règlement sur le service intérieur (infanterie), sont attribués :

1° Dans une brigade ou dans une division, pour les unités du génie appartenant à la brigade ou à la division, à l'officier supérieur commandant le génie de la brigade ou de la division, ou, à défaut d'officier supérieur, au général commandant la brigade ou la division;

2° Dans un corps d'armée, pour les unités non endivisionnées, à l'officier général ou supérieur commandant le génie du corps d'armée;

3° Dans une armée, pour les compagnies d'aérostiers, au général commandant le génie de l'armée; pour le parc d'armée et les compagnies d'étapes, à l'officier supérieur chef du service du génie des étapes;

AUTORITÉS DÉSIGNÉES pour le temps de paix par le décret du 20 octobre 1892.	AUTORITÉS SUBSTITUÉES A CELLES DÉSIGNÉES DANS LA COLONNE 1 ET COMPÉTENTES POUR LE TEMPS DE GUERRE, SUIVANT QUE LES UNITÉS OU DÉTACHEMENTS DÉPENDENT						
	d'une brigade.	d'une division.	des troupes non endivisionnées d'un corps d'armée.	d'une armée.		du service des chemins de fer.	du grand quartier général.
				Service de l'avant.	Service des étapes.		
Capitaine.	Le commandant de l'unité ou du détachement.						
Chef de corps.	L'officier supérieur commandant le génie de la brigade ou, à défaut, le général commandant la brigade.	L'officier supérieur commandant le génie de la division ou, à défaut, le général commandant la division.	Officier supérieur ou général commandant le génie du corps d'armée.	Officier général commandant le génie de l'armée.	Officier supérieur directeur du service du génie des étapes.	Officier supérieur commandant les troupes de chemins de fer ou, à défaut, le directeur du service des chemins de fer (B).	Officier supérieur représentant le service du génie au grand quartier général.
Général de brigade.	Général commandant la brigade.	Général commandant la division.	Officier général commandant le génie du corps d'armée ou, à défaut, le général commandant le corps d'armée.	Officier général commandant le génie de l'armée.	Directeur des étapes.	Directeur des chemins de fer.	Aide-major général ou, à défaut, major général.
Général de division.	Général commandant la brigade (A).	Général commandant la division.	Général commandant le corps d'armée.	Général commandant l'armée.	Directeur général du service des étapes et des chemins de fer (D).	Directeur général du service des étapes et des chemins de fer (D).	Aide-major général ou, à défaut, major général.
Général commandant le corps d'armée.	Général commandant le corps d'armée.			Général commandant l'armée.	Directeur général du service des étapes et des chemins de fer (E).		Major général.
Ministre de la guerre.	Général commandant l'armée (c					Général commandant le groupe d'armées (C).	

(A) Ou le général commandant la division si la brigade est endivisionnée.

(B) Lorsque des compagnies de sapeurs de chemins de fer sont mises à la disposition d'une commission de chemins de fer de campagne, les pouvoirs attribués à l'officier supérieur commandant les troupes de chemins de fer, vis-à-vis de ces compagnies, peuvent être délégués à l'officier supérieur président de cette commission, par le directeur des chemins de fer.

(C) Dans le cas où le général commandant l'armée ou le groupe d'armées n'a pas les délégations nécessaires pour statuer, il transm[illegible] le dossier au Ministre.

(D) Ou le directeur du service des étapes et des chemins de fer dans une armée opérant isolément.

(E) Ou le général commandant l'armée dans une armée opérant isolément.

4° Dans un groupe d'armées ou une armée, opérant isolément, pour les compagnies d'aérostiers, à l'officier général ou supérieur représentant le service du génie au grand quartier général; pour les compagnies de sapeurs de chemins de fer, à l'officier supérieur commandant les troupes de chemins de fer ou, à défaut, au directeur des chemins de fer.

Art. 3. La procédure tracée par le décret portant règlement sur le service intérieur des troupes d'infanterie, pour les rétrogradations, les cassations, les renvois de la 1re à la 2e classe, les révocations et les mises à la retraite d'office des commissionnés, est applicable, en campagne, aux troupes du génie.

Toutefois, les autorités désignées par ce règlement pour l'établissement et la transmission des rapports ou plaintes et pour la décision à prendre, sont, en campagne, remplacées respectivement par celles mentionnées au tableau ci-contre.

Art. 4. Lorsque, pour combler les vacances existant dans les cadres des unités du génie, l'officier supérieur ou général faisant fonctions de chef de corps, ne peut disposer de sujets remplissant les conditions voulues, il en rend compte à l'autorité supérieure, pour qu'il soit prélevé sur les unités appartenant à d'autres formations, ou sur les dépôts, le nombre de candidats nécessaires.

Art. 5. En temps de paix, lorsqu'une ou plusieurs compagnies ou fractions de compagnies sont détachées d'une manière permanente de la portion centrale du régiment, soit dans la même région de corps d'armée que cette portion centrale, soit dans une autre région de corps d'armée, soit hors du territoire, elles peuvent être placées, par décision ministérielle, au point de vue de l'instruction, de l'avancement et de la discipline, sous les ordres d'un officier supérieur ou général faisant fonctions de chef de corps.

Art. 6. Sont abrogées toutes les dispositions des ordonnances, décrets, règlements, décisions, circulaires et instructions antérieurs, en ce qu'elles ont de contraire au présent décret.

MODÈLES

TABLE DES MODÈLES.

° CORPS D'ARMÉE.
° DIVISION.
° BRIGADE.
° régiment d'infanterie.

MODÈLE I.

Format. Papier écolier : Hauteur. 0m,310. Largeur. 0m,240

Art. 1er du Règlement.

RAPPORT JOURNALIER

du *au* 189 .

1° SITUATION NUMÉRIQUE.

DÉSIGNATION des FRACTIONS.	OFFICIERS PRÉSENTS. sous les armes.	OFFICIERS PRÉSENTS. indisponibles.	OFFICIERS PRÉSENTS. TOTAL.	OFFICIERS ABSENTS.	OFFICIERS EFFECTIF des officiers.	TROUPE PRÉSENTS. sous les armes.	TROUPE PRÉSENTS. indisponibles.	TROUPE PRÉSENTS. TOTAL.	TROUPE ABSENTS.	TROUPE EFFECTIF de la troupe.	CHEVAUX D'OFFICIERS.			CHEVAUX DE TROUPE.			OBSERVATIONS.
État-major																	
Bataillons et compagnies																	
Cadre complémentaire																	
Officiers, s.-offic., capor. et clairons à la suite																	
Hommes en subsistance étrangers au corps.																	

2° INDISPONIBLES.

OFFICIERS malades à la chambre.	OFFICIERS aux arrêts de rigueur.					OFFICIERS TOTAL.	TROUPE à l'infirmerie.	TROUPE malades à la chambre.	TROUPE travailleurs.	TROUPE recrues.	TROUPE à la prison.	TROUPE à la cellule.			TROUPE TOTAL.	

3° ABSENTS.

OFFICIERS EN CONGÉ de convalescence.	OFFICIERS EN CONGÉ à tout autre titre.	OFFICIERS en permission.	OFFICIERS aux hôpitaux.	OFFICIERS en mission. Détachés.			OFFICIERS TOTAL.	TROUPE EN CONGÉ de convalescence.	TROUPE EN CONGÉ de soutien de famille.	TROUPE EN CONGÉ à tout autre titre.	TROUPE en permission.	TROUPE AUX HÔPITAUX du lieu.	TROUPE AUX HÔPITAUX externes.	TROUPE en jugement.	TROUPE en détention.	TROUPE à la prison militaire.	TROUPE déserteurs ou disparus.	TROUPE manquant à l'appel.	TROUPE en mission, détachés, isolés.			TROUPE TOTAL.	

4° SERVICE DE PLACE.

INDICATION DES POSTES ou des travaux.	OFFICIERS.	SOUS-OFFICIERS.	CAPORAUX.	TAMBOURS et clairons.	SOLDATS.	TOTAL.	
TOTAL général..							

MODÈLE I.

5° ETAT NOMINATIF DES OFFICIERS DEVENUS INDISPONIBLES, ENTRANT EN POSITION D'ABSENCE, CESSANT D'ÊTRE INDISPONIBLES, RENTRANT DE POSITION D'ABSENCE.

6° MOUVEMENTS EXÉCUTÉS PAR LES FRACTIONS DU CORPS.

7° PUNITIONS (1).

8° RÉCÉPISSÉ DE PIÈCES.

9° ENVOI DE PIÈCES.

10° DEMANDES.

11° ÉVÉNEMENTS ET OBJETS DIVERS.

12° INSTRUCTION (2).

A , le 189 .

Le Colonel,

(1) Mentionner : 1° l'envoi sous pli cacheté du compte rendu des punitions infligées aux officiers ;

2° Les punitions infligées à la troupe qui, conformément aux ordres du général de brigade, doivent lui être signalées.

(2) Le rapport relatif à l'instruction n'est établi que sur la situation du 1er de chaque mois, ou dans les circonstances que le général de brigade ordonne.

Format :
Haut. 0,330. Larg. 0,210

MINISTÈRE
DE LA GUERRE.

1re DIRECTION.
e BUREAU

Art. 2
du Règlement.

MODÈLE II.

Indiquer le corps.

NOTA. — En donnant avis par ce bulletin d'une ou plusieurs vacances, on s'abstiendra d'y comprendre celles déjà signalées.

BULLETIN
DES EMPLOIS D'OFFICIERS
DEVENUS VACANTS AU CORPS.

GRADES et emplois vacants.	NOMS DES OFFICIERS qui occupaient ces emplois et motifs des vacances.	DATE des vacances.	OBSERVATIONS.

A , le 189 .

Le commandant,

VU :
Le Général de brigade,

VU :
Le Général de division,

VU :
Le Général commandant le e corps d'armée,

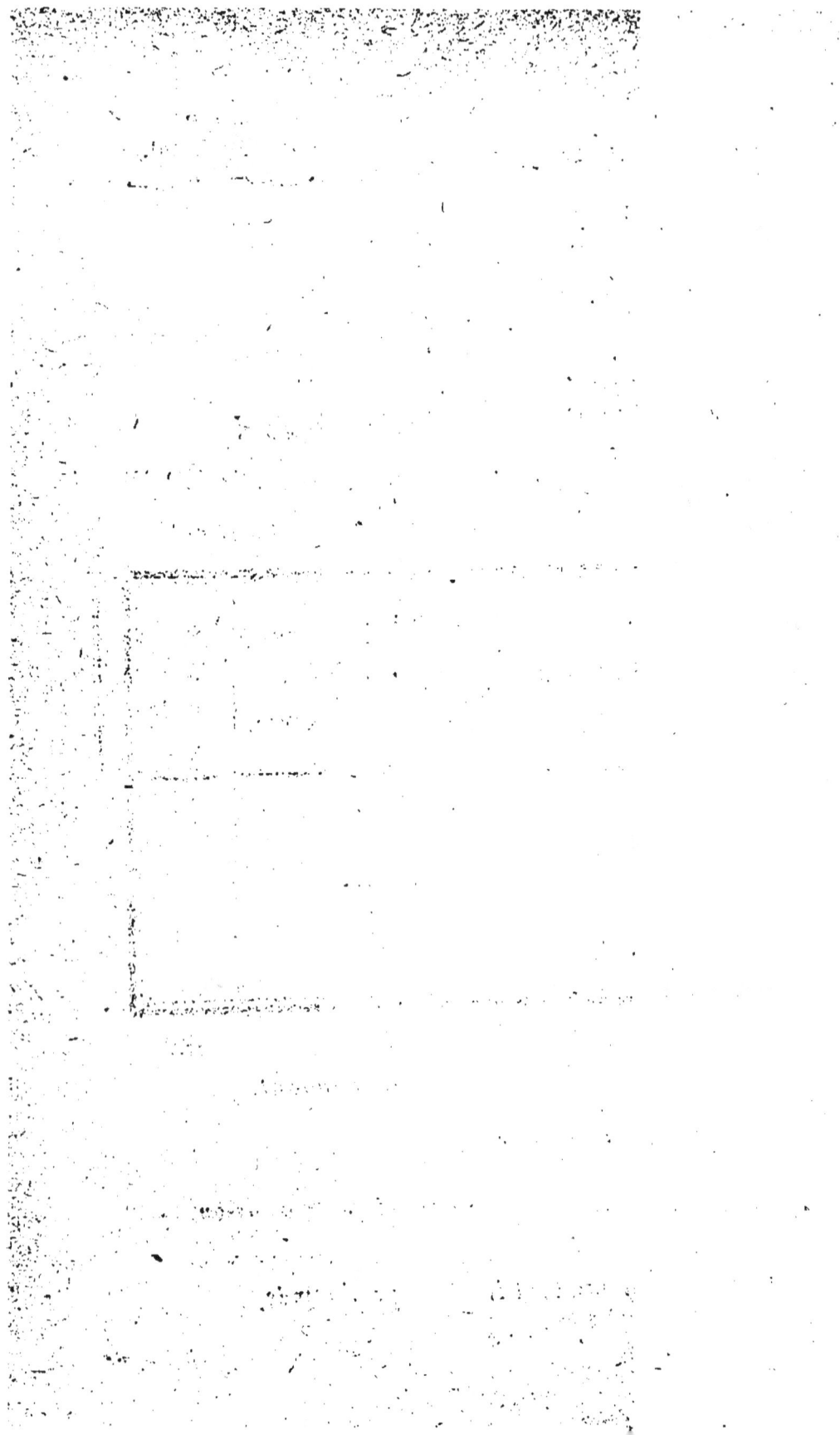

Format.. { Haut. $0^m,320$ / Larg. $0^m,210$ }
Cadre de justif. { Haut. $0^m,290$ / Larg. $0^m,180$ }

MODÈLE III.

Désignation du corps ou service.

Art. 16 du Règlement.

FEUILLET DU PERSONNEL

de M

1re page. — N° du feuillet (A).

Nom , prénoms , surnom ,
date et lieu de naissance , fils de
et de dame , domiciliés à ,
canton d , département d
Marié le , autorisation du
Enfants : masculin , *féminin* . (1)
Arrivé { au corps / *ou service* } le comme venant

DATES DES GRADES SUCCESSIFS.

S.-lieutenant le	Capitaine le	Lieut.-colonel le
Lieutenant le	Chef de bat. le	Colonel le

CAMPAGNES.	AFFAIRES AUXQUELLES L'OFFICIER A PRIS PART. (Date des affaires.)
{ du / au }	
En captivité à *ou* en internement à (Suivant le cas.) { du / au }	

BLESSURES.

1° DE GUERRE.	2° EN SERVICE COMMANDÉ.

ACTIONS D'ÉCLAT ET CITATIONS A L'ORDRE DE L'ARMÉE.	LETTRES ET TÉMOIGNAGES OFFICIELS de satisfact. du Ministre, etc.

DÉCORATIONS.

FRANÇAISES.	ÉTRANGÈRES.

(A) Les feuillets sont classés par ordre alphabétique.

(1) Indiquer, s'il y a lieu, les renseignements relatifs aux *séparations de corps ou de biens, au divorce, au veuvage, à un* nouveau mariage, option, changement de nom (dates des décrets ou jugements).

2e page.

DATES		MISSIONS ET POSITIONS DIVERSES.
du commencement de la mission ou de la position.	de la fin de la mission ou de la position.	On inscrit dans ce tableau les missions confiées aux officiers et les positions diverses qu'ils occupent en dehors du corps.

PUNITIONS (1).

DATES.	ARRÊTS			NOMS ET GRADES DES OFFICIERS qui ont infligé les punitions. — Motifs.
	simples.	de rigueur.	de forteresse.	
Totaux....				à l'arrivée au corps.
Totaux....				

(1) *Toutes les punitions antérieures à l'arrivée* { *au corps* ou *service* } *sont totalisées par* nature de punitions.

Les punitions faites { au corps *ou* service } sont ensuite mentionnées ; elles sont totalisées en fin de colonne.

Nota. — Quand cette page est remplie, on mentionne dans la colonne « *Motifs* », sur la ligne « *Totaux* », qu'un *premier* intercalaire suit : le recto de ce premier intercalaire devient la page 2 *bis* et le verso la page 2 *ter*.

3e page.

NOM ET PRÉNOMS
GRADE.

DATES.		NOTES PARTICULIÈRES ET SUCCESSIVES.
ANNÉE.	SEMESTRE.	

4e page.

DATES.		NOTES
ANNÉE.	SEMESTRE.	PARTICULIÈRES ET SUCCESSIVES (*suite*).

NOTA. — Quand cette page est remplie, on mentionne sur la dernière ligne qu'un premier intercalaire suit ; le recto du premier intercalaire devient la page 4 *bis*, et le verso le page 4 *ter*.

Recto.

Même format que le feuillet du personnel (modèle III).

MODÈLE IV.

PIÈCES D'ARCHIVES

constituant la première partie du dossier général de M. (NOM) (PRÉNOMS), *né à* *le*

CHEMISE-BORDEREAU.

NUMÉROS d'ordre.	DATES DES PIÈCES.	ANALYSE SOMMAIRE.

NOTA. — La présente chemise-bordereau est ouverte par le trésorier le jour de l'arrivée à son premier corps ou service d'un sous-lieutenant, d'un médecin aide-major de 2e classe, ou d'un chef de musique. Elle contient, en tout temps, les pièces de l'officier ou assimilé ayant un caractère administratif, telles que les pièces de l'état civil (acte de naissance, etc.), le livret matricule de l'officier, les certificats d'origine de blessure ou de maladie. Elle les accompagne dans leurs transmissions successives.

Toutes les pièces sont inscrites dans l'ordre de leur ancienneté de date et reçoivent un numéro d'ordre reproduit sur la chemise-bordereau.

Si l'officier auquel se rapportent ces pièces, compte dans une compagnie, son livret matricule, après avoir été inscrit une fois pour toutes sur la chemise-bordereau par le trésorier, est remis par lui au commandant de la compagnie.

Lorsque l'officier quitte le corps, le livret matricule est replacé dans la chemise-bordereau et transmis, avec les pièces qu'elle renferme, au nouveau chef de corps ou de service.

Toutefois, lorsque la mutation a lieu au moment de la mobilisation : 1o Si l'officier doit faire partie des formations actives, le livret matricule est seul adressé au nouveau chef de corps ou de service ; les autres pièces d'archives sont expédiées directement dans la chemise-bordereau au commandant du dépôt du nouveau corps, ou, à défaut, conservées jusqu'à la fin de la campagne dans les archives de l'ancien corps ; 2o Si l'officier doit faire partie d'un dépôt, toutes les pièces d'archives sans exception sont expédiées au commandant du dépôt.

Verso.

DÉTAIL DES TRANSMISSIONS SUCCESSIVES.

4e page.

Transmis au nombre de pièces à M. le par le (1) A , le (2)	Id.
Id.	Id.
Id.	Id.
Id.	Id.
Id.	Id.
Id.	Id.
Id.	Id.

(1) Le chef de corps ou de service, ou général de brigade; indiquer le grade, le numéro de l'unité qu'il commande ou le service.

(2) Signature.

Recto.

Modèle IV *bis*.

Même format que le feuillet du personnel (modèle III).

DOSSIER DU PERSONNEL

constituant la deuxième partie du dossier général de
M. (NOM) (PRÉNOMS),
né à *le*

CHEMISE-BORDEREAU.

NUMÉROS d'ordre.	DATES DES PIÈCES.	ANALYSE SOMMAIRE.

Nota. — La présente chemise-bordereau est établie en même temps que le 1er feuillet du personnel. Elle contient, en tout temps, le dossier du personnel de l'officier, c'est-à-dire : feuillets du personnel de l'officier, feuillets des notes données dans les divers établissements ou écoles militaires où l'officier a passé, copie des lettres d'éloge ou de blâme, pièces dont l'insertion au dossier de l'officier est prescrite par le Ministre.

Cette chemise accompagne ce dossier du personnel dans ses transmissions successives.

Toutes les pièces qu'elle contient (y compris les feuillets du personnel) sont inscrites dans leur ordre chronologique et reçoivent un numéro d'ordre reproduit sur la chemise-bordereau.

Verso.

DÉTAIL DES TRANSMISSIONS SUCCESSIVES.

4e page.

Transmis au nombre de pièces à M. le par le (1) A , le (2)	Id.
Id.	Id.
Id.	Id.
Id.	Id.
Id.	Id.
Id.	Id.
Id.	Id.

(1) Le chef de corps ou de service, ou général de brigade; indiquer le grade, le numéro de l'unité.
(2) Signature.

Format :
Papier écolier.

Art 67
du Règlement.

MODÈLE V.

e RÉGIMENT D'INFANTERIE.

e BATAILLON (Lettre.) e COMPAGNIE.

CAHIER DE VISITE MÉDICALE.

DATES.	NUMÉROS MATRICULES.	NOMS (A).	GRADES.	RENSEIGNEMENTS donnés par la compagnie. (B).	GENRE de maladie et prescriptions médicamenteuses.	DÉCISIONS du médecin, exemptions, entrées à l'hôpital, à l'infirmerie.

(A) Noms des hommes malades, des hommes rentrés la veille des hôpitaux ou d'une position quelconque, des hommes nouvellement incorporés, des hommes quittant le corps momentanément ou définitivement.

(B) Le sergent-major indique dans cette colonne les renseignements de nature à éclairer le médecin, tels que : rentrants de permission, sortants de l'hôpital, de prison, punis, etc.

Modèle VI. • Régiment d'infanterie.

Art. 76 du Règlement.

RAPPORT JOURNALIER DU SERVICE DE SANTÉ.

Rapport du *au* 189 .

	INDICATION du MOUVEMENT DES MALADES.	GENRES DE MALADIES. Fié-vreux.	Blessés.	Véné-riens.	NOMS DES ENTRANTS et des sortants.
A l'hôpital.	Restants de la veille..				
	Entrées..............				
	Totaux.....				
	Sortis................				
	Décédés..............				
	Totaux.....				
	Restants après la visite.				
	Total.....				
A l'infirmerie.	Restants de la veille.				
	Entrés...............				
	Totaux.....				
	Sortis...............				
	Restants après la visite.				
	Total.....				
A la salle des convalescents.	Restants de la veille..				
	Entrés...............				
	Totaux.....				
	Sortis...............				
	Restants après la visite.				
	Total.....				
		EXEMPTIONS.			NON RECONNUS malades.
Malades à la chambre.	1er bat.. 1re comp...				
	2e id.....				
	3e id.....				
	4e id.....				
	2e bat..				
	3e bat..				
	4e bat..				
	Section hors rang....				
	Totaux.....				
	Total.....				

OFFICIERS MALADES A LA CHAMBRE.

COMPTE RENDU DE LA VISITE A L'HOPITAL.

DEMANDES ET OBSERVATIONS.

MÉDECIN DE SERVICE DU AU

M.

A , le 189 .

Le Médecin-major de 1re classe,

MODÈLE VII.

SITUATION-RAPPORT.

Hauteur : 0m,280.
Largeur : 0m,220.

MODÈLE VII.

Art. 38, 81 et 212 du Règlement.

° RÉGIMENT D'INFANTERIE.......

° BATAILLON.
° COMPAGNIE.

SITUATION-RAPPORT du au 189 .

DÉSIGNATION DES GRADES. — (Établir cette colonne suivant l'arme.)	PRÉSENTS											
	SOUS LES ARMES.	NON DISPONIBLES.										TOTAL des présents.
		À l'infirmerie.	Malades à la chambre.	Travailleurs.	Recrues.		En prison.	À la cellule.			TOTAL.	
1	2	3	4	5	6	7	8	9	10	11	12	13
Officiers. Capitaine........												
Lieutenant........												
Sous-lieutenant...												
TOTAUX des officiers.												
Troupe. Adjudant........												
Sergent-major....												
Sergents et fourriers............												
Caporal fourrier..												
Caporaux........												
Tambours et clairons.												
Soldats de 1re classe.												
Soldats de 2e classe.												
TOTAUX de la troupe.												
Enfants de troupe......												
Chevaux d'officier.........												
de selle..........												
de trait..........												
Mulets de bât....												
TOTAUX des chevaux.												

DÉSIGNATION DES GRADES.	ABSENTS.															TOTAL DES ABSENTS.	EFFECTIF.
	EN CONGÉ																
	de convalescence.	de soutien de famille.			En permission.	Aux hôpitaux.	En jugement.	En détention.	À la prison militaire.	Déserteurs ou disparus.	Manquant à l'appel.	En mission ou détachés isolément.					
1	14	15	16	17	18	19	20	21	22	23	24	25	26	27	28	29	30
Officiers. Capitaine........																	
Lieutenant........																	
Sous-lieutenant...																	
TOTAUX des officiers.																	
Troupe. Adjudant........																	
Sergent-major....																	
Sergents et fourriers............																	
Caporal fourrier..																	
Caporaux........																	
Tambours et clairons.																	
Soldats de 1re classe.																	
Soldats de 2e classe.																	
TOTAUX de la troupe.																	
Enfants de troupe......																	
Chevaux d'officier.........																	
de selle..........																	
de trait..........																	
Mulets de bât....																	
TOTAUX des chevaux.																	

NUMÉROS MATRICULES.	PUNITIONS INFLIGÉES.	DEMANDES.	OBJETS DIVERS.
			Porter dans cette colonne : 1° Les noms et les grades des officiers absents ou indisponibles ; 2° Les motifs d'absence ou d'indisponibilité des chevaux.

CERTIFIÉ par nous, Capitaine commandant, la situation, les punitions et les demandes ci-dessus.

A , le 189 .

Format :
Hauteur ... 0m,140
Largeur ... 0m,095

Art. 80.
101-129-148-171.

MODÈLE VIII.

e RÉGIMENT d

e BATAILLON. (Lettre) COMPAGNIE.

CARNET d (1)

(2)

(1) Caporal, sergent, officie ou adjudant, commandant de compagnie.
(2) Désigner la fraction.

OBSERVATIONS.

Les carnets des divers gradés sont du même modèle ; chacun d'eux comporte le nombre de feuillets nécessaires pour établir le contrôle du pied de paix et du pied de guerre de la fraction à laquelle il correspond (un feuillet réglé à 18 lignes pour chaque escouade).

Le carnet de caporal comprend :
1° Le contrôle de l'escouade sur le pied de paix ;
2° Le contrôle de l'escouade sur le pied de guerre.

Les carnets contenant les contrôles des escouades paires sont déposés au dossier de la mobilisation pour être remis aux caporaux réservistes.

Le carnet du sergent comprend :
1° Le contrôle de la section sur le pied de paix ;
2° Le contrôle de la demi-section sur le pied de guerre.

Les carnets contenant les contrôles des demi-sections paires sont déposés au dossier de la mobilisation pour être remis aux sergents réservistes.

Le carnet de l'officier comprend :
1° Le contrôle du peloton sur le pied de paix ;
2° Le contrôle de la section sur le pied de guerre.

Celui de l'adjudant de compagnie comprend :
1° Le contrôle de la compagnie sur le pied de paix ;
2° Le contrôle de la section sur le pied de guerre.

Le carnet contenant le contrôle de la section commandée par l'officier de réserve, ou à son défaut par l'adjudant de réserve, est déposé au dossier de la mobilisation.

Le carnet du commandant de compagnie comprend :
1° Le contrôle de la compagnie sur le pied de paix ;
2° Le contrôle de la compagnie sur le pied de guerre.

(La couleur adoptée pour la couverture des carnets d'infanterie est le rouge.)

Nota. — Les colonnes 9 et 10, indispensables au caporal et au sergent, mais inutiles au chef de section et au commandant de compagnie, pourront être utilisées par ceux-ci pour y inscrire des renseignements tels que : l'aptitude à commander un petit poste de quatre hommes, à diriger une patrouille, etc.

CONTROLE DE L(1)

SUR LE PIED DE (2)

Capitaine : M.
Lieutenant : M.
Sous-lieutenant : M.
Officier : M.
Adjudant
Adjudant
Sergent-major
Sergent fourrier
Caporal fourrier

Sergents.. {
e section (3).
e section.
e section.
e section.
}

(1) Escouade, demi-section, section, peloton ou compagnie.
(2) Paix ou guerre. Les réservistes ne figurent que sur le contrôle du pied de guerre ; ils y sont inscrits à l'encre rouge.
(3) Section ou demi-section, suivant qu'il s'agit du pied de paix ou du pied de guerre.

NUMÉRO MATRICULE ou du répertoire.	NOMS.	GRADE ou classe.	PROFESSION.	APTITUDE à la marche.	CLASSEMENT au tir.
1	2	3	4	5	6
	e Escouade.				

NAGEUR.	EMPLOI affecté à la mobilisation.	CHARGEMENT, outils, etc.	NUMÉRO de l'arme.	OBSERVATIONS — Notes sur la conduite. Mutations, positions diverses, etc.
7	8	9	10	11

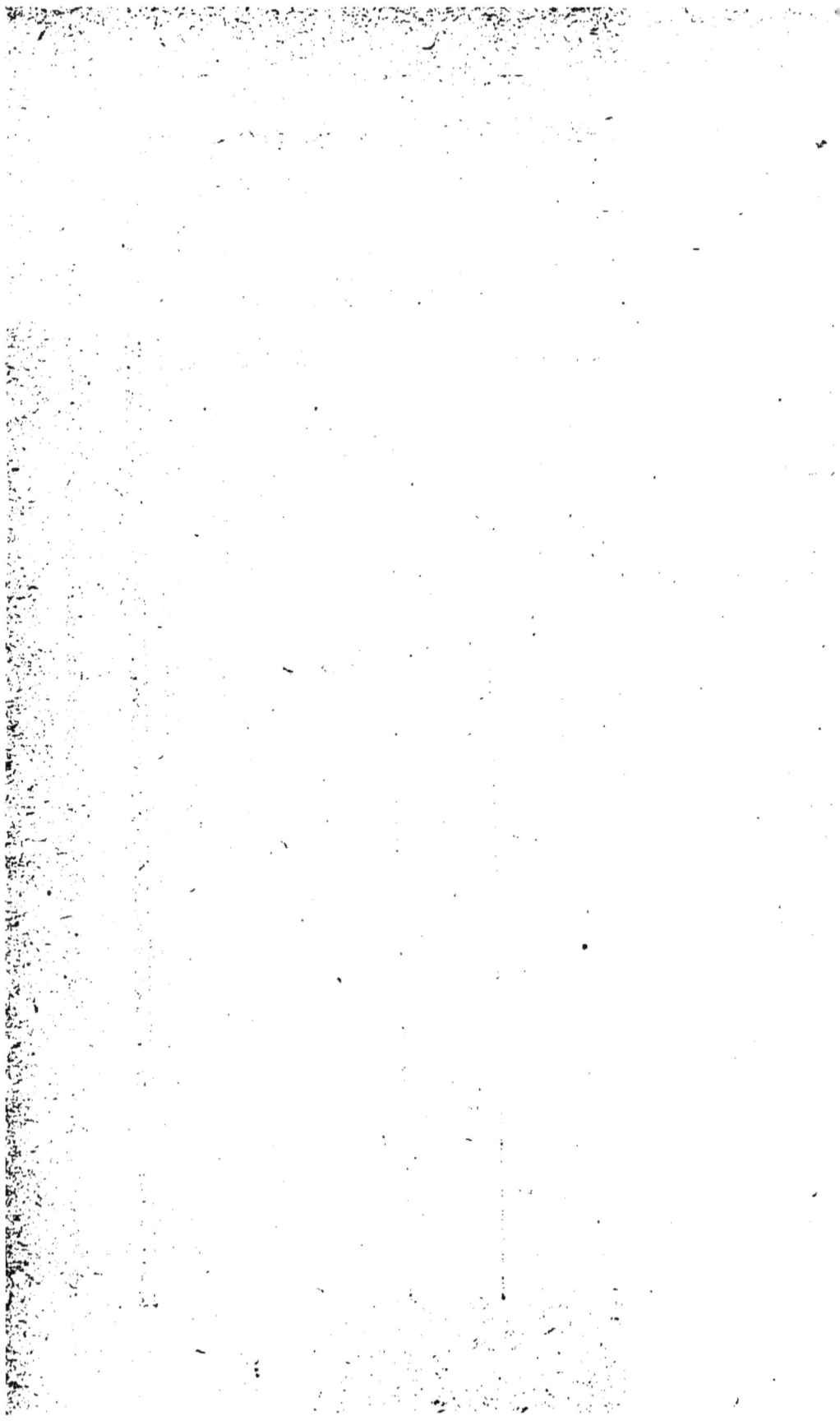

Format
Hauteur... 0m,225
Largeur... 0m,305

Cadre de justification :
Hauteur... 0m,215
argeur... 0m,235

Art. 138
du Règlement.

MODÈLE IX.

INSTRUCTION

POUR LA TENUE DU REGISTRE DES PUNITIONS.

Le registre des punitions est composé de feuillets mobiles établis et fournis par le trésorier, visés par le major et revêtus du timbre du conseil d'administration.

Ces feuillets sont placés par grades dans l'ordre alphabétique.

Lorsqu'un homme passe à une autre compagnie, le feuillet le concernant est arrêté et signé par le capitaine et remis au capitaine de la nouvelle compagnie.

Le feuillet d'un homme passé à un autre corps est adressé à ce corps, après avoir été arrêté et signé par le capitaine et visé par le major.

Le feuillet d'un homme qui cesse d'appartenir à l'armée active est arrêté et visé de la même manière, et remis, comme le livret matricule de l'homme, au commandant du bureau de recrutement, sur le registre matricule duquel l'homme est inscrit.

Il est affecté un feuillet à chaque homme au moment de son incorporation, puis on ajoute successivement le nombre de feuillets nécessaires quand le premier est rempli. Dans ce cas, les feuillets sont numérotés comme il suit : 1er *feuillet*, 2e *feuillet*, etc., ainsi qu'il est indiqué au modèle.

Les feuillets usés, déchirés, tachés d'encre, etc. ne doivent pas être maintenus en service ; ils sont remplacés en temps opportun au compte de qui de droit. Le nouveau feuillet n'est mis dans le registre qu'après avoir été collationné par le chef de bataillon, qui en certifie l'exactitude par la mention suivante :

COLLATIONNÉ : *Le Chef de bataillon*, (Signature).

Les feuillets supplémentaires et les feuillets de remplacement ne sont délivrés par le trésorier qu'à la suite d'une demande portée sur la situation-rapport.

On se conforme pour l'établissement des feuillets au modèle; les feuillets sont tracés d'avance au crayon.

Toutes les punitions, sauf celles de la privation de sortir du quartier après l'appel du soir, les punitions de consigne au quartier d'une durée inférieure à quatre jours et les punitions de consigne à la chambre et de salle de police d'une durée inférieure à deux jours, sont portées sur les feuillets de punitions.

§ Le renvoi à la 2e classe, la privation d'emploi et la rétrogradation par mesure de discipline, les réprimandes, la cassation, etc., y sont portés en caractères distinctifs.

Les punitions levées, échangées ou remplacées par une mesure disciplinaire, telle que la cassation ou la rétrogradation, le cas échéant, du militaire puni, doivent être barrées dans les colonnes indiquant le nombre de jours de punition, de manière toutefois à pouvoir être lues sans difficulté, et ne doivent pas, dès lors, être totalisées. (Erratum inséré au *J. M.*, 1er semestre 1893.)

RELEVES DES PUNITIONS.

Les relevés de punitions sont la copie exacte des feuillets de punitions; on ne doit pas y faire figurer cependant les punitions levées.

Lorsqu'un militaire est mis à la prison, en attendant la décision à intervenir sur une demande de punition ou sur une plainte dressée contre lui, le relevé des punitions doit toujours se terminer par la formule suivante :

A la prison *jusqu'à décision à intervenir, un rapport en rétrogradation ou en cassation, ou une plainte en conseil de guerre, devant être établi contre lui.*

Format.. {Hauteur. 0m,225 Largeur. 0m,305 Cadre de justification {Hauteur. 0m,215 Largeur. 0m,255

MODÈLE IX.

Art. 138 du Règlement. 1er *feuillet.*

N° MATRICULE.			
6552	GAILLARD (MATHURIN).	*Arrivé au corps* le 10 mai 1871, comme soldat de 2e classe, venant du 57e de ligne. Caporal le 4 février 1872. Sergent le 4 juin 1873.	Rétrogradé caporal le 23 mars 1874. Cassé et remis soldat de 2e cl., le 17 septembre 1874.

DATES des PUNITIONS.	GENRES DE PUNITIONS ET NOMBRE DE JOURS. Consigne au quartier.	Consigne à la chambre	Salle de police.	Prison.	Cellule.	PAR QUI LES PUNITIONS ONT ÉTÉ INFLIGÉES.	MOTIFS DES PUNITIONS.
	24	»	32	17	4	*Punitions antérieures* à son incorporation au 106e régiment d'infanterie.	
ou	»	»	»	»	»	*Punitions antérieures* à son incorporation au 106e régiment d'infanterie.	(NÉANT.)
ou	»	»	»	»	»	*Punitions antérieures* à son incorporation au 106e régiment d'infanterie.	(INCONNUES.)
							Comme soldat de 2e classe :
1871. 25 mai........	2	»	»	»	»	BOISSEAU, sergent.	A murmuré lorsqu'il le commandait pour aller au travail du génie. (1re fois.)
25 mai........	»	»	2	»	»	M. CALMET, lieut. commandant la compagnie.	En augmentation de la punition ci-dessus.
29 juin........	»	»	4	»	»	M. MICHELON, capitaine commandant la compagnie.	A découché. (1re fois.)
30 juin........	2	»	»	»	»	TOLLAT, sergent-major de la compagnie.	A déchiré une page de son livret.
1er juillet	»	»	2	»	»	COLONEL commandant le régiment.	En augmentation de la punition infligée le 29 juin par M. Michelon, capitaine.
1872. 14 janvier.....	4	»	»	»	»	GOMMET, sergent.	Est arrivé en retard au rassemblement de la garde (*punition levée*).
	32	»	40	17	4		*Passé caporal à la 4e comp. du 2e bat., le 2 févr. 1872.* *Le Capitaine,*
							Comme caporal :
19 mars.......	»	»	»	»	»	PLUMIER, adjudant de semaine.	S'est absenté du quartier pendant un quart d'heure étant de semaine.
24 mars.......	4	»	»	»	»	COLONEL commandant le régiment.	En échange de la punition ci-dessus.
22 juillet	»	»	4	»	»	MANCHY, adjudant de la compagnie.	Mauvaise volonté à apprendre sa théorie.
10 octobre.....	»	»	4	»	»	M. BARREAU, capitaine commandant la compagnie.	A manqué à l'exercice après refus de permission.
11 octobre.....	»	»	4	»	»	M. CLOSET, chef de bataillon commandant le détachement.	En augmentation de la punition ci-dessus.
1er décembre..	»	»	4	»	»	M. FIOLET, lieutenant commandant la compagnie.	A manqué à l'appel du soir et n'est rentré qu'une demi-heure après. (1re fois.)
2 décembre...	»	»	4	»	»	COLONEL commandant le régiment.	En augmentation de la punition infligée le 30 novembre par M. Alenne, adjudant-major. *Passé sergent à la 4e comp. du 2e bat., le 4 févr. 1873.* *Le Capitaine,*
							Comme sergent :
1873. 9 octobre.....	4	»	»	»	»	M. COTTEL, lieutenant.	N'a pas rassemblé les hommes de service. (2e fois.)
A reporter.	42	»	60	17	4		

DATES des PUNITIONS.	GENRES DE PUNITIONS ET NOMBRE DE JOURS. Consigne au quartier.	Consigne à la chambre.	Salle de police.	Prison.	Cellule.	PAR QUI LES PUNITIONS ONT ÉTÉ INFLIGÉES.	MOTIFS DES PUNITIONS.
Report....	42	»	60	17	4		
21 novembre...	»	»	~~8~~	»	»	M. MICHOT, capitaine commandant la compagnie.	A découché et est rentré ivre au quartier. (3e fois absent, 1re fois ivre.)
22 novembre... 1874.	»	»	»	8	»	COLONEL commandant le régiment.	En échange de la punition ci-dessus.
19 janvier.....	4	»	»	»	»	M. CASSY, sous-lieutenant.	Ne lui a pas communiqué le rapport.
21 février.....	»	»	»	8	»	M. MICHOT, capitaine.	A fait une absence illégale de 26 heures en entraînant avec lui un jeune caporal de la compagnie. (4e fois.)
22 février.....	»	»	»	7	»	M. PETIT, chef de bat., com. le dét.	En augmentation de la punition ci-dessus.
17 mars.......	»	»	»	8	»	M. MICHOT, capitaine.	A fait une absence illégale de 3 jours et est rentré à la caserne dans un état complet d'ivresse. (4 fois absent, 2 fois ivre.)
	46	»	68	48	4		*Rétrogradé caporal* à la 2e comp. du 1er bataillon, le 23 mars 1874, par ordre de M. le Général commandant la 24e brigade d'infanterie, pour absences illégales et ivrognerie. *Le Capitaine,*
							Comme caporal :
21 mai........	»	»	»	»	»	PICARD, adjudant de la compagnie.	Mauvaise volonté à la théorie pratique.
12 juin........	»	»	»	~~8~~	»	M. LOMBARD, capitaine.	S'est enivré, a cassé une table de sa chambre et a cherché querelle à ses camarades. (3e fois.)
13 juin........	»	»	»	8	8	COLONEL commandant le régiment.	En échange de la punition ci-dessus.
14 juillet......	»	»	»	7	»	M. LOMBARD, capitaine.	A découché et est rentré au quartier dans un état complet d'ivresse. (5e fois absent, 4e fois ivre.)
	46	»	68	71	12		*Cassé de son grade et remis soldat de 2e classe à la 3e compagnie du 3e bataillon, le 25 juillet 1874, par ordre de M. le Général commandant la 12e division d'infanterie, pour absences illégales et ivrognerie.* *Le Capitaine,*
							Comme soldat de 2e classe :
21 août.......	»	»	8	»	»	M. BARTHE, capitaine.	Lui a répondu d'une manière inconvenante.
29 août.......	»	»	»	~~8~~	»	M. BARTHE, capitaine.	A fait une absence illégale de 3 jours, a occasionné du scandale en ville et a nécessité l'emploi de la garde pour le ramener au quartier. (5e fois absent.)
30 août.......	»	»	»	~~7~~	~~8~~	COLONEL commandant le régiment.	En échange de la punition ci-dessus.
5 septembre..	»	»	»	22	8	GÉNÉRAL comm. la 24e brig. d'infant.	En échange de la punition ci-dessus.
14 octobre.....	»	»	»	8	»	M. BARTHE, capitaine.	A répondu grossièrement à un caporal qui le commandait de corvée. (3e fois.)
17 novembre ..	»	»	»	60	»	GÉNÉRAL comm. la 12e div. d'infant.	A fait une absence illégale de 4 jours. (7e fois.)
TOTAUX.....	46	»	76	176	28	Vu : *Le Major,*	*Condamné* le 29 décembre 1874 par le 1er conseil de guerre permanent de la 4e région de corps d'armée à la peine de 5 ans de travaux publics, pour voies de fait envers son supérieur en dehors du service. *Passé au bataillon d'infanterie légère d'Afrique*, suivant décision ministérielle du 12 janvier 1878, ayant été gracié du restant de sa peine par décret du 8, rayé le 25 dudit. *Le Capitaine,*

Format : papier écolier.

Art. 203 du Règlement.

e CORPS D'ARMÉE.

e DIVISION.

e BRIGADE.

Place d

MODÈLE X.

e RÉGIMENT D'INFANTERIE (1).

COMMISSION DE VAGUEMESTRE.

Le sieur (nom et prénoms), numéro matricule), (grade), au e régiment d'infanterie (2) , remplira les fonctions de vaguemestre au (3) , en se conformant au Règlement sur le service intérieur des corps de troupe d'infanterie et aux lois et instructions sur le service des postes et des télégraphes.

Fait en double expédition.

A , le 189 .

Pour le Conseil d'administration :

Le Colonel président,

Vu :

Le Sous-Intendant militaire, chargé de la surveillance administrative du corps,

(1) Dans le cas d'un détachement, l'indication du bataillon ou de la compagnie, s'il y a lieu, se fera immédiatement au-dessous de la désignation du régiment.

(2) Pour un détachement, indiquer le bataillon et la compagnie.

(3) Audit corps, ou à tel bataillon, ou à tel détachement.

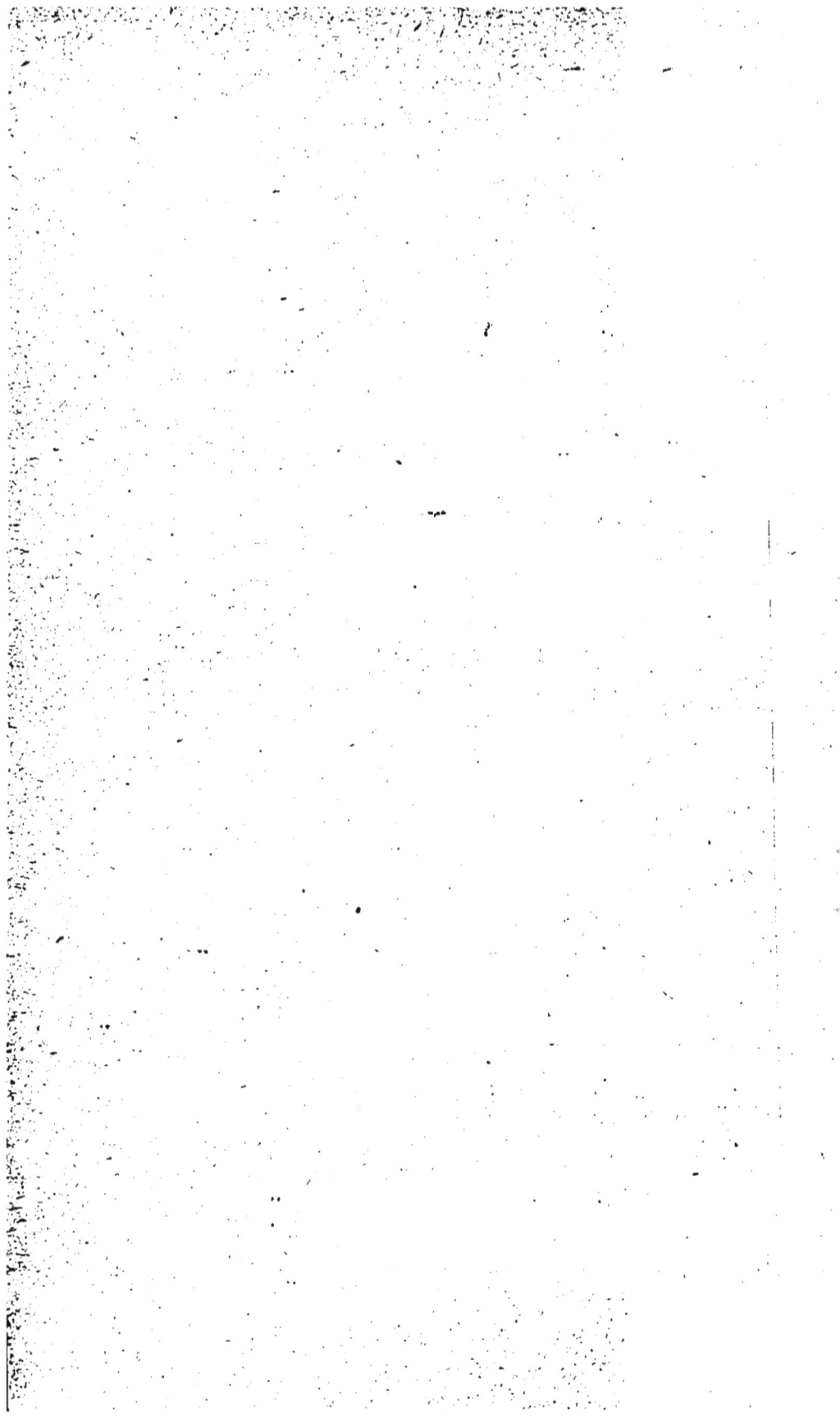

Format :
Hauteur... 0m,320
Largeur... 0m,210

Articles 37 et 204
du Règlement.

MODÈLE XI.

e RÉGIMENT D'INFANTERIE.

REGISTRE

DU VAGUEMESTRE.

PREMIÈRE PARTIE (1).

SOMMES ET LETTRES CHARGÉES A RETIRER DES BUREAUX DES POSTES ET TÉLÉGRAPHES.

REMISE DES RECONNAISSANCES D'ARTICLES AU VAGUEMESTRE.							REMISE DES CHARGEMENTS ET PAYEMENT DES ARTICLES par les bureaux des Postes et Télégraphes.			ACQUITS.		REÇUS des RECEVEURS pour les objets non distribués.
NUMÉROS des mandats.	DATES.	Nos d'ordre.	NOMS des militaires auxquels les articles sont adressés.	No MATRICULE.	BUREAUX de départ.	DATES des reconnaissances.	DATES.	OBJETS.	DÉSIGNATION des bureaux et signatures des receveurs.	DATES.	SIGNATURES.	
		1										
		2										
		3										
		4										

SECONDE PARTIE (1).

CHARGEMENTS A FAIRE PAR LE VAGUEMESTRE.

REMISE, PAR LES ENVOYEURS, DES LETTRES A CHARGER OU DES ARTICLES A DÉPOSER.						REMISE DES BULLETINS ET DES MANDATS délivrés par les receveurs.	
NUMÉROS d'enregistrement.	DATES.	ENVOYEURS.	OBJETS.	DESTINATION.	BUREAUX où les chargements et dépôts ont été faits.	DATES.	SIGNATURE DES ENVOYEURS.

(1) On destine les trois quarts du registre à la 1re partie et l'autre quart à la seconde.

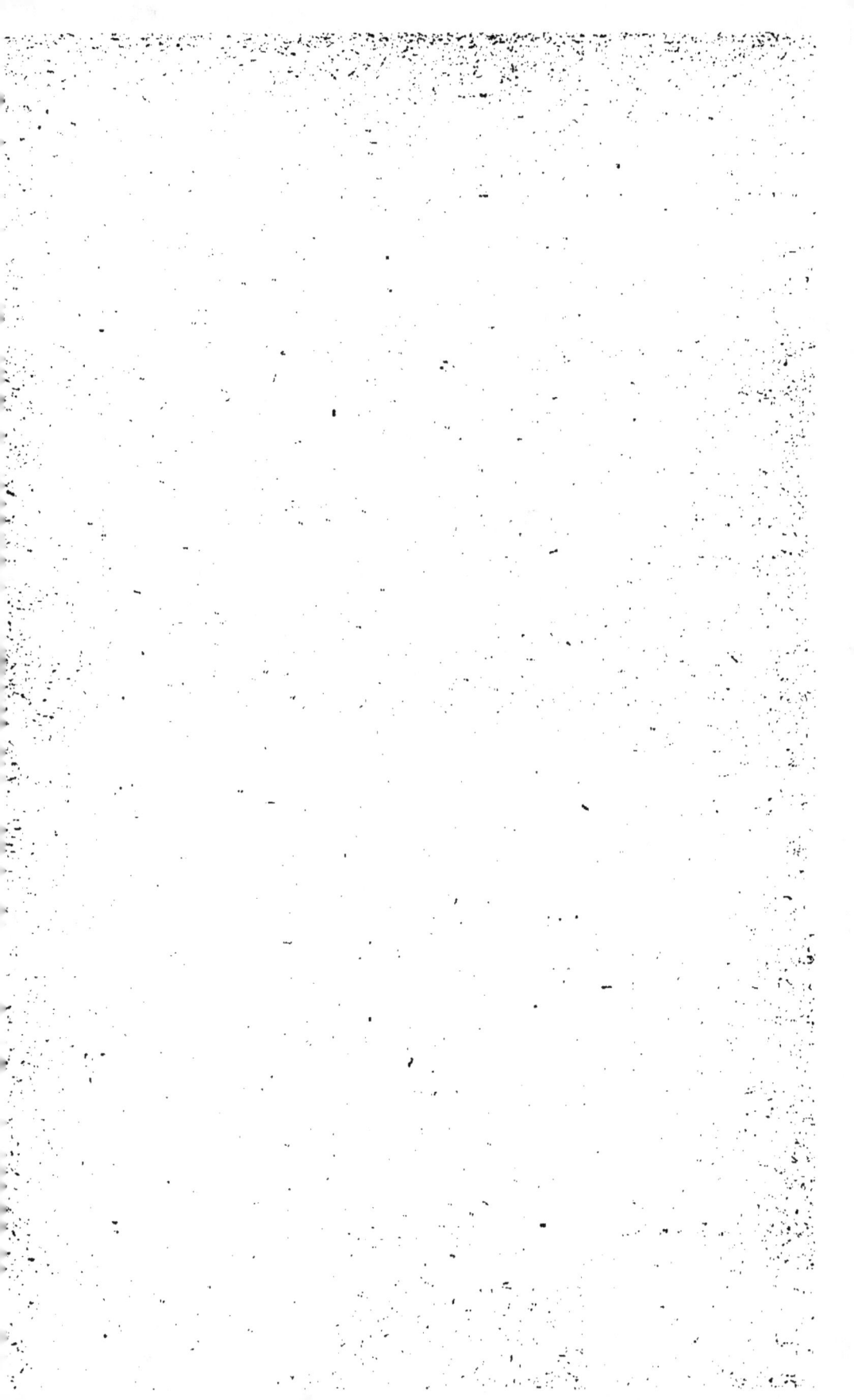

• CORPS D'ARMÉE

• DIVISION.

• BRIGADE.

MODÈLE XII.

Art. 168 et 216 du Règlement.

• RÉGIMENT D'INFANTERIE.

Format. { Hauteur... 0m,360 / Largeur... 0m,460

SITUATION-RAPPORT du *au* 18 .

Désignation des bataillons, compagnies, dépôt, etc. (1)	(2)	Officiers — Présents — de l'état-major (3)	Capitaines (4)	Lieutenants (5)	Sous-lieutenants (6)	(7)	Total (8)	Officiers — Absents — en congé — de convalescence (9)	à tout autre titre (10)	en permission (11)	aux hôpitaux (12)	(13)	en mission, détachés, indisponibles (14)	Total (15)	Effectif (16)
État-major et section hors rang															
1er Bataillon	1re Compagnie														
	2e														
	3e														
	4e														
	Total														
2e Bataillon	1re Compagnie														
	2e														
	3e														
	4e														
	Total														
3e Bataillon	1re Compagnie														
	2e														
	3e														
	4e														
	Total														
4e Bataillon	1re Compagnie														
	2e														
	3e														
	4e														
	Total														
Dépôt	1re Compagnie														
	2e														
	Total														
Cadre complémentaire. Officiers, sous-officiers, caporaux et clairons à la suite															
	Totaux généraux														
Hommes en subsistance. Étrangers au corps															

Désignation (1)	(2)	Sous-officiers et soldats — Présents — sous les armes — Adjudants (17)	Sergents-majors (18)	Sergents (19)	Fourriers (20)	Caporaux (21)	Clairons (22)	Soldats (23)	(24)	Total (25)	non disponibles — À l'infirmerie (26)	Malades à la chambre (27)	Travailleurs (28)	Recrues (29)	(30)	En prison (31)	À la cellule (32)	(33)	Total (34)	Total des présents (35)
État-major et section hors rang																				
1er Bataillon	1re Compagnie																			
	2e																			
	3e																			
	4e																			
	Total																			
2e Bataillon	1re Compagnie																			
	2e																			
	3e																			
	4e																			
	Total																			
3e Bataillon	1re Compagnie																			
	2e																			
	3e																			
	4e																			
	Total																			
4e Bataillon	1re Compagnie																			
	2e																			
	3e																			
	4e																			
	Total																			
Dépôt	1re Compagnie																			
	2e																			
	Total																			
Cadre complémentaire. Officiers, sous-officiers, caporaux et clairons à la suite																				
	Totaux généraux																			
Hommes en subsistance. Étrangers au corps																				

Désignation (1)	(2)	Sous-officiers et soldats — Absents — en congé — de convalescence (36)	de soutien de famille (37)	(38)	(39)	en permission (40)	aux hôpitaux (41)	en jugement (42)	en détention (43)	à la prison militaire (44)	déserteurs ou disparus (45)	Manquant à l'appel (46)	en mission, en détachement, isolés (47)	(48)	Total des absents (49)	Effectif de la troupe (50)	Complet déterminé (51)	Manque pour le complet (52)	Excédant le complet (53)	(54)	Subsistants (55)
État-major et section hors rang																					
1er Bataillon	1re Compagnie																				
	2e																				
	3e																				
	4e																				
	Total																				
2e Bataillon	1re Compagnie																				
	2e																				
	3e																				
	4e																				
	Total																				
3e Bataillon	1re Compagnie																				
	2e																				
	3e																				
	4e																				
	Total																				
4e Bataillon	1re Compagnie																				
	2e																				
	3e																				
	4e																				
	Total																				
Dépôt	1re Compagnie																				
	2e																				
	Total																				
Cadre complémentaire. Officiers, sous-officiers, caporaux et clairons à la suite																					
	Totaux généraux																				
Hommes en subsistance. Étrangers au corps																					

Désignation (1)	(2)	Chevaux — d'officiers — présents (56)	absents ou détachés (57)	de troupe — présents — disponibles (58)	non-disponibles (59)	absents — détachés (60)	(61)	(62)	Effectif des chevaux de troupe, de trait, etc. (63)	Effectif (64)	Observations. Nom, grade des officiers absents ou indisponibles. — Motifs d'absence ou d'indisponibilité des chevaux. (65)
État-major et section hors rang											
1er Bataillon	1re Compagnie										
	2e										
	3e										
	4e										
	Total										
2e Bataillon	1re Compagnie										
	2e										
	3e										
	4e										
	Total										
3e Bataillon	1re Compagnie										
	2e										
	3e										
	4e										
	Total										
4e Bataillon	1re Compagnie										
	2e										
	3e										
	4e										
	Total										
Dépôt	1re Compagnie										
	2e										
	Total										
Cadre complémentaire. Officiers, sous-officiers, caporaux et clairons à la suite											
	Totaux généraux										
Hommes en subsistance. Étrangers au corps											

DE SERVICE.

Officiers. — Noms et grades.	Sous-officiers.	Caporaux.	Soldats.	Total de la troupe.

PUNITIONS DE LA TROUPE.

	Salle de police — Caporaux.	Salle de police — Soldats.	Prison — Sous-officiers.	Prison — Caporaux.	Prison — Soldats.	Cellule — Soldats.
Il existait						
Entrés						
Total						
Sorties						
Reste						

NUMÉROS			MUTATIONS.	NUMÉROS			PUNITIONS.	NUMÉROS		DEMANDES.	NUMÉROS		OBJETS DIVERS.
des bataillons.	des compagnies.	matricules.		des bataillons.	des compagnies.	matricules.		des bataillons.	des compagnies.		des bataillons.	des compagnies.	
													L'Adjudant de semaine,

Format :
Papier du format prescrit suivant le cas.
Papier écolier ordinairement.

Art. 223
du Règlement.

e CORPS D'ARMÉE.

e DIVISION
D'INFANTERIE.

e BRIGADE.

e RÉGIMENT
D'INFANTERIE.

MODÈLE XIII.

A le 189 .

OBJET.

Au sujet de (5)

Le (1) commandant

le (2)

au (3)

à

Mon (4)

J'ai l'honneur

(Signature sans indiquer le grade.)

(1) Indiquer le grade et le nom.
(2) Indiquer l'unité commandée.
(3) Indiquer le grade et l'emploi.
(4) Indiquer le grade; ou Monsieur le Ministre, si la lettre est adressée au Ministre.
(5) Indiquer sommairement le but de la lettre.

Format :
Papier du format prescrit suivant le cas.
Papier écolier ordinairement.

Art. 223
du Règlement.

° CORPS D'ARMÉE.

° DIVISION
D'INFANTERIE.

° BRIGADE.

° RÉGIMENT
D'INFANTERIE.

Modèle XIV.

A , le 189 .

OBJET.

Au sujet de (4) .

RAPPORT du (1)

sur (2)

Le (3)

(Signature sans indiquer le grade.)

(1) Indiquer le grade, le nom et l'espèce d'unité commandée.

(2) Indication succincte du fait pour lequel le rapport est rédigé.

(3) Indiquer la date et exposer sommairement les faits.

(4) Indication succincte de l'objet du rapport.

Nota. — Les avis des chefs hiérarchiques sont consignés, s'il y a lieu, à la suite du rapport.

Format : Autant que possible, format d'une demi-feuille de papier écolier.

Art. 223 du Règlement.

e CORPS D'ARMÉE.

e DIVISION D'INFANTERIE

e BRIGADE.

e RÉG. D'INFANTERIE.

MODÈLE XV.

—

(1) Indiquer le grade et le nom.
(2) Indiquer l'unité commandée.
(3) Indiquer le grade et l'emploi.

A , le 189 .

Le (1)
au (2)
à (3)

BORDEREAU D'ENVOI.

NUMÉROS des pièces.	DÉSIGNATION des pièces.	NOMBRE de pièces.	OBSERVATIONS.
	TOTAL du nombre de pièces.. . .		

(Signature sans indiquer le grade.)

Format { Papier écolier. Hauteur.., 0m,310 Largeur... 0m,200 }

Articles 216 et 238 du Règlement.

Modèle XVI.

° RÉGIMENT D'INFANTERIE.

REGISTRE

DES

RENTRÉES ET SORTIES APRÈS L'APPEL DU SOIR

POSTE DE POLICE

DE LA CASERNE

Nota. — La première page est réservée pour le tableau du mobilier du poste.
Il est laissé à la suite quelques pages blanches pour l'inscription des consignes particulières.

JOURS.	DATES.	NOMS.	GRADES.	BATAILLONS.	COMPAGNIES.	HEURE		HEURE		SIGNATURE.			OBSERVATIONS.
						de la RENTRÉE.	à laquelle IL FALLAIT rentrer.	de la SORTIE des rondes ou des patrouilles.	de la RENTRÉE des rondes ou des patrouilles.	du SERGENT de garde.	de L'ADJUDANT de semaine.	de L'ADJUDANT-MAJOR de semaine.	
Dimanche..	1er oct...	Melchior...	Serg.	1er	2e	1 heure.	12 h.	»	»	JACOB, sergent.	Vérifié : BARTHÉLEMY.	Vu : MATHIEU.	
		Constant..	Cap.	2e	1re	»	»	P. 10 h.	P. 11 h.				
		Junior.....	Serg.	3e	4e	»	»	R. 12 h.	R. 2 h.				
Lundi.....	2 octob..												
Mardi.....	3 octob..												

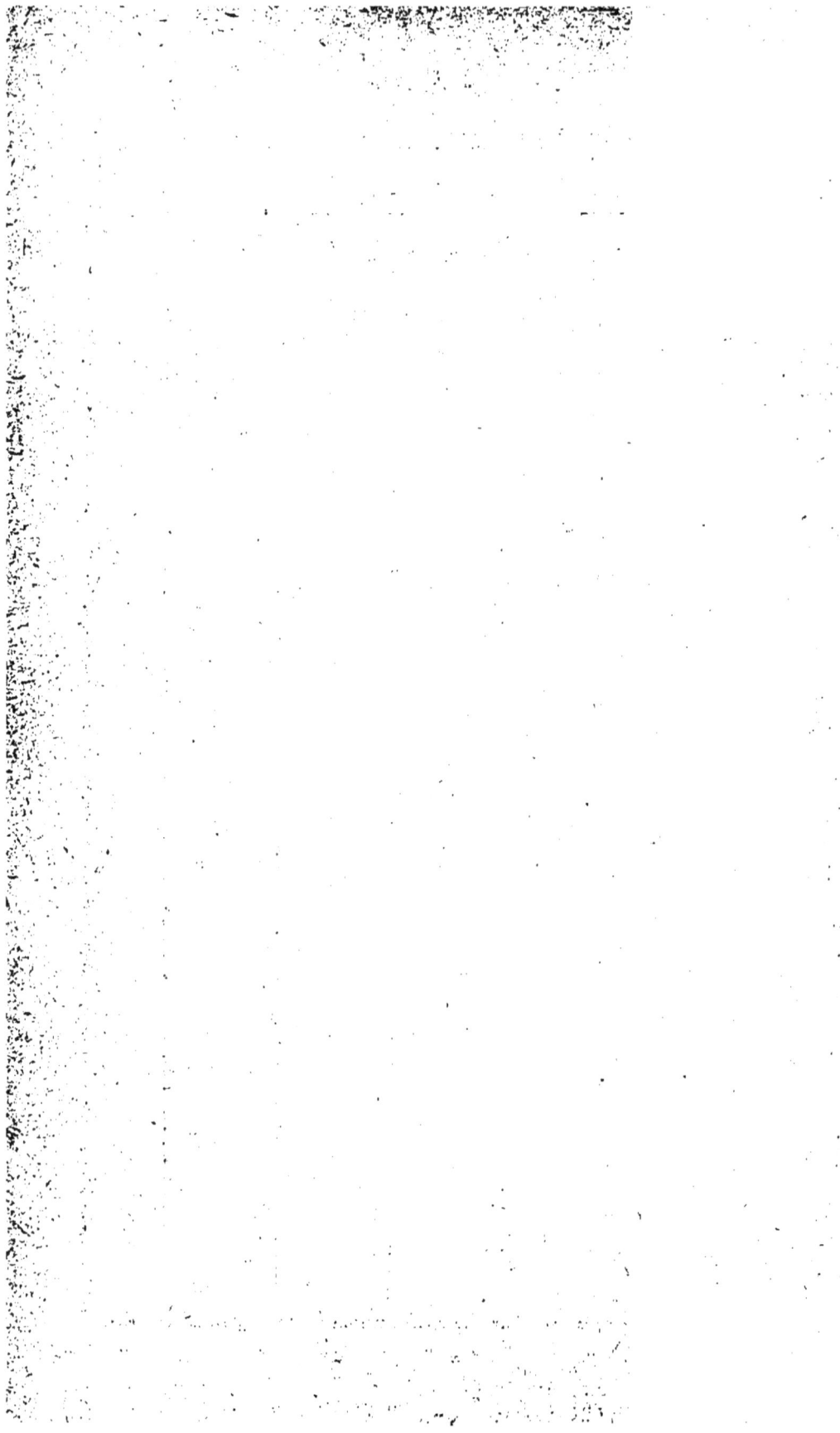

Format :
Papier écolier ouvert.
Hauteur 0m,310
Largeur 0m,200

Art. 47, 119, 238
du Règlement.

Modèle XVII.

• RÉGIMENT D'INFANTERIE.

REGISTRE DES PUNIS (1).

CASERNE DE

(1) Il est établi un registre par caserne, si chaque caserne contient des locaux disciplinaires.

Date des situations-rapports sur lesquelles les punitions ont été mentionnées.	BATAILLONS.	COMPAGNIES.	NOMS et PRÉNOMS.	GRADES.	NATURE ET DURÉE DES PUNITIONS. Interdiction de sortir après l'appel du soir.	consigne au quartier.	consigne à la chambre.	Salle de police.	Prison.	Cellule.	JOUR où la punition commence.	JOUR où la punition finit.	MOTIF SOMMAIRE des punitions graves.	SIGNATURE de l'adjudant de semaine.	SIGNATURE de l'adjudant-major de semaine.	OBSERVATIONS et RENSEIGNEMENTS (1).
~~1er oct.~~	~~1er~~	~~3e~~	~~MATHIAS (Jean)..~~	~~Capor.~~	»	»	»	~~8~~	»	»	~~30 sept.~~	~~8 oct.~~	~~Ivresse.~~			Augmenté de 7 jours; ordre du général de brigade du 1er octobre.
~~1er oct.~~	~~2e~~	~~1re~~	~~LOUIS (Maxime)..~~	~~Soldat.~~	»	»	~~4~~	»	»	»	~~30 sept.~~	~~4 oct.~~	~~»~~			
1er oct.	3e	4e	JULIEN (Achille)..	Soldat.	»	»	»	»	11	4	30 sept.	15 oct.	Scandale nocturne.			
2 oct. .	4e	2e	KELLER (Léon)...	Serg.	8	»	»	»	»	»	1er oct.	9 oct.	»			
2 oct. .	dép.	1re	RUE (Ernest).....	S.-mus.	»	»	»	»	»	»	30 sept.	16 oct.	»			
3 oct...	1er	3e	MATHIAS (Jean)..	Capor.	»	»	»	15	»	»	1er oct.	15 oct.	»			
4 oct...	2e	2e	FÉRON (Pascal)...	Soldat.	»	»	8	15	»	»	3 oct.	7 oct.	»			

(1) Quand une punition est augmentée, on barre toutes les inscriptions concernant la première punition infligée, et l'on fait, à la date où l'augmentation paraît sur la situation-rapport de la compagnie, une nouvelle inscription de la punition avec augmentation. Exemple : MATHIAS, caporal.

Quand une punition est finie, toutes les inscriptions qui la concernent sont barrées. Exemple : LOUIS (Maxime).

Les punitions barrées doivent pouvoir être lues sans difficulté.

ᵉ CORPS D'ARMÉE.

ᵉ DIVISION.

ᵉ BRIGADE.

ᵉ Régiment d

PLACE

d

Format : Papier écolier.

Art. 254
du Règlement.

MODÈLE XVIII.

ᵉ RÉGIMENT D'INFANTERIE.

Rapport fait par la commission régimentaire sur cheva atteint de maladie incurable et dont on demande l'abatage.

NUMÉRO à la matricule.	SIGNALEMENT.				MOTIF D'ABATAGE.	OBSERVATIONS.
	NOM, ROBE et PARTICULARITÉS	SEXE.	AGE.	TAILLE.		

AVIS DE LA COMMISSION.

A , le 189 .

Les Membres de la Commission,

DÉCISION DU

A le 189 .

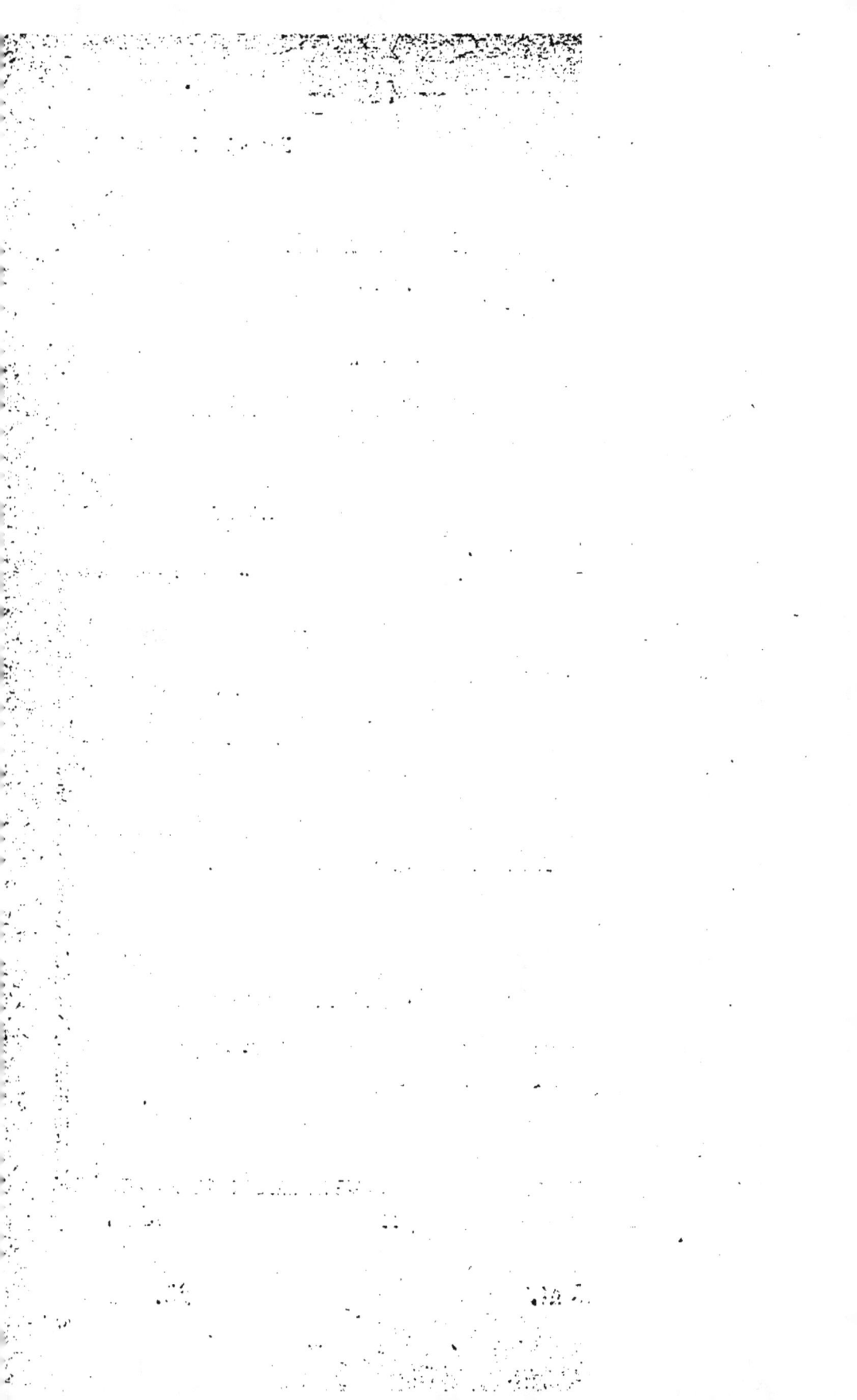

ᵉ CORPS D'ARMÉE.

ᵉ DIVISION.

ᵉ BRIGADE.

Régiment d

PROCÈS-VERBAL d'abatage d'un cheval.

Nᵒ du registre du sous-intendant.

Format . Papier écolier.

Art. 254 du Règlement.

MODÈLE XIX.

ᵉ RÉGIMENT D'INFANTERIE.

PROCÈS-VERBAL D'ABATAGE D'UN CHEVAL.

Nous , sous-intendant militaire, employé à , sur l'avis donné qu'un cheval du ᵉ régiment d'infanterie devait être abattu, nous nous sommes transporté au quartier dudit régiment, accompagné de M. , major dudit régiment.

Nous avons trouvé M. , vétérinaire d , lequel nous a présenté un cheval signalé comme suit :

Après avoir pris connaissance de l'avis de la commission régimentaire instituée pour l'examen des chevaux proposés pour l'abatage; vu l'autorisation donnée par M. le et constaté l'identité dudit cheval, l'avons fait abattre immédiatement en notre présence.

De tout quoi, nous avons dressé le présent procès-verbal que MM. ont signé avec nous.

A , le 189 .

Le Vétérinaire, *Le Major,*

Le Sous-Intendant militaire,

e CORPS D'ARMÉE.
—
e DIVISION.
—
e BRIGADE.
—
e régiment d'infanterie.

Art. 254
du Règlement.

MODÈLE XX.

e RÉGIMENT D'INFANTERIE.

PROCÈS-VERBAL DE MORT D'UN CHEVAL.

NOUS, Sous-Intendant militaire, employé à sur l'avis à nous donné qu'un cheval du e régiment d était mort et gisait dans une écurie du quartier de , nous y sommes transporté, accompagné de M. major dudit régiment.

Nous y avons trouvé M. , vétérinaire, lequel nous a présenté le cadavre d'un cheval signalé comme il suit :

Nº matricule :

Interrogé sur les causes de la mort de ce cheval, M. , vétérinaire, a déclaré qu'il avait succombé à

De tout quoi nous, avons dressé le présent procès-verbal que ont signé avec nous.

A , le 189 .

Le Vétérinaire, *Le Major,*

Le Sous-Intendant militaire,

CORPS D'ARMÉE.

• DIVISION.

° BRIGADE.

e régiment d'infanterie.

MODÈLE XXI.

e RÉGIMENT d

Art. 254 du Règlement.

RAPPORT
D'AUTOPSIE D'UN CHEVAL.

Nos à la matricule.	SIGNALEMENT.				DÉPOT de REMONTE d'où il provient.	DATES			MALADIE à laquelle il a succombé ou qui a nécessité son abatage.
	NOM, ROBE et particularités.	Sexe.	Age.	Taille.		de l'immatriculation.	de l'entrée à l'infirmerie.	de la mort ou de l'abatage.	

ANTÉCÉDENTS.

Maladies dont il a été antérieurement atteint; époque et durée de chaque maladie.........

Causes de la maladie à laquelle le cheval a succombé, ou qui a nécessité l'abatage......

Traitement mis en usage contre cette maladie.....................

AUTOPSIE [1].

(...heures après la mort... température atmosphérique.)

A le 189

Le Vétérinaire,

Vu :

Le Chef de bataillon de semaine,

(1) L'autopsie aura lieu dans le plus bref délai possible. On entrera dans des détails très circonstanciés. — On fera connaître l'état extérieur du cadavre, celui des muscles et des articulations. — On explorera avec soin les trois cavités. — On décrira d'une manière complète l'état du sang, etc.

For-mat. { Hauteur. 0m,340 / Largeur. 0m,210 }

Modèle XXII.

Décret du 1er mars 1890 modifié le 7 mars 1895.

e CORPS D'ARMÉE
ou
GOUVERNEMENT MILITre
de

—

e DIVISION.

—

e SUBDIVISION.

—

PLACE d

(1) Permission, congé ou prolongation : en indiquer la nature.

Indiquer en toutes lettres le nombre de jours et la date.

(2) Désigner l'autorité.

(3) Porter les nom, prénoms, grade ou emploi de l'officier.

(4) Spécifier si c'est avec solde de présence ou avec solde d'absence.

(5) Porter la localité où l'officier doit se rendre immédiatement, en indiquant, à la suite, le département et, s'il y a lieu, le canton.

—

Vu et inscrit au contrôle :

Le Major,

Numéro d'inscription au registre spécial :

Corps { ou service. }

—

(1) DE (1) JOURS

Valable jusqu'au (1) *inclus.*

—

OFFICIER.

—

En vertu du décret du 1er mars 1890, le (2) accorde à M. (3) un (1) de (1) jours avec solde de (4) valable jusqu'au (1) inclus, pour se rendre à (5) .

M. devra avoir rejoint son poste à l'expiration d présent (1) qui datera du (1)

Il devra, dès son arrivée dans le lieu où il se rend, faire connaître son adresse et le temps présumé de son séjour : 1o au général commandant la place de Paris, s'il doit résider à Paris ou dans le département de la Seine ; 2o au commandant d'armes, dans toute autre ville de garnison ; 3o à l'officier commandant la gendarmerie de l'arrondissement s'il n'y a pas de garnison dans le lieu où il doit jouir de sa permission.

Si, pendant le cours de son absence, il vient à changer de résidence, il est tenu aux mêmes formalités. Il doit, en outre, en informer par écrit son chef de corps ou de service.

Il est tenu enfin de porter lui-même au verso du présent titre les indications relatives à son changement de résidence.

Il ne pourra se dispenser d'exhiber le présent titre sur la réquisition qui lui en sera faite par la gendarmerie, ou, s'il voyage en tenue bourgeoise, par les agents des chemins de fer.

En cas de mobilisation, le porteur du présent titre devra se mettre immédiatement en route pour rejoindre son corps ou son service, sans attendre aucune notification individuelle, à moins qu'il ne soit en congé de convalescence.

A , le 189 .

Le (2)

Indication des changements successifs de résidence de l'officier pendant la durée de sa permission ou de son congé (1).

NOM DES LOCALITÉS.	DATE de L'ARRIVÉE.	DATE du DÉPART.	OBSERVATIONS.

(1) Ces indications sont portées par le titulaire de la permission ou du congé et lui servent, au besoin, de titre pour réclamer le bénéfice du tarif militaire sur les chemins de fer.

Format { Hauteur. 0m,340 / Largeur. 0m,210 — Modèle XXIII. — Décret du 1er mars 1890 modifié le 7 mars 1895.

e CORPS D'ARMÉE
ou
GOUVERNEMENT MILITre
de

—

e DIVISION.

—

e SUBDIVISION.

—

PLACE d

(1) Permission, congé ou prolongation : en indiquer la nature et inscrire en toutes lettres le nombre de jours et la date.

(2) Désigner l'autorité.

(3) Porter les nom, prénoms, grade ou emploi.

(4) Indiquer, à la suite de chaque localité, le département et, s'il y a lieu, le canton.

—

Vu et inscrit au contrôle :

Le Major,

Numéro d'inscription au répertoire spécial :

Corps { ou service. } ______

(1) DE (1) ______

SOUS-OFFICIER, CAPORAL OU BRIGADIER OU SOLDAT.

En vertu du décret du 1er mars 1890, le (2) accorde au sieur (3) de la classe de , libérable du service actif le (rengagé ou commissionné), un (1) , valable jusqu'au (1) inclus pour aller à (4) .

Il devra avoir rejoint son poste à l'expiration d présente qui datera du .

Le porteur devra, à son arrivée dans le lieu où il se rend, faire viser l présent (1) et faire connaître son adresse : 1o au général commandant la place de Paris, s'il doit résider à Paris ; 2o au commandant d'armes, dans toute autre ville de garnison ; 3o au commandant de la brigade de gendarmerie dont dépend sa résidence, s'il n'y a pas de garnison au lieu où il doit jouir de son congé ou de sa permission. Les militaires résidant dans le département de la Seine, hors Paris, doivent, en outre, s'ils sont porteurs d'une permission de huit jours et au delà, faire viser leur titre par le général commandant la place de Paris.

Il se présente à la même autorité la veille de son départ pour rejoindre son corps.

Le visa de la gendarmerie n'est pas exigé sur les titres de permission dont la durée ne dépasse pas quatre jours.

En cas de mobilisation, le porteur du présent titre devra se mettre immédiatement en route, sans attendre aucune notification individuelle et rejoindre son corps. Il sera transporté GRATUITEMENT à destination par les voies ferrées, sur le vu du présent titre.

Les militaires en congé de convalescence ne sont tenus de rejoindre qu'à l'expiration de ce congé.

A , le 189 .

Le (2)

INDICATION DES POINTS PRINCIPAUX DU TRAJET à parcourir tant à l'aller qu'au retour.	DÉTAIL DES VISAS D'ARRIVÉE et de départ.

Le décompte de la solde du militaire dénommé d'autre part lui a été fait jusqu'au inclus.

Il est porteur des effets détaillés ci-contre.

DÉSIGNATION DES EFFETS.	NOMBRE D'EFFETS.

En conséquence du détail ci-dessus, ce militaire n'aura besoin d'aucun secours pendant sa route pour aller en permission ou en congé et en revenir.

A , le 189 .

Le Commandant d

CERTIFICAT DE VISITE AU DÉPART DU CORPS.

Le dénommé d'autre part n'est atteint d'aucune maladie contagieuse.

A , le 189 .

Le Médecin

e CORPS D'ARMÉE ou GOUVERNEMENT MILITAIRE de — e DIVISION. — e SUBDIVISION. — Place de	MODÈLE XXIV. — Corps ou service. { —	Art. 309 du Règlement. Format : Hauteur ... 0m,320 Largeur ... 0m,210

COMPTE RENDU

D'UNE

PUNITION INFLIGÉE A UN OFFICIER.

Nom et grade de l'officier puni.	
Nom et grade de l'officier qui a infligé la punition.	
Nature et motifs de la punition.	
Punitions antérieures (numériquement).	

Appréciation du chef de corps ou de service sur la conduite ou la manière de servir de l'officier puni.

A , le 189 .

Le

Avis et décision du Général de brigade, du chef ou directeur régional du service.	
Avis et décision du Général de division (s'il y a lieu).	
Avis et décision du Général commandant le corps d'armée (s'il y a lieu).	

Format { Hauteur 0m380. / *Largeur 0m250.*

MODÈLE XXV.

Art. 325 du Règlement.

e CORPS D'ARMÉE.

e DIVISION D'INFANTERIE.

e BRIGADE.

PIÈCES

JOINTES AU PRÉSENT AVIS :

1o Plainte du capitaine;

2o Ordre de convocation;

3o Relevé des punitions (2 expéditions);

4o Etat signalétique et de services (2 expéditions);

5o Bulletin de la situation de la masse individuelle;

6o Certificats de visite et de contre-visite s'il y a lieu.

(1) Désignation du corps.

(2) Nom, prénoms, grade, numéro matricule, compagnie, bataillon.

(3) Dates, mois, année.

(4) Autorité qui a convoqué le conseil.

(5) Noms, grades.

(6) Désignation de la salle de réunion.

(7) La suspension de la commission ou la révocation, pour les caporaux et soldats commissionnés ou pour être maintenus au corps

(1) e RÉGIMENT D'INFANTERIE.

AVIS DONNÉ

PAR UN CONSEIL DE DISCIPLINE

SUR LE COMPTE DU NOMMÉ (2)

Cejourd'hui (3) , à heure d , le conseil de discipline, convoqué par l'ordre de M. (4) conformément au décret du sur le service intérieur des *troupes d'infanterie*, et composé de :

MM. (5) président,

} membres,

s'est réuni dans (6) pour donner son avis motivé sur le compte du nommé (2) , fils de et de ; né le , à , canton d , arrondissement d , département d ; domicilié, avant son entrée au service, à , canton d , arrondissement d , département d ; taille de un mètre millimètres, visage , front , yeux , nez , bouche , menton , cheveux , sourcils , teint , ayant, pour marques particulières,

Entré au service le , comme

Inscrit au contrôle du corps sous le no , proposé par le commandant de la e compagnie du e bataillon pour *être envoyé dans une compagnie de* discipline ou pour (7)

(1) Indiquer le corps.

(2) Désigner le *nombre de jours et* chaque espèce de punition.

(3) Enumérer les divers considérants qui ont déterminé l'avis favorable ou défavorable du conseil.

(4) La majorité des voix, ou à la majorité de tant de voix contre tant de voix.

(5) Avis du conseil

(6) Signature des membres du conseil.

Le Conseil, après avoir pris connaissance :

1° De la plainte adressée au commandant d (1) sous la date du

2° Du relevé des punitions qui lui ont été infligées depuis son admission au régiment jusqu'à ce jour, d'où il résulte qu'en ans, il a subi (2)

A entendu les déclarations :

De MM. le commandant du bataillon et le commandant de la compagnie appelés au conseil.

Ces officiers se sont ensuite retirés, et le Conseil, ayant fait comparaître le prévenu, l'a interrogé sur les différents griefs qui lui sont imputés; après l'avoir entendu dans ses moyens de défense, le Conseil l'a fait retirer et a de nouveau examiné les faits à sa charge.

Le Conseil considérant,

1° Que le nommé a subi depuis ans, journées de punition (3)

Est d'avis, à (4) voix, que (5)

Fait et clos à (6) le jour mois et an que dessus.

AVIS MOTIVÉ

DU CHEF DE CORPS.

OBSERVATIONS ET AVIS DU GÉNÉRAL DE BRIGADE.

AVIS OU DÉCISION DU GÉNÉRAL DE DIVISION, SELON LE CAS.

DÉCISION DU GÉNÉRAL COMMANDANT LE CORPS D'ARMÉE, S'IL Y A LIEU.

NOTA. — Le présent modèle sert pour l'établissement du registre des avis des conseils de discipline qui doit être tenu dans les corps ; il n'y a qu'à supprimer l'avis du colonel et les observations et avis du général de brigade ; mais à la suite de l'avis donné par le conseil de discipline, on transcrira textuellement la décision du général de division ou du commandant du corps d'armée, suivant le cas.

e CORPS D'ARMÉE.

e DIVISION D'INFANTERIE.

e BRIGADE.

For- { Haut. 0m,310
mat. { Larg. 0m,200

Art. 327
du Règlement.

NOTA. Cette pièce, en cas de perte, ne peut être remplacée par duplicata.

(1) Désignation du corps de troupe.
(2) Nom, prénoms, grade et numéro matricule du militaire.
(3) Désignation de la compagnie.
(4) Désignation du bataillon.
(5) On se conforme, pour l'inscription des punitions, à la décision ministérielle du 23 janvier 1888.

MODÈLE XXVI.

e RÉGIMENT D'INFANTERIE.

CERTIFICAT DE BONNE CONDUITE.

La commission spéciale du (1) , instituée en exécution du Règlement du sur le service intérieur des troupes d'infanterie,

CERTIFIE que le (2) , né le , à , canton d , département d , taille de 1 mètre millimètres, cheveux , sourcils , yeux , front , nez , bouche , menton , visage .

Marques particulières :

A tenu une bonne conduite pendant le temps qu'il est resté sous les drapeaux, et qu'il y a constamment servi avec honneur et fidélité.

La présente attestation est donnée sur la proposition du capitaine de (3) et du chef de (4) auxquels appartient le (2) , après examen du registre des punitions, en ce qui le concerne.

Punitions (5) subies durant les deux dernières années de présence sous les drapeaux:

jours ; dont de prison, et de cellule.

Fait à , le 189 .

Le Président de la Commission spéciale,

APPROUVÉ :
Le Général de brigade,

TABLEAU

DES

SONNERIES POUR LE SERVICE INTÉRIEUR.

Ces sonneries, non compris la sonnerie particulière à chaque régiment ou bataillon formant corps, sont :

1. Le réveil.
2. La diane.
3. La corvée de quartier.
4. La soupe.
5. Aux fourriers de distribution.
6. L'assemblée.
7. La visite des malades.
8. Le rappel aux tambours.
9. Le rappel.
10. Aux hommes punis.
11. Le cours préparatoire.
12. La berloque.
13. Au piquet.
14. L'extinction des feux.
15. Le roulement.
16. A l'ordre.
17. Aux adjudants.
18. Aux sergents-majors.
19. Aux sergents.
20. Aux sergents fourriers.
21. Aux caporaux.
22. Au drapeau.
23. Le ban.
24. La générale.
25. Le garde à vous.
26. Aux champs.
27. La retraite.

TABLE

DES

TITRES, CHAPITRES ET ARTICLES

PRINCIPES GÉNÉRAUX DE LA SUBORDINATION

TITRE Ier.

FONCTIONS INHÉRENTES A CHAQUE GRADE OU EMPLOI.

ÉTAT-MAJOR.

CHAPITRE Ier.

COLONEL.

CHAPITRE II.

LIEUTENANT-COLONEL.

CHAPITRE III.

CHEFS DE BATAILLON.

Service de semaine.

CHAPITRE IV.

MAJOR.

CHAPITRE V.

ADJUDANTS-MAJORS.

Service de semaine.

CHAPITRE VI.

CAPITAINE-TRÉSORIER.

CHAPITRE VII.

OFFICIER D'HABILLEMENT.

CHAPITRE VIII.

PORTE-DRAPEAU.

CHAPITRE IX.

MÉDECINS.

CHAPITRE X.

CHEF DE MUSIQUE.

OFFICIERS DE COMPAGNIE.

CHAPITRE XI.

CAPITAINE.

Service de semaine.

CHAPITRE XII.

LIEUTENANTS ET SOUS-LIEUTENANTS.

Officier de peloton.

Service de semaine.

Officier d'approvisionnement.

CHAPITRE XIII.

OFFICIERS DU CADRE COMPLÉMENTAIRE.
OFFICIERS A LA SUITE.

CHAPITRE XIV.

OFFICIERS DE RÉSERVE.

CHAPITRE XIV *bis*.

DOSSIERS DU PERSONNEL DES OFFICIERS.

TROUPE.

CHAPITRE XV.

ADJUDANT.

Adjudant de bataillon.

Service de semaine.

Adjudant de compagnie.

CHAPITRE XVI.

SERGENT-MAJOR.

CHAPITRE XVII.

SERGENTS.

Sergent de section.

Service de semaine.

CHAPITRE XVIII.

FOURRIER.

Fourrier de semaine.

CHAPITRE XIX.

CAPORAUX.

Caporal d'escouade.

Caporal de chambrée.

CHAPITRE XXIV.

TAMBOUR-MAJOR, CAPORAUX TAMBOURS OU CLAIRONS.

CHAPITRE XXV.

CAPORAL SAPEUR. — SAPEURS OUVRIERS D'ART.

CHAPITRE XXVI.

SOUS-CHEF DE MUSIQUE. — SOLDATS ET ÉLÈVES MUSICIENS.

CHAPITRE XXVII.

VAGUEMESTRE.

CHAPITRE XXVIII.

CHEF ARMURIER ET CAPORAL ARMURIER.

CHAPITRE XXIX.

MAÎTRE D'ESCRIME ET CAPORAL MONITEUR D'ESCRIME.

CHAPITRE XXX.

SERGENT GARDE-MAGASIN. — SERGENTS, CAPORAUX ET SOLDATS SECRÉTAIRES.

CHAPITRE XXXI.

CAPORAL CHARGÉ DES DÉTAILS DE L'INFIRMERIE. INFIRMIERS RÉGIMENTAIRES.

CHAPITRE XXXII.

CAPORAL ET SOLDATS CONDUCTEURS DES ÉQUIPAGES RÉGIMENTAIRES.

CHAPITRE XXXIII.

CAPORAUX PREMIER OUVRIER TAILLEUR ET PREMIER OUVRIER CORDONNIER, SOLDATS OUVRIERS.

CHAPITRE XXXIV.

CANTINIÈRES.

TITRE II.

DEVOIRS GÉNÉRAUX COMMUNS AUX DIVERS GRADES ET EMPLOIS.

CHAPITRE XXXV.

RAPPORT JOURNALIER.

CHAPITRE XXXVI.

MARQUES EXTÉRIEURES DE RESPECT.

CHAPITRE XXXVII.

VISITES.

CHAPITRE XXXVIII.

NOMINATIONS. — MODE DE RÉCEPTION DES OFFICIERS ET DES MILITAIRES (OFFICIERS ET TROUPES). DÉCORÉS.

CHAPITRE XXXIX.

GARDES ET PIQUETS.

Devoirs du sergent de garde.

CHAPITRE XLV.

REVUES ET INSPECTIONS.

Revues et inspections des généraux.

Revues et inspections administratives.

Revues d'effectif des fonctionnaires du contrôle.

Inspections médicales.

Visite des armes, des munitions et du matériel roulant.

CHAPITRE XLVI.

PERMISSIONS.

Permissions pour les officiers.

Permissions pour les sous-officiers, caporaux et soldats.

Formes pour rétrograder et casser les sous-officiers et les caporaux et pour le renvoi des soldats de la 1re classe à la 2e.

CHAPITRE XLVIII.

MISE EN NON-ACTIVITÉ ET MISE EN RÉFORME DES OFFICIERS.

CHAPITRE XLIX.

CONSEILS DE DISCIPLINE POUR LES SOLDATS.

CHAPITRE L.

RÉTROGRADATION VOLONTAIRE.

CHAPITRE LI.

CERTIFICAT DE BONNE CONDUITE ET ATTESTATION DE REPENTIR.

CHAPITRE LII.

RÉCLAMATIONS.

CHAPITRE LIII.

CASERNEMENT ET COUCHAGE.

Casernement.

Couchage.

CHAPITRE LIV.

HYGIÈNE DES HOMMES.

CHAPITRE LV.

HYGIÈNE DES CHEVAUX.

CHAPITRE LVI.

DISTRIBUTIONS.

CHAPITRE LVII.

ORDINAIRES DES CAPORAUX ET DES SOLDATS.

CHAPITRE LVIII.

TABLES.

CHAPITRE LIX.

DETTES.

CHAPITRE LX.

OFFICIERS ET SOUS-OFFICIERS MALADES.

TITRE III.

ROUTES DANS L'INTÉRIEUR.

CHAPITRE LXI.

DISPOSITIONS PRÉLIMINAIRES.

Départ et marche.

Arrivée au gîte.

Séjours.

Punitions.

Équipages.

Dispositions générales.

Paris. — Imprimerie L. BAUDOIN, 2, rue Christine.

www.ingramcontent.com/pod-product-compliance
Lightning Source LLC
Chambersburg PA
CBHW050550270326
41926CB00012B/1999
* 9 7 8 2 0 1 3 7 4 5 7 2 7 *